翻訳教室

柴 田 元 幸

JN287159

朝日文庫

本書は二〇〇六年三月、新書館より刊行されたものです。

翻訳教室
目次

まえがき

柴田元幸

この本は、2004年10月から2005年１月にかけて東大文学部で行なった授業「西洋近代語学近代文学演習第１部　翻訳演習」の内容を、ほとんどそのまま文字化したものである。言い違いや矛盾などは修正してあるし、特に教師の発した一連の理不尽・意味不明な発言はある程度理にかなうよう変えてあるが、基本的な流れとしては、実際の授業そのままである。

この本のなかで、ということは実際の授業のなかで、教師と学生たちが、それなりの熱を込めて論じ合っている／いた問題は、翻訳とか言葉の綾とかいった事柄に関心をお持ちでない方々からすれば、大半はどうでもいいことにちがいない。でも、世の中のたいていの人にとってどうでもいいことを熱くなって語りあえるのが大学だ、という見方もあるだろうし、そもそも万人にとって天下の一大事であるような問題など何もない。すべてのことは、誰かにとってはどうでもいいことであり、誰かにとってはどうでもよくないことである。この2004年の授業は、翻訳という問題をどうでもよくないことだと思う人間がなぜかかなりの数集まった、非常に幸運な場であった。それが本になることで、同じように思われる方々に数多く擬似参加していただければとても嬉しい。

授業のやり方は、おおよそ以下のとおりである。まず、あらかじめ課題文が配布され、学生全員がそれを訳して、訳文を提出する。それを、教師と大学院生数名（この学期は３

名）が手分けして添削し、コメントをつけて授業時に返却する。学生は返却された自分の訳文を手元に置きながら、授業に臨むわけである。授業では、オーバーヘッドカメラ、略してOHC、またの名を書画カメラ、またの名を教材提示装置、となかなか名称が定着しないのであるが要するに簡単なテレビカメラを使って、あらかじめ提示用にプリントアウトした学生の訳文を画面に映し、学生と話しあいながら教師がその場で赤を入れていく。終了時に、学生は次回の課題文の訳を提出し……これが一学期間くり返される。ほとんど毎週翻訳を提出することを求められるわけで、学生にとってもけっこうきつい授業である。

1993年から2001年にかけて、教養学部でこの授業をやっていたときは、受講対象者が全学部の学生だったため参加者も100～400人にのぼったので、教師がもっぱら一人で喋って画面の訳文に赤を入れていくかたちで進行したが（200人の前で気軽に発言できる学生はそういない）、2002年以来、文学部でこの授業をやるようになって、受講対象者が基本的に文学部生となったため（まあ他学部からも物好きな人が嗅ぎつけて来てくれてもいるが）、参加者も40～60人程度となり、教師と学生があれこれ話しあいながら授業を進めることが可能になった。なかでも、この2004年の授業は、なぜか話しあいが盛り上がることが多かったのである。名教師だのダメ教師だのというが、授業を活かすも殺すもまずは学生次第なのだ。

この本をどのようにお読みいただくかは、当たり前だが読者それぞれの自由である。１章から順に読む必要も特にない

(実際、1、2章は一番話がこまごましているので、3章以降の方がむしろとっつき易いかもしれない)。が、授業への擬似参加という観点から見て、どういうふうに使っていただくのがよさそうかとりあえず考えてみると、やはり、学生たちがそうしたように、まずは原文とじかに向きあっていただき、自分で訳文を作ってはみないまでも、なんとなく「ここはどう訳すのかな」などと考えながら原文を読み通していただくのがよいと思う。それから、残念ながらお一人お一人の訳文を教師・院生チームが添削してさしあげることはできないが、頭のなかもしくは事実紙の上でお作りになった訳文を、各章末に収めた教師訳例と較べていただき、自己添削を経た上で、いよいよ「授業」に臨んでいただければ理想的である。

原文をお読みいただく作業を容易にするために、語注を付けることも考えたが、ひとつの英単語にひとつの訳語を対応させるような注は、翻訳する上では百害あって一利なしであり、手間ではあっても、やはり辞書でもろもろの定義や例文を「読む」ことによって言葉全体の「顔」を知っていただいた方が長い目で見れば有益だと考え、学生たちに対してそうしたのと同じように、読者のみなさんにも、課題文をぽんと丸投げすることにした。そうやって読み、訳していただいて、「ここはどうやるのかなあ」「ここがわからん」と、頭のなかにいくつかのクェスチョン・マークを抱えて「授業」に参加していただければ最高である。

お礼を申し上げるべき方々は多い。まず、学生時代、英語を正確に読むことの大切さを筆者の頭に叩き込んでくださった渡辺利雄先生と島田太郎先生にお礼を申し上げる。そして、毎回授業で活発に発言してくれた学生諸君に感謝する。ゲストで出ていただいたジェイ・ルービンさん、村上春樹さんに感謝する。お二人がおいでくださった回は学生たちの顔が本当に輝いていて、見ていて僕もすごく嬉しかった。毎回の授業を支えてくださる、小野進先生をはじめとする視聴覚教育センターのみなさん、文学部教務課のみなさんに感謝する。会社の方針でお名前は挙げられないが、毎回教室に来てくれて授業を録音し、テープを文字化してくれた担当編集者に感謝する。毎週提出される訳文を一緒に添削してくれた院生の新井景子さん、小澤英実《えいみ》さん、小路《しょうじ》恭子さんに感謝する。以前は100本でも200本でも一人で読んだものだが、レポート読みに確保できる時間も少なくなり体力も減退し脳の rpm も落ちたいま、院生 TA（ティーチング・アシスタント）はなくてはならない存在である。また小澤さんはこの本を原稿段階で通読し無数の建設的提言をしてもくれた。小澤さんのおかげで、全体の明瞭度は20％向上した。あわせて感謝する。

この年はスケジュール上できなかったが、授業を終えたあとに、TA と昼ご飯を食べながら「反省会」をやるのはいつもすごく楽しみである。そうした反省会で TA たちからもらったアドバイスのおかげで、授業もずいぶん改善された。この本は、93年以来この授業を手伝ってくれたすべての TA に、とりわけ、課題文探しから学生一人ひとりのケアまで実に多くの面で何年も授業を支えてくれた前山佳朱彦《かずひこ》君に捧げる。

翻訳教室

1

Stuart Dybek

Hometown

Not everyone still has a place from where they've come, so you try to describe it to a city girl one summer evening, strolling together past heroic statues and the homeless camped out like picnickers on the grass of a park that's on the verge of turning bronze. The shouts of Spanish kids from the baseball diamond beyond the park lagoon reminds you of playing outfield for the hometown team by the floodlights of tractors and combines, and an enormous, rising moon. At twilight you could see the seams of the moon more clearly than the seams of the ball. You can remember a home run sailing over your head into a cornfield, sending up a cloudburst of crows . . .

Later, heading back with her to your dingy flat past open bars, the smell of sweat and spilled beer dissolves into a childhood odor of fermentation: the sour, abandoned granaries by the railroad tracks where the single spark from a match might still explode. A gang of boys would go there to smoke and sometimes, they said, to meet a certain girl. They never knew when she'd be there. Just before she appeared the whine of locusts became deafening and grasshoppers whirred through the shimmering air. The daylight moon suddenly grew near enough for them to see that it was filled with the reflection of their little hometown fragment of the world, and then the gliding shadow of a hawk ignited an explosion of pigeons from the granary silos. They said a crazy bum lived back there too, but you never got a look at him.

....

柴田　えーと、第一回の課題としてスチュアート・ダイベックが1993年に出した小冊子 *The Story of Mist*（State Street Press）に収められた作品を訳してもらいました。配布物は二枚です。ひとつは皆さんに事前に提出してもらった訳文から部分的に抜き出して、六人の訳をつなぎあわせたものです。もうひとつは僕の訳です。

全般によく訳せていて、一、二年生相手にこの授業やると一回目は話にならない訳が多いんだけど、さすがは三、四年の文学部生で、水準はだいぶ高いですね。それでも直すところはいっぱいあるんですが、単なる英文和訳をどうすれば翻訳になるのか、ある程度見当がついていると思いました。じゃあさっそく本文に入ります。

あ、その前に。前回、"Hometown" というタイトルも訳すようにと言うのを忘れました。それでも訳してくれた人もいて、こんな感じです。

「故郷」「ホームタウン」「生まれた町」「ふるさと」……

まあ、これに関してはあまり工夫のしようもないかな。ただ個人的には、カタカナで済ませてしまうのには抵抗があります。たとえば、最近の映画のタイトルって、何でもかんでもカタカナだったりするじゃない。逆に昔はなんでも「訳して」しまって── *Waterloo Bridge* を『哀愁』とかさ──原題と全然関係ないのも多かったわけだけど、ちゃんと訳せばそのぶん情報は増える。"Hometown" も「ホームタウン」じゃなくて日本語にしたいところですね。次回からはタイトルも訳しておいてくださいね。まあでも次回は "Carp" だから、

「鯉」しかないか（笑）。それでは冒頭を見てみましょう。

> Not everyone still has a place from where they've come, so you try to describe it to a city girl one summer evening, strolling together past heroic statues and the homeless camped out like picnickers on the grass of a park that's on the verge of turning bronze.

柴田　はい。ここで切ろう。

まず二行目のa city girl、これはたいていの人が「都会の女の子」と訳していて、それでいいでしょうね。文脈によってはもちろん、「シティガール」という訳もありうるわけだけど、ここはそういう文脈じゃないよね。「シティガール」「シティボーイ」はその少女・少年の文化的洗練度、お洒落さを言っているわけであって、ここではもっと単純に、どこで生まれ育ったかという問題なわけだから、そういう訳語はあたらない。

では、学生訳を見てもらいましょう。

> **学生訳1**
> 誰もが故郷をもっているわけではない。そこである夏の夕暮れ、君は都会育ちの女の子にそれを説明しようとする。彼女と一緒に英雄たちの像や、褐色に変わりかけた公園の芝生の上でピクニックする人のように、仮住まいしているホームレスを通り過ぎてぶらつきながら。

柴田　この訳について、どんな点でも結構です。いい面、悪い面があったら、何でも言ってください。（挙手した学生を指し）A君、どうぞ。

A　「彼女と一緒に……」で始まる文章が、長いですよね。

柴田　そうですね。

A　「ピクニックする人のように」のあとに読点「、」が入ってますけど、取っちゃった方が少しは短くなります。

柴田　なるほどね。ここは「AやBを通り過ぎて」（strolling together past *heroic statues* and *the homeless*）という構造だよね。英雄たちの像の前を通り過ぎて、ホームレスの人の前を通り過ぎる、というふうに、まとまりが二つあるわけで、そうすると二つ目のまとまりを、「褐色に変わりかけた公園の芝生の上でピクニックする人のように_仮住まいしているホームレス」というふうに途中で切っちゃうと、それがひとまとまりだということが見えにくくなる。ですからここの読点は取った方がいいでしょうね。ほかにどうですか。

A　あ、もうひとつあるんです。「通り過ぎてぶらつきながら」ってのがちょっと……。

柴田　似たような動詞があまり必然性なくふたつ並んでいますね。代案は？

A　原文は strolling together past ... ですよね。まず、strolling together を訳すと、これは「一緒にぶらつく」ってことですよね。

柴田　うん。この訳文だと、そのうちの「一緒に」だけ「英雄たちの像」の前に行ってるね。

A　「ぶらぶら」を先にしちゃった方がいいと思うんです。原文でも strolling はもっと前の方にあるんだし。

柴田　なるほど。それはいいと思いますね。このままでもよく練ってあるからすんなり頭には入るんだけど、たとえば「彼女と一緒にぶらぶらと」とかにした方が、一緒にのんびり歩いてるんだな、という全体のイメージがまず伝わりますよね。でもそうすると、「通り過ぎる」の方はどうする？

A　すみません、僕が訳したのだと「ぶらぶら」をちょっと先にするだけで、そんなに前には出してないんです。ただ「通り過ぎる」と「ぶらぶら」を入れ替えて、「ホームレスをぶらぶら通り過ぎる」にしただけなんです。

柴田　そうか。でもさ、「ホームレスを通り過ぎる」って何だかホームレスの人の身体を突き抜けるみたいじゃない(笑)。「ホームレスの前を」とかにした方がいい。

この「ぶらぶら」を前に移すという点を、もう少し詳しく説明しようか。翻訳の基本のひとつなので。原文を見てもらうと、まずone summer eveningと、季節と時間という大枠が最初に規定してあって、その大枠のなかで女の子と何をしているかというと、strolling together past ... というふうに、二人で一緒にぶらぶら歩いて何かの前を通っている、という大まかな情景が提示される。で、そのあと、通り過ぎていく彼らの前に何があるかが示される。「英雄たちの像」「褐色に変わりかけた公園の芝生」「ホームレス」。

要するに、中心的な情報がまず出てきて、それから細部が出てくるわけだ。英語の語順はこれが基本です。ところがこれを日本語に訳すと、日本語では動詞が最後に来るのでどうしても細部が先に出てしまい、全体像が最後に回ってしまいがちなので、工夫が要ります。たとえば、全体の雰囲気を匂わせる「ぶらぶら」みたいな言葉を一言先に出しておくとかね。先に英雄の像だの何だのを出されても、読者はどういう気分で読んでいいかわからないまま読み進めないといけないから。

B　一番最初の、Not everyone still has a place from where they've come なんですが、日本語に直すと誤解を生みそうなんですが。
柴田　そうだよね。この学生訳も「誰もが故郷をもっているわけではない」だから、「まだ」とか「もう」という意味を表わす still が落ちてる。
B　ええ、これだともともと故郷がなかったことになる。僕は「もう人々からは故郷がなくなっちゃった」と解釈しました……あれ、僕の感覚がおかしいのかな。
柴田　Not everyone だから、受験英語的にいうと部分否定ですよね。だから「いまでももってる人間もいるけど、もってない人間もいる」ということだね。これに加えて still があるから、昔はみんなが I come from どこどこって言えたけど、いまはそう言えない育ち方をした人間が多いって含みがありますね。
B　え、それだと都会育ちの人にも故郷があることになりませんか。それでいいんでしょうか。
柴田　いいんです。あ、そうか。それは僕がダイベックの他の作品も読んでいるから、断定しやすいんだな。つまりこの人が書いているのは、ほとんどいつもシカゴの下町なんです。つまり都会なんだけど、でもそこは一種のふるさとみたいな感覚があって、そこに生まれ育った人は I come from the South Side of Chicago. とかいかにも言えそうなわけ。だからその人たちは、都会育ちだけど、a place from where they've

comeというものを持ってるわけです。そう考えると、おそらくB君の質問の核は、「故郷」という言葉ではまずいんじゃないかということだよね。

B　はい。

柴田　それはそうかもしれない。でもこのa place where they've come fromという言い方に相当する日本語はないだろうと思うんだよね。そうするとやはり「故郷」とか「ふるさと」という言葉になる。近似値として、これで我慢するしかないかなと思ったんだけど。

B　うーん。僕は「生まれた町」というタイトルにしたんです。「故郷」という言葉は避けたかったんで。せめて「出身地」とか。

柴田　言われてみるとそういう気もしてくるけど、出身地って何だか、相撲の「東京都出身、○○部屋」とかいうアナウンスみたいでなあ（笑）。それじゃあ……「生まれ育った町」ではどうかな。「いまではもう、誰もが生まれ育った町を持っているわけではない」で何とかなるかなあ。「生まれた町」は誰にでもあるから、「生まれ育った町」じゃないとね。ほかの方々はどう思いますか。

C　はい。「心のふるさと」ではどうでしょうか。

柴田　うーん、そうだねえ。都会の下町が「ふるさと」という言葉になじむかという問題は依然残るよねえ。「心の〜」は方向性としてはいいと思うけど、さすがに少し感傷的すぎるかな。そういう感じを出したいなら、いまいろいろ聞いていて思いついたんだけど、「ふるさとと呼べるような場所」ではどうかな。「いまではもう、誰もがふるさとと呼べるような場所を持っているとは限らない」とか。「呼べるような」

とワンクッションあることで、何となく都会の下町も入りやすくなるんじゃないか。

僕からひとつ言うと、「君は」という言葉を訳さない人が何人かいたんだけど、これは受験勉強の弊害ですかね。入試の採点とかしてると、英文和訳で人間一般を指す you が出てきたとき、訳していない答案がすごく多い。それですごく不自然な日本語になってるんだよね。これはたぶん、予備校とかで「人間一般を指す you は訳さない」と教わって、それに愚かしく従っているんだと思いました。それはひとつの知恵ではあるが、日本語として自然でなければ話にならない。しかもこの場合は、女の子と二人で歩いているわけだから、人間一般の you というよりはもうちょっと個人的なわけです。だから「君は」と訳して何の問題もない。ただ、これはあとで考えますが、いちばん最後のセンテンス、you never got a look at him. の you をどう捉えるか、これは迷うところですね。あそこはもう少し一般化されてる気もする。

あとね、homeless camped out like picnickers のところだけど、「仮住まいしているホームレス」って言われると、じゃあホームレスにとって定住と仮住まいはどう違うのかという問題が発生してしまう（笑）。ここのポイントは、さっきも言ったようにひとつのまとまりだということを見せるために読点をなくすこと。だからなるべく短い言葉がいいですね。僕はどう訳しているんだっけ。「キャンプを張っているホームレス」か。ちっとも短くないな（笑）。「野宿」と訳している人もいました。それもひとつの手ですよね。とにかく「仮住まい」は重いんだよなあ。「住みついている」という手もあるかもしれないけど、それだとその前の「ピクニック客みたいに」と合わない。僕が「キャンプ」を選んだのは、「ピクニック」という言葉からイメージが滑らかにつながるようにです。「ピクニック客みたいにキャンプを張っている」まではのどかな感じで、次の「ホームレス」で一転厳しい現実が出てくる。その落差を狙ったんですね。原文はまずホームレスを出して、次に camped out like picnickers としている。厳しい→のどか、と逆の順番です。でも落差の効果を狙っている点では同じですね。

D　これは先生への質問です。you を「君」とか「あなた」とか訳すことでだいぶニュアンスが変わってくるじゃないですか。この場合はやはり「君」がいちばんいいんでしょうか。
柴田　それは質問なのかな。それとももう自分で答えを持ってるのかな。
D　質問です。
柴田　わかりました。まずこの you は、a city girl と一緒にぶらぶら歩いているわけだから若い男と考えるのが妥当だよね。語り手がどういう人間なのかも考えなくちゃいけない場合もあるけど、この短さでは考えにくい。まあそうすると、若い男を呼ぶには「君」がいちばん自然じゃないかということです。どうですか。もちろん50代のおっさんがシティガールを連れて歩いていてもいいわけで……でもそうすると彼女と一緒に帰る「むさ苦しいアパート」が妙に切実になっちゃうよな。やっぱり若い男だな、残念ながら（笑）。で、「君」。
D　いや、僕もこれについてはそう思うんですが、別の文章では「あなた」とか「おまえ」とか使ったほうがしっくり来る場合もあるんじゃないかと。
柴田　もちろん。you＝君っていう普遍的法則があるわけでは全然ないです。安部公房の『他人の顔』は「あなた」ですよね。あれはまあ非常に特殊で、そこにいない夫に対して妻が「あなたは……あなたは……」と語りかけている。妻と夫との関係からおのずと「あなた」という言葉が出てくるわけね。あとはそうだなあ、翻訳小説でも「あなた」はよく見る気がしますね。カルヴィーノの『冬の夜ひとりの旅人が』の脇功訳とかね。要はyouがどういう人間かの問題です。ほかにどうでしょう。
E　さっきyouを訳すのは駄目だと……。
柴田　いや、ここはyouを訳さないと駄目だと言ったんです。
E　あ、そうです。いや、訳さないのは受験英語の弊害だと言われたんですけど、「君が」という言葉は日本語ではあまり使わない気がするんです。だからここでは全部、僕は呼びかけるような感じに訳していったんです。そういうのはやっぱり、活字になったら変な感じになるんでしょうか。
柴田　いや、そういうことはない。それはもう単純に日本語力の問題です。ただ、今回見た限り、「君」「あなた」なしでこの文を訳している訳文は全部不自然だった。とにかく若者が女の子と歩いている情景が自然に浮かんでくることがポイントであって、浮かんでくるんだったら「君」「あなた」なしでもいいんですよ。あくまで、この状況を醸し出すには「君」「あなた」を使った方が圧倒的に楽なだけ。「君」「あなた」を使うのがそこまで日本語として不自然かというと、どうかなあ。村上春樹さんの翻訳とか、人間一般のyouをあっさり「君は」と訳してるよね。村上さんはやや極端な例かもしれないけど、まあこの作品に関して言えば「君」がそんなに不自然とは思わないですね。

学生訳1　修正案

いまではもう、誰もがふるさとと呼べるような場所を持っているとは限らない。そこである夏の夕暮れ、君は都会育ちの女の子にそれを説明しようとする。彼女と一緒にぶらぶらと、英雄たちの像の前を過ぎ、褐色に変わりかけた公園の芝生の上でピクニックしているみたいなホームレスの前を過ぎていきながら。

じゃあ次に行きましょう。

> The shouts of Spanish kids from the baseball diamond beyond the park lagoon reminds you of playing outfield for the hometown team by the floodlights of tractors and combines, and an enormous, rising moon.

柴田　さっそく学生訳を見てみましょう。

学生訳2

公園の池の向こうにある野球場から聞こえるスペイン系の子供たちの叫び声は、トラクターやコンバインの投光照明や巨大な昇りつつある月に照らされながら地元チームの外野手として野球をしていたときのことを思い起こさせる。

柴田　さあ、ここはどうでしょうか。どうぞ。
F　一文が長いと思います。
柴田　それはそのとおり。それで？
F　そのあとのセンテンスが月について書いてあるので、それとのつながりをよくするために、月の明かりのことを最後に持っていきたい。そう考えると、「スペイン系の子供たちの叫び声は、君に思い起こさせる、…を」と倒置にして「思い起こさせる」を先に出してしまうとか、「外野手として野球をしていたときのことを思い起こさせる」を前に持ってくるとか、できるかぎり月の話をうしろに回したいんですが。
柴田　まったくそのとおりだね。ひとつはいま言ってくれたように、このセンテンスと次のセンテンスとのつながりです。rising moon というこのセンテンスの終わりと、次の At twilight you could see the seams of the moon more clearly ... というセンテンスのつながりが、英語ではすごくはっきり出ているのでそれを伝えたい。

　ということと、訳文はいわゆる「玉ねぎ文」になってしまっている。すごく単純な例をあげれば「彼は私がバカだと言った」が玉ねぎ文。主語1、主語2、述語2、述語1という語順ですね。これくらい簡単な例ならいいけど、これを込み入った文でやるといっぺんにわかりにくくなります。ここでも「叫び声」が主語で述語は「思い起こさせる」で、あいだに別の……まあこれは厳密な意味での「玉ねぎ文」とは違うか。えーととにかく、主語と述語がそんなに離れてない方がいいという大原則があるわけです（笑)。「叫び声」と「思い起こさせる」はもう少し近くにできないか。

　そうすると、たとえば倒置にすると解決する。「……の叫び声は、……を思い起こさせる。……に照らされながら」とするわけです。

その反面、やはり倒置というのは、どうしても何か、格好をつけた感じがしてしまう。ややキザな感じがするので、なるべくそうならないよう工夫する必要はあるだろう。この場合は「地元チームの外野手として野球をしていたときのことを思い起こさせる」を前に持ってくるのが妥当でしょうね。僕はここにも「君に」はあった方がいいと思いますけどね。「君に思い起こさせる」ね。で、「……に照らされながら」の部分を、キザにならないよう工夫する。たとえば、

公園の池の向こうにある野球場から聞こえるスペイン系の子供たちの叫び声は、地元チームの外野手として野球をしていたときのことを君に思い起こさせる。トラクターやコンバインの投光照明や、巨大な昇りつつある月に照らされながら君たちはプレーした。

として次のセンテンスにつなげてしまうとかね。これだと倒置のキザさは抜けます。

あとまだもう少し修正が必要だと思いますが、何かありますか。

H　僕は、「君」が月のことも思い起こしている、というふうに訳したんです。そういうふうには読めないですか？

柴田　つまり、an enormous, rising moon と playing outfield とが同格だってこと？

H　そうです。

柴田　どう思います？　ほかの方々。うーん、それは……あ、どうぞ。

I　たぶんこれは、rising moon の下で野球をしているっていう情景全体を思い浮かべているんであって、野球をしているのと別に、大きな月を思い浮かべているということではない。やっぱり rising moon は by のあとにかかっている気がします。

柴田　うん、そうですね。文法的に考えても、reminds you のあとは、reminds you of playing と、いわゆる動名詞が来ている、で、そのあとにもう一回動名詞がきたら同格ということは大いにあり得る。つまり「AとBとを思い起こさせる」と言うとき、reminds you of A and B のAとBは、似た形になっているのが普通なわけですよ。ところが、reminds you of A and B のAが動名詞で、Bが an enormous, rising moon という名詞句だというのはかなりまずい英語です。習慣としてあまり考えられない。同格だったら同格になるよう品詞を揃えるとかリズムを揃えるとかするのが普通なので、ここはやはり、an enormous, rising moon は flood lights と同格と思っていいと思います、はい。

J　「地元のチームの外野手として野球をしていた」というところなんですけど、play の後に野球のポジションがきたら、「守る」っていう日本語が来ると思う。それだけ日本に野球が根付いているってことだと思うんですけど。あと「外野手」って出た時点で、野球だとわかるから、「野球をしていた」とそのあとに言うとちょっとくどい感じがします。

柴田　「馬から落ちて落馬する」みたいに聞こえるというわけね。僕もそう思います。もともと全体にやや長い感じがするので、どう縮めるかを考えたいよね。まず、「地元の チームの外野手」っていう、「の」のつながりはなるべく避けたい。J君の考えで言えば、「外野をやっていた」とか「外野を守っていた」で十分だってことだよね？

J　はい。

柴田　そうすると、「地元のチームで外野を守っていた」ですかね。こんな感じですよね。

学生訳2　途中経過

公園の池の向こうにある野球場から聞こえるスペイン系の子供たちの叫び声は、地元チームで外野を守っていたときのことを君に思い起こさせる。トラクターやコンバインの投光照明や、巨大な昇りつつある月に照らされながら君たちはプレーした。

野球が日本に根付いているからこういう言い方ができるって言ってくれましたが、まったくそのとおりで、野球とかに全然興味ない人も当然いるわけです。outfieldを「外の野原で」とか訳した人もいた（笑）。興味ない分野の訳は、誰かに見てもらった方がいいですね。僕もファッションと車とゴルフにはまったく興味がないので、そういうのが出てくると誰かに見てもらいます。

K　「叫び声は〜思い出させる」っていうよりも、次の文章の主語がyouになっているんで、「叫び声で〜君は思い出す」とした方がいいかなと。

柴田　ああ、なるほど。「公園の池の向こうにある野球場から聞こえるスペイン系の子どもたちの叫び声で、地元チームで外野を守っていたときのことを君は思い出す」ですね。いや、それは一理ありますね……うーん……なぜここで口ごもるかと言うと、さっきの倒置はキザになるから気をつけた方がいいというのと逆で、ここで「……叫び声で、〜を君は思い出す」っていうのは、何ていうのかな、日本語としてより自然ではあるんだけど、少し……すんなり流れ過ぎるというか、ぱっと聞いてすぐぱっと記憶がよみがえるみたいな感じがする。それに対して、「〜は〜を君に思い起こさせる」ってちょっと重たいから、そのぶん記憶がゆっくり立ち上がっているような感覚が出ると思うんです。だから、必ずしもこれですごくまずいとは思わない。

K君のもうひとつのポイントは、一般論としてはもうまったくそのとおりで、英語は割とセンテンスからセンテンスへと移る際に主語が動いてもいいんですよね。ひとつのセンテンスのなかでも主語はほいほい動く。でも日本語は、あんまり主語がしょっちゅう入れ替わらない方がいいので、次のセンテンスの主語が「君は」だったら、その前のも「君は」に直した方がいいということはよくあります。一般論としてね。ただ、ここの場合は、さっき言った、「記憶がゆっくり立ち上がる感じ」を重視したいですが。

L　あの、重箱の隅をつつくようなことなんですが、学生訳だと「聞こえる」って書いてあるんですが、この文章の "The shouts of Spanish kids from the baseball diamond beyond the park lagoon" という、歩いているとふっと聞こえて瞬間的に思い出す感じが、それだと若干弱いかなと。それで先生の訳を見たら「聞こえてくる」とあって、そっちの方が「聞こえる」よりいいんじゃないかと思いました。

柴田　なるほど。もっとあからさまにやるなら、たとえば「叫び声が漂ってきて」とか「流れてきて」とかね、そんな手もあるでしょうね。だから「野球場から聞こえてくる」でもいいし、「漂ってくる」くらいやってもいいかもしれない。

A　ええと、二つあるんですけど。先に細かい方から行くとshoutなんです。「叫び声」って言われると映画の『スクリーム』とかの絶叫みたいなのを想像しちゃうんですよ。野球やってるところから聞こえる「叫び声」って何だろうか。きっと「しまっていこうぜ」とか「かっとばせ」とかいう声だと思うんで、単純に「大声」にしたいなと。

柴田　うん、ポイントとしてはそのとおりなんだけどさ、「スペイン系の子どもたちの大声」っていうのも何か日本語として不自然だなあ。

J　じゃあ「歓声」としたらどうでしょう。

柴田　「歓声」ね、それがいいかな。でもA君のポイントと嚙みあうかな。

A　いや、「歓声」でいいです。

柴田　じゃ、それで。まず一点だね。

A　あともうひとつは、けっこう大きい話です。この部分の下の、まだやってない「夕暮れには〜」で始まる部分と合わせて考えたんですが、ノスタルジックなトーンを使いたいんですよ。この学生訳だとさらっと事務的に訳してる感がある。声を聞いて、「君は思い出す」で一回止めて、それからこういうことがあって、こういうこともあった、というふうにもう少し重く続けたい。

柴田　要するに、「歓声を聞いて君は思い出す。地元のチームで外野を守っていたことを。トラクターやコンバインの投光照明や、巨大な昇りつつある月に照らされながら」みたいな感じだね。なるほどね。それが実は一番、英語の語順にも忠実ってことになる。それはアリかもしれない。周りのセンテンスも、そうした重さに見合うものになるよう工夫する必要はあるけどね。

今日は第一回だから、きわめて当たり前のことを言います。翻訳において、語順についての大原則は、なるべく原文の語順どおり訳すということです。まあたぶんこれは今後何回も言うことになると思うけど。

E　質問です。歓声を「聞く」なんですけど。listen っていう場合はよく耳へんの「聴く」と訳されますよね。ここはどっちがいいんでしょう。
柴田　たとえば「みる」にしても、「見」を使うか「観」を使うかという問題がある。「観」は watch、「見」は see という分け方がわりと普通かな。look が「見る」で see は「見える」、という分け方もある。「見える」は英語にはない便利な表現ですよね。

それとまったく同じように、大まかには hear と listen が「聞く」と「聴く」に対応して、さらに hear に対しては「聞こえる」という便利な表現があるわけです。ここでは hear も listen も使ってないけれども、まあ聞こえるともなく自然に聞こえてくる感じだから、やっぱり「聞」の方がいいと思います。
L　私も「スペイン系」って訳したんですけど、「スペイン系」とするとノスタルジーのイメージには合わないかと。団い気がするので「スパニッシュ」「スペイン人」って訳したらどうでしょう。
柴田　ほかの方々はどう思います？　そういうこだわりでいうと、一番正解なのは誰かが訳してた「ヒスパニック」じゃないかな。でもたぶん一昔前の話っぽいので、イタリア系とかスペイン系とかいった言い方をしてもいいんじゃないのかな。「スペイン人」はアメリカに住んでいる感じが弱すぎる。「スパニッシュ」ならアリかもしれないけど。
M　その部分なんですけど、歓声が漂ってくるとか洩れ聞こえてくるとかって先生がさっきおっしゃいましたよね。
柴田　風に乗ってくるような感じね。
M　そうすると、何て言ってるか詳しくはわからないけど、とにかくスペイン語であることは聞き取れるっていうことだから、やっぱり「ヒスパニック」って言った方がいいような気がします。
柴田　「ああ、またあっちでヒスパニックの子どもたちが遊んでらあ」という感じね。
　ただ、留意点を挙げておくと、この小説がいいのは、聞こえてくるのはあくまでスペイン語という外国語なんだけど、それを聞いて「あ、俺もああいうふうに子どものころわめいて遊んでたなあ」と連想がつながるところね。そこがダイベックの多文化主義の素敵なところ。人種間の断絶より、ゆるやかなつながりに力点が置かれる。そう考えると、「スペイン人」ではあまりに他者化してる感じがしていまひとつ。「スペイン系」とか「ヒスパニック」とか、ある程度つながりを保たせるような言い方がいいでしょうね。

学生訳 2　修正案

　公園の池の向こうにある野球場から漂ってくるヒスパニックの子供たちの歓声は、地元チームで外野を守っていたときのことを君に思い起こさせる。トラクターやコンバインの投光照明や、巨大な昇りつつある月に照らされながら君たちはプレーした。

じゃその次、At twilight ... のところです。

> At twilight you could see the seams of the moon more clearly than the seams of the ball. You can remember a home run sailing over your head into a cornfield, sending up a cloudburst of crows . . .

柴田　この seams of the moon というところは、みんなすごく悩んだみたいですね。

学生訳 3

　夕暮れには、月の表面の縫い目のような模様の方がボールの縫い目よりもはっきりと見えた。ホーム・ランが頭の上を越して飛んでいってトウモロコシ畑につっこみ、カラスの大群が一斉に飛び立つさまが思い起こされる……。

柴田　いかがでしょうか？　ふたつ目のセンテンスはすごくいいよね。まあ「ホーム・ラン」のナカグロは要らないだろうけど。一つ目のセンテンスについては、「月の縫い目」ではあんまりだろうということで「月の表面の縫い目のような模様」と言葉を添えている。この工夫する精神自体はいいですね。ここをどう考えるかが一番のポイントだね。ほかにやり方があるかないか。どうでしょうか？

E　さすがに「の」が三回続くのはよくないんじゃないですか。

柴田　そう、少し重い。

E　「表面」を抜いちゃってもいい。

柴田　「月の縫い目のような模様」ね。

E　あの、月の方のseamは地表の「さかい目」って考えて「目」だけ漢字にして、ボールの縫い目は「ぬい」ってひらがなで書くのはどうですか。

柴田　ああ、「さかい目」と「ぬい目」で、なんとなく反復感を出すっていうことね。seamsが二つある反復感を残したい一方、両方「縫い目」じゃ無理だろうということで、「ぬい目」と「さかい目」に訳し分ける、というわけね。「月のさかい目」って地表の境目ってことかな。それは陸地と川の境目とか、そういう感じ？

E　うさぎさんの形をイメージしたんですけど。

柴田　ああ、なるほど。

N　ballのseamっていう言葉はよく使われますよね。

柴田　そのとおり。

N　そして月のseamってクレーターというか窪みとかの模様ですよね。辞書を引いたら「顔などの皺」という意味があって、「月面の皺」としてはどうですか。ちょっと「皺」だと人間っぽすぎるでしょうか。

柴田　その場合、ballの方は「縫い目」って訳したわけだよね？

N　はい。

柴田　そうすると、seam という同じ言葉の反復はとりあえず捨てて、代わりに月、ボールのそれぞれにしっくり来る言葉を使おうっていうことだね。

N　いえ、反復感の方は、ちょっとずるいんですけど、カタカナで「シーム」ってルビを打つことで補う。

柴田　なるほど。それは手だな。でもたしかにやや姑息かな？

O　いまのと同じような感じなんですけど、言葉的な反復感はとりあえず置いとく。月に縫い目って基本的にない気がするので……(笑)。

柴田　ないない。

O　もっとこう、月っぽさが欲しい。しかも縫い目的な感じを出したい。で、「つぎはぎ」っていう言葉を考えたんですが。

柴田　ちょっと待て。月に縫い目はないが「つぎはぎ」ならあるのか？(笑)

N　僕は海外にずっと住んでいたんですが、月の描き方も国によって違います。日本ではうさぎさんを描くと月なんですけど、イギリスでは最初に円を描いてその右上にクレーターっぽい丸を描き、そこから筋を描く。つまり右上から放射状に線を描くと月っぽい。で、僕は月に seam を合わせる意外性を残したまま、「縫い目」「縫い目」って続けた方がいいような気がします。だって英語でも seams of the moon っていう表現は、ちょっと変わった印象を持ちますよね？　それだったら日本語でもこのままでいいんじゃないでしょうか。

柴田　賛成だね。変わった原文には変わった訳文で、という大原則です。英語で普通の言い方なんだったら、それを訳すときも普通の日本語にすべきだけど、英語もちょっと変わった英語なんだったら、変わってる感じは残したい。

ただ問題は、変わった感じに訳して、単に下手とか不自然とかに見えないようにするにはどうしたらいいかってことですよね。それには、「ボール」を先に出せばいいんじゃないかと思うんです。ええと、僕の訳を見てくれるかな。

黄昏どきには、ボールの縫い目より月の縫い目の方がはっきり見えるくらいだった。

月を最初に出して「月の縫い目」って唐突に出てくるとイメージが湧きにくいけど、「ボールの縫い目より月の縫い目の方が……」と言えば、流れとしてはある程度自然じゃないかと。

それからもうひとつは、この小説、故郷がどうとか、リアリスティックな話で始まっていますが、後半で女の子が現われる直前にイナゴの大群が出てくるところは、もう半分幻想に入っているわけです。さらに、月が迫ってきて、月面が鏡になって自分たちの町が映ってるとか。だから後半は明らかに幻想的で、そのあたりは第一段落からもある程度見えていいと思う。だから「月の縫い目」というちょっとファンタジー的な言い方をして、実際に月に、野球のボールと同じような縫い目があるさまを読者が想定してくれていい。

それともうひとつ。ボールを先に出せばいいというのは、さっき言った原文の語順になるべく合わせるという原則と矛盾してるんだけど、翻訳とはそういうもので、その場その場で役に立つやり方があり、原則同士は必ずしも両立しない。一貫性を持たせようとしても無駄です。一貫性なんてのはチャチな人間が言うことだ、とアメリカの大思想家エマソンは言ってますが、翻訳でもまったくそうなんだよね。

学生訳 3　修正案

夕暮れには、ボールの縫い目よりも月の縫い目の方がはっきりと見えた。ホームランが頭の上を越して飛んでいってトウモロコシ畑につっこみ、カラスの大群が一斉に飛び立つさまが思い起こされる……。

では、その次のパラグラフ。

> Later, heading back with her to your dingy flat past open bars, the smell of sweat and spilled beer dissolves into a childhood odor of fermentation: the sour, abandoned granaries by the railroad tracks where the single spark from a match might still explode.

学生訳 4

それから後、君は彼女とともに、開店したバーをいくつか通り過ぎて、むさくるしいフラットへと戻るのだが、汗とこぼれたビールのにおいが、子供のころにかいだ発酵の臭気へと溶けこんでいく。鉄線道路沿いにある、すえた臭いのする見捨てられた穀物倉庫。そこでは、マッチからのただ一つの閃光がいまだに爆発しつづけているのかもしれない。

柴田　ま、最後は誤訳だな。倉庫は中もからっぽになって誰も来ないはずなんだけど、いまでも誰かがこっそり来てマッチの火をつけたりする、すると爆発みたいにパッと炎が浮かび上がる、そういうイメージですね。学生訳の「そこでは……」のセンテンスは不問に付すことにしよう。

P　えっと、一番最初の文章なんですが。英語の語順どおりに訳すなら、これ逆になってますよね。「バーを通り過ぎて」、「むさくるしいフラットへと戻る」という順に訳してありますが、英語ではバーの方がうしろにきている。

柴田　そうね。バーという言葉が、汗とこぼれたビールにつながっていくわけだから、あとに来た方がいいね。じゃあ、「君は彼女とともにフラットへと戻る途中……」とかにするのかな。「それから後、君は彼女とともに、むさくるしいフラットへと戻る途中、開店したバーをいくつか通り過ぎるのだが」。ほかにどうでしょうか？

Q　細かいことですけど、open bar っていうのがわからないです。匂いが出てきてるんだから、開店してるんじゃなくドアが開《あ》いてるってことじゃないですか。

柴田　そのとおりだと思いますね。昔は冷房なんかないので、暑いと開けっ放し。むっとする酒場の匂いが出てくるイメージなので「扉の開いた」くらいがいいですね。

R　オープンカフェみたいなイメージじゃないんですか。外に机があるような……。

柴田　それなら outdoor cafe とかいう言い方をするだろうね。これはそんなにお洒落じゃないです。ほかはどうですか？

S　あの、childhood odor っていうのは「子どものころにかいだ匂い」なんですか？

柴田　本当は「子どものころの匂い」にしたいところですね。

S　いや、そうじゃなくて子どものころの気分とか、childhood odor of fermentation とあるから、発酵してくる思い出とかじゃないんですか。

柴田　そこまで比喩的ではない。たしかにその匂いが、子ども時代そのものを象徴してはいるんだけど、まずは物理的な匂いが絶対に欲しい。比喩的な意味はそのあとです。

J　childhood odor が sour につながっていくってことでいいんですか？

柴田　そうですね。sour は普通「すっぱい」とか訳すけど、「発酵」とのつながりを考えると「饐《す》えたような」とか。味はすっぱいとか甘いとかあるけど、匂いにすっぱいはないから。

J　ここのところ、granary が複数形の granaries になっているんですけど、僕はなんかそういう穀物倉庫が立ち並んでいる風景のように思うんです。学生訳だと、ある特定の倉庫というように読めます。

柴田　そうですね。ただ、穀物倉庫が並んではいるかもしれないんだけど、べつに広々としたエリアがある感じではない。倉庫があちこちに点在している感じかなあ。とすれば、この単数複数はそんなに重くはないかなと。「倉庫たち」とも言えないし、もうそこは諦めてもいいんじゃないか。

J　「倉庫街」だったらどうですか？

柴田　いいかもしれないけど、かなり大きくなるなあ。

J　先生の訳文では学生訳の「フラット」ではなく「アパート」になっているんですけど。

柴田　「フラット」か「アパート」か。イギリス英語ではもっぱら「フラット」って言いますよね、アメリカ英語でもときどき使うけど。しかし flat が「アパート」の意味だってどれくらいの人が知ってるかなあ。知ってた人、手あげて。(指で挙手の数を数えて)……ふむふむ、英文科の人がかなり多い場所でこの程度だから、一般だともっと認知度は低いよね。だからちょっと「フラット」は無理という気がする。「アパート」の方が無難じゃないかな。もちろん、たとえばパリが舞台だったら「アパルトマン」という言葉を使いたいし、ロンドンが舞台だったら「フラット」もいい。でもここはシカゴの下町なので、特にフラットという言葉の必然性はないですね。

G　smell と odor で二種類の匂いの単語が使われていて、ニュアンスの違いがあると思う。odor の学生訳は「臭気」ですけど、辞書には……まあ臭気って訳もあるんですけど、ワイン用語で「鼻から入って感じるワインの香り」とも書いてある。きれいなイメージが少しはあるような気がします。この「臭気」は別の単語を使ったらどうでしょう。

柴田　そうだなあ。たとえば香水なんかの香りだったら scent を使うわけですよね。scent なんかだと本当に「香り」が合う。一方 smell は「臭《にお》い」が合う。もちろん smells nice なんて言い方もあってその場合は「いい匂いがする」って意味だけど、You smell. だったら「お前、臭うぞ」ってことですね。

　で、odor は微妙だなあ。ワインについて odor にそういう意味があることは僕は全然知らないけど、一般にはそこまでポジティブな意味じゃないよね。たとえばbody odorって言ったらほんとに「体臭」だよね。なので、いまの質問については難しいなあ。「臭気」っていう言葉がいいかどうかはともかくとして、ひとつには、英語は同じ意味でも反復を避けて別の言葉で言い換えたがる言語だからね。さっきのseamでは反復を優先して訳したいということだった。で、ここでは差異を優先するかっていうと、うーん、難しいな。まあ、「におい」「におい」ってつながらない方がいいが、さりとて、「汗とこぼれたビールのにおい」にすると、もう一つを何にするかっていうとなあ。そこはどうですか、ほかの方々。

T　カタカナの「ニオイ」とかどうですか？　臭そうじゃないですか。

柴田　「発酵のニオイ」？　最初はひらがなで「汗とビールのにおい」って書いて、あとはカタカナってこと？　工夫はわかるが、やや人工的な感じがする。訳者が顔を出しているような感じがしちゃうので、アイデアとしては面白いが……。

U　最初のsmellは普通に「匂い」と訳して、odorはやっぱりこの文全体からしてももう少しポジティブなイメージだから「香り」と訳してもいいんじゃないですか。

柴田　「発酵の」があるから、「香り」とやってもそうかぐわしい感じになりすぎないからいいか。「臭気」はやっぱり人気ないのかな。僕は工業地帯に住んでて、近所に町工場がいっぱいあるわけです。そこに新しいマンションが建ったりすると、マンションの住民が「工場が臭い」とか言って工場と喧嘩になるので、最近では工場があらかじめ「ここは工業地帯だから振動と騒音と臭気があるからそう思え」って看板を出してるわけ（笑）。「臭気」にはそういうネガティブなイメージがあるか……。「香り」と「におい」のあいだくらいで、でも「香り」ほど優雅じゃない言葉があるといいんだけどね。ないよな、そんなの。そうすると「におい」で通しちゃうか、ちょっときれいすぎるけど「香り」にしちゃうかっていう選択。U君はchildhoodのノスタルジアにプラスのイメージをとろうってことで、それはそれで一理ある。じゃ、「香り」かな。

学生訳4　修正案

君は彼女とともに、むさくるしいアパートへ戻る途中、扉の開いたバーをいくつか通り過ぎ、汗とこぼれたビールのにおいが、子供のころにかいだ発酵の香りへと溶けこんでいく。鉄線道路沿いにある、すえた臭いのする見捨てられた穀物倉庫。そこはいまでも、マッチ一本をすった火花がパッと浮かび上がったりする。

それじゃ、その次のところね。

A gang of boys would go there to smoke and sometimes, they said, to meet a certain girl. They never knew when she'd be there. Just before she appeared the whine of locusts became deafening and grasshoppers whirred through the shimmering air.

学生訳5

少年たちは群れをなしてよくそこへタバコを吸いに行ったものだったし、彼らが言うには、ある女の子に会うためのときもあった。彼女がいつそこにいるのか、知っていたやつはいなかった。彼女が姿を見せるぞというときになると、かん高いセミの鳴き声は耳もつぶれんばかりになり、バッタはかげろうの中をチチチ、チチチと跳ね回った。

柴田　はい、どうでしょうか？

J　locust っていう虫は、学生訳は「セミ」ですけど、先生は「イナゴ」って訳してるんです。それはどうしてですか。

柴田　ここは絶対「イナゴ」です。どっちも意味しうるんだけど、なぜ「イナゴ」に決められるかというと、ここで場違いに、ゆえに効果的に喚起されているのは、聖書のイメージだから。旧約聖書の「出エジプト記」で、ユダヤ人を虐待したエジプト人に罰《ばち》があたってイナゴの大群が押し寄せる。ちょっと読んでみると、「東風朝《あした》におよびて蝗《いなご》を吹きたりて／蝗エジプト全国にのぞみエジプトの四方《よも》の境に居《をり》て害をなすこと太甚《はなはだ》し……蝗全国の上を蔽《おほ》ひければ国暗くなりぬ而《しか》して蝗地の諸《すべて》の蔬《くさ》および雹《へう》の打残《うちのこ》せし樹の菓《み》を食《くら》ひたればエジプト全国に於て樹にも田圃《たはた》の蔬にも青き者とてはのこらざりき」（日本聖書協会　文語訳）。穀物とかみんな食べちゃうわけ。学者に言わせると、実はイナゴは大群を作って飛び回ることはないらしくて、実際にそんな生態があるのはトノサマバッタかサバクトビバッタしかいないと言うんだけど、聖書ではイナゴの大群と言っていてそれで何百年やってきた。で、聖書は事実に勝つ。ここの whinc of locusts にも明らかに聖書的な響きがあるから、「イナゴ」ですね。

G　「イナゴ」を事典で調べたら、鳴かないらしいんですよ。だからここは「鳴き声」じゃなくて「羽音」とかにした方がいいんじゃないでしょうか。

柴田　そのとおり。ここの訳はセミだから「鳴き声」になってるわけだよね。イナゴだったら「イナゴの羽音」にすればいい。

A　「かん高いセミの鳴き声は耳もつぶれんばかりになり」のなかの「かん高い」と「つぶれんばかり」の二つを統合した感じで「耳をつんざくほどになり」にした方がよくないですか。音に関する表現が加わった感じにもなります。

柴田　うん。そうだね。それに、考えてみれば目がつぶれるとは言うけど耳がつぶれるとはあんまり言わないしね。じゃ、「かん高いセミの鳴き声は耳もつぶれんばかりになり」は、

イナゴの羽音は耳をつんざくほどになり、

になりました。

ところでこの学生訳について、試みとして成功してるかどうかはまた別問題なんだけど、いいと思うのは「バッタはかげろうの中をチチチ、チチチと跳ね回った」と擬音語が出てくること。日本語には「ふらふら」とか「ぎゃーぎゃー」とかの擬態語や擬音語、オノマトペが多くて、英語は少ないとよく言われますよね。でもある意味ではそうだけど、ある意味ではそうじゃない。そうじゃないというのは英語の場合には、特に動詞の中に、擬態・擬音的な要素が入ってるんだよ。この grasshoppers whirred でいえば whirr っていう動詞が

そう。何かこう、「ブーン」とうなっている感じが出るわけね。だからこれを単純に「うなりながら飛ぶ」とか訳すより、「ブンブン音を立てて飛んだ」とかいうふうに、音の感じを出したいですね。この前にある the whine of locusts と grasshoppers whirred、つまり whine と whirred とどっちも wh からはじまっています。その二つで「ワアーン」という音がほとんど聞こえてきそうな気がする。wh の反復と相まって、言葉自体がそういう音を喚起しているんですね。

そうはいっても、イナゴとバッタの両方に別々の擬態語をあてたりすると、たぶんちょっとやりすぎ。コミカルになりすぎちゃうので。片方にだけ「ブンブン」とかつけるのがいい。というわけで「チチチ、チチチ」は試みとしてはいいと思うわけですが、うーん、でもちょっと可愛らしすぎるかな。非常に共感はできるけどね。

W　the shimmering air っていうのがどんな大気なのか、よくわからないんですけど。

柴田　あ、はいはい。学生訳の「かげろう」はよく考えたと思うよ。要するに、空気がゆらめいて光ってるような、揺れてるような、そんな感じ。どういうイメージを思い浮かべるのが一番いいかなあ。うーん……晴れてる日に車で走っていて、蜃気楼とか見えて、空気が揺れて見える、そんな感じですかね。「かげろう」というのはすごく工夫していますけど、ただ工夫しすぎて結論だけぽんと出してる感じがするので、「ゆらめく空気」とかの方がイメージは湧きやすいかもしれない。

X　さっきのところなんですけど、何でイナゴってだけで「出エジプト記」と重ね合わせなきゃいけないんですか？

いや、仮にそういうものなんだとしても、ここにいきなり固い「出エジプト記」がぽんと出てくるのもわからないです。
柴田　イナゴだけといっても、the whine of locusts とあればこれはもう聖書を考えない方がおかしいわけ。もちろん、聖書を知らない読者にはそのことは伝わらないかもしれない。なんかケッタイなイメージだなあ、で終わっちゃうかもしれない。それはそれで仕方ない。もっと固い作品だったら注を付けたりすることもありうるけど、これはまあ、どういう媒体に載せるかにもよるけどたぶん違うだろうね。だけど、訳者としては当然わかってなくちゃ駄目です。むしろ、何でそんな場違いなイメージをダイベックが持ち出してきたか。問題はそっちだよね。

少年小説ではよくあることだけど、この語り手は、気持ちとして子どものころに戻っている。A gang of boys のあたりは、子どもが年上の少年たちのことを話してる感じだよね、年上の子が、町はずれの変なところに、煙草を喫いに行く。女の子にも会っているらしい。一方、語り手はまだ思春期前で、性の問題は彼にとって神秘なわけだ。だから、その女の子が姿を見せる瞬間を思い描くと、彼としてはそこにすごい謎とか神秘とかを見てしまう。それで、よくわかんないなりにそういう神秘な場面を想像してみると、ぶぁーとイナゴとか出てきて、全然関係ない聖書まで喚起してしまう、そういう可笑しさ、ユーモアですね。でももちろん、そういう神秘を感じる子どもの気持ち、恐怖感とか憧れとかも混じっているような気持ちを決して茶化しているだけじゃなく、その切実さもちゃんと伝わってくるすごくいい文章ですね。それは聖書云々がわからなくても伝わると思う。

Y　英語的な質問が二つあります。一つはgangという単語に悪いイメージがないかということです。学生訳はただ「少年たち」としていますけど実際は「悪ガキ」とかじゃないんですか？

柴田　「悪ガキ」とまで言わない方がいいかもしれないけど、でもまあたとえば、ここにいる東大生たちをa gang of boys and girlsって言えるかっていうとちょっと言いづらいわな(笑)。何かこう、「ちょっと不良」っていう感じ。もろに「ギャング」を思い浮かべなくてもいいんだけど（「ギャング」はgangsterだから）、「ちょっとやばそう」な感じはある。ここもまあ、はっきり「不良少年たち」とか言ってしまってもいいかもしれない。「群れをなして」で不良の感じが出ているかと思ったけど、そうか、悪い感じはこれだけじゃ出ないか。やっぱり「不良少年」くらい言った方がいいかもしれないね。

Y　もう一つはgrasshoppersのwhirrっていう動きなんですけど、直線的とか回転的とか動きの傾向があるんでしょうか。いや、「跳ね回った」って訳し方がどうも引っかかっていて……。

柴田　whir throughで「空気中を駆け抜けていく」って感じだから、ある程度直線的ではあるわけだね。たしかに「跳ね回る」という言い方に違和感を感じるのは正しいですが、あくまでもここでのポイントは音なんですね。実際にイナゴの大群、いやバッタの大群か、そういうのは旧約聖書だけじゃなくアフリカとかで現実によくあるわけで、ぶわぁーってすごい勢いで通り抜けていく。だから「駆け抜けていった」

とか、そんなような言い方がいいかもね。

学生訳5　修正案

不良少年たちはよくそこへタバコを吸いに行ったものだったし、彼らが言うには、ある女の子に会うためのときもあった。彼女がいつそこにいるのか、知っていたやつはいなかった。彼女が姿を見せるぞというときになると、イナゴの羽音は耳をつんざくほどになり、バッタはかげろうの中を駆け抜けていった。

では最後のところね。

The daylight moon suddenly grew near enough for them to see that it was filled with the reflection of their little hometown fragment of the world, and then the gliding shadow of a hawk ignited an explosion of pigeons from the granary silos. They said a crazy bum lived back there too, but you never got a look at him.

学生訳6

昼の月が急に近くなって、世界の一端たる彼らの小さな故郷の町が映っていることに少年たちは気づいた。鷹の滑るように飛んでいく影を見て、鳩が穀物サイロからぱっと一斉に飛び立った。少年たちによると、気のちがった浮浪者がサイロの裏に住んでいたそうだが、一度も見かけたことはなかった。

柴田　はい、どうでしょうか？　そうそう、さっき言ったように、最後の you never got a look at him の you を「君は」っていうふうに限定しない方がいいかもしれない、人一般かもしれない、と思います。でもじつはまだ僕もちょっと揺れていて、「君は」でもいいかという気もしています。

まず、A gang of boys っていうのが出てきた。語り手にとってお兄さんの世代が、自分にはわかんないことをやっていて、そこに女の子っていうもっとわからない存在が出てきて、さらにもっと謎めいた存在として a crazy bum が出てきた。つまり、どんどんわからなさが増していくように話が進んでいる。女の子にしても、いつ行ったらいるのかよくわからないという、妙に神秘的な存在ですよね。それと同じように、誰も見たことがないんだけど、あそこに変なのがいるんだぜって誰もが言っている、そういう神秘的存在として a crazy bum を考えていいんじゃないか。

で、そう考えると、ラストは「君は」にしてもいいかもしれない。でも君だけ見たことがないというよりは、みんなも見てない方が話として面白いかなと思う。そのあたりで迷うわけね。

F　「月が近くなって」という表現にちょっと違和感があるんですけど。

柴田　「急に迫ってきて」とか言うと、何かこのままぶつかるって感じがしちゃうから「近くなって」にしたのかな……。まあもちろん the moon suddenly grew near enough って言い方自体も普通の言い方じゃないだろうから、ここはやや不自然でもいいかなと思いますが。

G　the reflection of their little hometown fragment of the world なんですけど、hometown と fragment との間のつながり方が英語的によくわからなかったんですけど。

柴田　fragment of the world で「世界の断片」ですよね。そして little hometown が形容句として fragment を修飾している。直訳は「世界のなかの、彼らの小さな故郷の町の部分の断片の鏡像」。だから「世界の一端たる彼らの小さな故郷の町が映っている」って訳が出てくるわけね。これはすごく上手いね。

G　ignited an explosion of pigeons っていうところが、「ぱっと一斉に飛び立った」では何かちょっと弱いというか。爆発したみたいなイメージですよね。さっきのマッチのイメージにつながる気がします。

柴田　そうそう！　明らかにつながってますね。

G　「鷹の影は背後から鳩たちを飛び立たせる起爆剤になった」とか。

柴田　そのとおりですね。「爆発」とか「燃え上がる」とかそういうイメージはここにぜひ欲しい。鷹が通った影で鳩たちが怯えて出てくる感じを、爆発の比喩で伝えているわけだよね。ignition と ignite、それから explosion、どの言葉も、火薬に火がつくとか爆発するとかのイメージなので、僕の訳は……そうか、「点火したみたいに」ってはっきり「火」をひとつ付け加えているのか。

Z　最初のセンテンス、enough が学生訳では落ちてるんですけど。充分に grew near したからわかった、というイメージなのではっきり訳に出したい。昼の月が急に「ぐっと」近くなったので気付いたということですよね。

柴田　そうですね。僕も enough を再現しようと思って「突然ぐっと近くなって」と訳してますね。近くなったから見えた、という因果関係がわかる言い方が欲しいということですよね。ただそれは学生訳でも、「急に」である程度伝わってると思うけど。

H　同じようなことなんですけど、filledが学生訳だと消えちゃってます。ただ映ってるというだけではニュアンスが足りないかと思うんです。

柴田　うん、そうだけど難しいなあ。たとえばどう訳す？

H　これは固いなぁって自分でも思うんですけど、「鏡像で満たされている」としました。

柴田　いいんじゃないかな。まったくそのとおりだよ。あとは、「鏡像」って言葉を何とかしたいってことかな？　小さなものが大きな月を満たしている矛盾の面白さを伝えたい。たとえば……「月一面に映っている」というふうにすればどうだろう。fillって言葉を訳すときに、どうしても「満ちている」「満たされる」って言葉を使いすぎるんだよね。だから「〜に満ちている」はなるべく避けたい。「いっぱいに」とか「月一面に」とか言えばいいですね。

学生訳6　修正案

　昼の月が急にぐっと近くなって、世界の一端たる彼らの小さな故郷の町が月一面に映っていることに少年たちは気づいた。鷹の滑るように飛んでいく影を見て、鳩たちが穀物サイロから、火がついたみたいに飛び立った。少年たちによると、気のふれた浮浪者がサイロの裏に佇んでいたそうだが、（君は）一度も見かけたことはなかった。

はい、じゃ今日はここまで。

教師訳例

故郷　スチュアート・ダイベック

いまではもう誰もが故郷を持っているとは限らない。そこで君は、ある夏の晩、都会の女の子と一緒に街をそぞろ歩きながら、故郷というものを彼女に説明してみる。君たちは英雄的な像の前を過ぎ、赤茶色に変わりかけている公園の芝生でピクニック客みたいにキャンプを張っているホームレスの前を過ぎていく。公園の池の向こうにある野球場からスペイン系の子供たちの叫び声が聞こえてきて、君は自分が地元チームの外野を守ったときのことを思い出す。トラクターやコンバインの明かり、そして巨大なのぼりゆく月の光が照明灯代わりだった。黄昏どきには、ボールの縫い目より月の縫い目の方がはっきり見えるくらいだった。君の頭上を越えてトウモロコシ畑に飛び込んでいくホームランを君は思い出す。驚いたカラスたちが、突然の嵐みたいに空へ飛んでいく……。

やがて、君の薄汚いアパートへ二人で帰る道、扉の開いている酒場の前をいくつか過ぎていくなか、汗と、こぼれたビールの匂いが、子供のころの、発酵の匂いのなかに溶けていく。線路脇の、饐えた匂いの、使われなくなった、いまもマッチを擦《す》る火花が時おりパッと浮かび上がったりする穀物倉。不良少年たちがそこへ煙草を喫いに行き、時たま、本人たちが言うには、ある女の子に会いに行くこともあった。その子がいつそこにいるかは絶対にわからなかった。彼女が現われる直前、イナゴたちのうなりは耳をつんざくほどになり、ゆらめく大気のなかをバッタたちもブンブン音を立てて飛んだ。昼間の月が突然ぐっと近くなって、その月に、世界の一断片たる、自分たちのささやかな地元がいっぱいに映っているのが見えた。それから、一羽のタカの、滑るような影が穀物サイロに点火したみたいに、サイロからハトたちが噴出する。そこには頭のおかしい浮浪者も一人住んでいるのだと彼らは言ったが、誰も浮浪者の姿を見たためしはなかった。

2

Barry Yourgrau

Carp

To hide from life, you sneak out to a pond in the park, and lower yourself into its depths. You will live among the carp, you've decided. You will be a carp person!

Underwater, things are comforting and dim. Carp come flitting around. They don't look happy. "They regard me as an intruder," you think. "Well, tough. They should blame the world above for being so miserable!"

You look for somewhere to settle for the night. You feel lightheaded from holding your breath, but it's not as hard as you thought. Peering around, you get such a shock you almost gasp and swallow water. A girl is staring at you! She has trendy orange hair and wears big thick white socks. You gape at her. She makes hand signs that demand, obviously: "What are you doing here?" Taken aback, you sign the same question in reply. The girl tosses her head, annoyed. She points behind her with a thumb. There in the dimness, a whole crowd of persons are now visible, spread out on the pond bottom for the night. You blink at them. "Carp people!" you think. But they aren't welcoming. No: they scowl. They all start gesturing for you to "shush" — to go away! The girl glares, hands on hips.

You stare dumbly at all this hostility. "No!" you finally blurt out, frantic, bubbles cascading. "No, I won't go back up to all that misery! I want to be down here, with the fishes!"

"Beat it!" gesture the crowd. "We got here first! Go!"

Human eyes glare at each other, yours and theirs, desperate and resentful down on the pond bottom.

And the carp flit about, swishing their tails, blinking grimly at the scene.

……………………………………………………………………

柴田　ええと、今日の配布物は二枚です。そのうちの一枚は、現代英語を読むのに便利な辞書の一覧です。まずそっちを見てください。

現代英語を読むのに便利な辞書

【英和辞典】

リーダーズ英和辞典　第2版（研究社）
リーダーズ・プラス（研究社）
リーダーズ＋プラス V2（CD-ROM、電子辞書版など）
小学館ランダムハウス英和辞典　第2版（小学館）（CD-ROM 版あり）

【英英辞典】

Longman Dictionary of Contemporary English, 4th Edition
Longman Dictionary of English Language and Culture, 3rd Edition
Collins COBUILD English Dictionary

【その他】

Longman Pronunciation Dictionary

固有名詞英語発音辞典（三省堂）
英和商品名辞典（研究社）
コンサイス外国人名事典（三省堂）
Merriam-Webster's Biographical Dictionary
コンサイス外国地名事典（三省堂）
The Columbia Gazetteer of the World, 3 vols.
Merriam-Webster's Geographical Dictionary, Third Edition
英語図詳大辞典（小学館）
平凡社世界大百科事典（CD–ROM 版あり）
小学館　日本大百科全書（CD–ROM 版あり）
Encyclopaedia Britannica（CD–ROM 版あり）
大辞林（CD–ROM 版あり）（三省堂）
新明解国語辞典第六版（CD–ROM 版あり）（三省堂）
類語国語辞典（角川書店）

柴田　とにかく『リーダーズ英和辞典』と『リーダーズ・プラス』は必ず引くようにしてください。電子辞書版や CD–ROM 版はだいぶ割安だし、買って絶対損はありません。ま、大半の人は辞書をよく引いていますけど、たまに「on the verge of の意味がわかりません」とか書いてくる人がいて、そういうの読むと添削している TA も僕も簡単にキレますからよろしく。それで、リーダーズ系で訳語がいまひとつしっくり来なかったら、『ランダムハウス英和大辞典』か『ジーニアス英和大辞典』を見てください。このへんは図書館にあるのを活用してくれれば結構です。『ランダムハウス』はかなり重いし、長年改訂してないのが残念ですが、強力は強力。

あと、形容詞や副詞のニュアンス、「言葉の顔」みたいなものね、単語のイメージが湧きにくいときには、やっぱり英英辞典がいいです。一番ポピュラーなのは *Longman Dictionary of Contemporary English* で、大学生協でも平積みになっているはずです。で、リストでその下にある *Longman Dictionary of English Language and Culture* はそれに加えてテレビの番組名とか百科事典的な知識を加えたちょっと厚めの辞典。僕はこっちも好きですね。対抗馬は *COBUILD English Dictionary* で、これはセンテンス形式で言葉が定義されている。たとえば今日出てきた gasp だったら、"When you gasp, you take a short quick breath through your mouth, especially when you are surprised, shocked, or in pain" というふうに書いてあって、独特のわかりやすさがあります。

それ以外のものも色々並べました。インターネットの時代になってネットで調べることが大半になりましたが、ネットは当然ガセネタも多いから、信頼できる情報はやはり辞書ですね。図書館にあるやつを活用してください。

固有名詞を含めて、単語の発音を調べるには *Longman Pronunciation Dictionary*、これがピカイチです。大きな辞書ではないのに、驚くほど載っています。特に、アメリカではどういう音が標準、イギリスではどういう音が標準というのが色を使って示してあるのでとても便利。塾や家庭教師で英語を教えるときにも重宝です。

それから、*The Columbia Gazetteer of the World* という大地名事典が半世紀近く改訂されてなかったんですが、最近やっと三巻本の新刊が出ました。これも地名の発音を知る上でお世話になります。

あと、ちょっと変わった発音はネット上でグーグルを使って、たとえばイリノイのCairoという町は何と発音するのか知りたければ、"Cairo Illinois pronounced" と打ち込んでみると、たいていどっかのサイトで「これはカイロではなくCay-roeと発音するのである」とか何とか書いてくれています。特殊な発音の地名・人名には有効ですね。

それから『英語図詳大辞典』というのは、物の名前、たとえば飛行機のこの部分を何と言うかが英語と日本語で書いてある。そういう物の名前を知るときにいい辞典です。少し古いので最近のテクノロジーについては無理ですが。最近「オールカラー・6か国語　大図典』(小学館) というのも出て、こっちはそのへんもいいけど、とにかく重いんだよなあ。すごいよ。

百科事典は平凡社、小学館、*Encyclopaedia Britannica* の三つ、これも図書館にありますから活用してください。日本語の百科事典だと平凡社が一番いいと思います。『大辞林』と『新明解』はもちろん国語辞典で、僕は『広辞苑』よりこの二つの三省堂の辞書の方が好きですね。あと、日本語のシソーラス (類語辞典) は近年大型のシソーラスが続けて出て、『日本語大シソーラス』(大修館) などはとにかく類語がどわーっと並んでいてけっこう脳味噌を刺激されますが、コストパフォーマンスとしてはこの『類語国語辞典』が依然ベストかな。

このくらいですかね。はい、それでは二回目の講義を始めます。えー、べつにそういうつもりはなかったんだけど、今回もyouが主たる主語になっている文章でしたね。で、最初のパラグラフ。

To hide from life, you sneak out to a pond in the park, and lower yourself into its depths. You will live among the carp, you've decided. You will be a carp person!

学生訳1

人生から身を隠すために、君は公園の池へと逃げ込み、深みの中へと身を沈めていく。鯉のなかで暮らそう、きみはそう決意したのだった。俺は鯉人間になるのだ！

柴田　はい。ここで切れてますね。ええと、これについていかがでしょうか？　あ、その前に、翻訳の七不思議の話をしようかな……いや七不思議っていうのは嘘だな、一つしかないから（笑）。翻訳を教えていて、いつもすごく不思議なのは、「〜へ」「〜に」と訳せばいいところを、なぜかすごくたくさんの人が「〜へと」って書くんですね。ここではそれが二つある。「池へと逃げ込み」、「深みの中へと身を沈めていく」。たぶんこの反復は意図的ではないだろうと思います。「深みの中へと身を沈めていく」というのはいいと思う。響きがそれらしい。ここをそのままにするとすれば、「池へと逃げ込み」の方を変えたい。それによく考えてみると「池へと逃げ込み」じゃないよね。原文をごらんください。sneak out *to* a pond ですね。into じゃなくて to なんだから、いきなり逃げ込んじゃいけない。まず池に行くまでの話です。そしてその後、「深みの中へと」になるわけだよね。だから「池に逃げていき」でどうかな。ああそうか、そうすると次が「深みの中へと身を沈めていく」で、「ていく」が二つ重なっちゃうか。じゃあそっちを「身を沈める」に変えよう。

人生から身を隠すために、君は公園の池に逃げていき、深みの中へと身を沈める。

A 学生訳で「君はそう決意したのだった」のあと、「俺は鯉人間になるのだ！」ってあるんですけど、原文だと人称はどっちも you なので、ここは「俺は」より「君は」の方がよくないでしょうか。
柴田 そこはね、微妙なとこなの。日本語だと、「君」の視点から書いていても「君」の心の中のことを言うときは一人称で語りがちじゃないかな。「僕は〜になるのだ、と君は思う」とかね。それを英語でも同じように I will be a carp person! と言うかというと、言うときもありますが、どちらかというとこの文のように、気持ちとしては語られる人物の方に入っていても、人称としては語り手の視点から書くことが多いのね。

たとえば、「公園を歩いていて、突然はっと思った」He was walking in the park, and suddenly it occurred to him. これにつづけて He was such a fool to say that to her. 「彼女にあんなことを言うなんて僕はなんて馬鹿だったんだろう」となる。He だけど「僕」と訳した方が、まあ文体にもよるけど、たいていは自然なわけ。

だからここも同じで、「君は」でもいいんだけど、「俺は」も一般論として間違いじゃないです。ただ、全部「君は」で通している中に「俺は」が一回だけ入ることで違和感が生じないかどうかは考える必要があるね。A君にしてみれば、you

で統一して書いてある小説だから「俺」と訳すのに違和感があるわけだ。
A　全体を通して二人称で書かれているのに、ここだけいきなり「俺」ってのは……。
柴田　どっちをとるかを考えるのも面倒だし、「俺」も「君」もなしにして、「鯉人間になるのだ！」だけにするって手もあるね。

B　あの、その前のところ、最初の To hide from life の訳なんですが……「人生から身を隠す」って日本語としてはあまり聞かない表現じゃないですか。ちなみに僕は life を「日々の生活」、To hide を「隠遁」と捉えて「遁《のが》れようと」と訳しました。いや、そもそもここ、「人生」なんて訳してもいいんでしょうか？
柴田　いいと思う。life は「世間」と訳した人がすごく多かった。でも、「世間から隠れる」とか「身を隠す」とかだと、ちょっと当たり前すぎる気がする。むしろ「人生」の方が、いままでの暮らしを全否定している感じが強く出ていい。「日々の生活」だと人生のうちのしょうもない現実の部分だけを指している感じがするし。日々の現実から逃れるために、ちょっと外国へ旅行に行く程度のときには hide from life とは言わない。だからこれはかなり異様な言い方だね。異様だからこそ、直訳ふうに「人生から隠れる」とやって何の問題もないと思います。「身を隠す」よりむしろ「隠れる」の方がいい。ここではさらに続いて lower yourself を「身を沈める」にしてありますから、片方の「身」はとった方がいいでしょう。

学生訳1　修正案

人生から隠れるために、君は公園の池に逃げていき、深みの中へと身を沈める。鯉のなかで暮らそう、きみはそう決意したのだった。鯉人間になるのだ！

じゃあ次です。ここは誤訳が多かったよー。

> Underwater, things are comforting and dim. Carp come flitting around. They don't look happy. "They regard me as an intruder," you think. "Well, tough. They should blame the world above for being so miserable!"

学生訳2

水面の下で、すべてはゆったりとおぼろげだ。鯉があたりを飛ぶように泳ぎまわる。楽しそうには見えない。「あいつら俺のことを侵入者だと思ってやがるんだ」と、君は思う。「まあ、そいつはおあいにくさま。責めるんなら地上の生活のみじめこの上ないことを責めるんだね！」

C　ええと、Underwater は「水の中」じゃダメなんですか。
柴田　「水面の下で」に違和感があるってこと？　うーん、回りくどいってことか。「で」もいらないかもしれない。「水の中」だけにして「、」付きでよさそうだな。C君の意見は学生訳は under って言葉に引っ張られすぎてるってことだよね。
C　問題は「面」っていう言葉なんです。

柴田　「面」が入ると、水面のちょっと下あたりを示唆しちゃう感じがするか。なるほどね。

D　あのー、「あいつら俺のことを侵入者だと思ってやがるんだ」の「あいつら」って言葉なんですが、これはなくてもいいですかね。

柴田　もちろん消したい。頭の中に浮かぶ思いって、たいていはそんな完全なセンテンスになっていないので、あまり長くしたくない。長すぎるってことで「んだ」もいらないですね。「俺のこと侵入者だと思ってやがる」。これくらいで充分だと思いますね。

要するに、人称代名詞——僕、私、君、あなた、彼ら——は訳さないのが原則、くらいに思った方がいい……と言いながら、前回も今回も you を訳せって言ってますけど、一般にはむしろ訳す方が例外的なんだと思ってちょうどいいですね。人称代名詞の数が、少なくとも英文の半分くらいになるのをめざすとかね。

E　頭に浮かぶことはそんなに複雑じゃないんだったら、「侵入者」とはぱっと思わないんじゃないかと。

柴田　僕も訳例で「侵入者」にしてるんだけど……そうすると、何がいい？

E　自分は「邪魔者」って訳しました。

柴田　intruder が「邪魔者」かあ。うーん、ちょっとなあ……わかった！　「邪魔な奴が来たと思ってる」くらいでどうですか？　たしかに、考えるときはあまり漢語を使わないよね。「邪魔な奴」くらいが自然ですね。いままでのところをまとめると、水の中、すべてはゆったりとおぼろげだ。鯉があたりを飛ぶように泳ぎまわる。楽しそうには見えない。「俺のこと、邪魔な奴が来たと思ってやがる」と、君は思う。

F　鯉人間になった人間は男だという前提で訳されているんですが、それが女性だという可能性はないんですか？
柴田　もちろんあります。女性だという可能性を否定する要素は何もない。ただ、積極的に女性であると考える根拠も特にない。で、そうするとどっちがいいかとなって、いままではこういう場合、とりあえず男にしておいた方が無難という考え方だった。でも最近では、そういう考え方は男性中心的でよくないとも言われるんですが、少なくとも僕が訳すにあたってはわざわざ女性にするのもわざとらしいし、うまくできないし、ルーズソックスの女の子と対立するという絵柄も男の方が自然に浮かんでくるし、ということでとりあえず男性で訳しました。それについてみなさん、何か意見ありますか？
F　私は主語を全然つけないで、中性的になるように訳したんです。でも、かえって不自然かなと思っています。
柴田　英語では、男か女かが特定できるという言い方をgender-specificと言います。つまりpolicemanとかpolicewomanとかいう言い方はgender-specificなわけだ。一方chairpersonとなると意味は「議長」でchairmanと同じでもgender-specificではないわけ。で、この作品のなかのyouは全然gender-specificではないですね。最後までgenderは明らかにされない。それでも彼の思いっていうのは――あ、「彼」ってつい言ってしまいましたが――ぴったり「声」が定まってるわけです。それを gender-specific じゃないことを重視して、男でも女でもいいように日本語で訳すと、男でも女でもない、声が定まらない文章になりかねない。だからこれはもう、突然麻雀用語になりますがいわば「決め打ち」した方がいいね。どっちかに決めちゃって、訳を組み立てた方がいい。

G　Carp come flitting around. のセンテンスですが、「鯉があたりを飛ぶように泳ぎまわる」だと、鯉がこっちに寄ってくる come のニュアンスが出ないので、「ゆらゆらと泳ぎながら寄ってくる」とかにした方がいいのかなあと。
柴田　そのとおりだね。「鯉があたりを飛ぶように泳ぎまわる」だと、最初からこっちに来た感じになっちゃってる。ちょっと元気よすぎるから「飛ぶように」はない方がいいし。「泳ぎまわる」で flit の感じは出ると思うので。修正訳としては「鯉たちが寄ってきてあたりを泳ぎまわる」かな。複数だってことは出したいよね。
D　先生の訳について質問なんですけど、They don't look happy を「不愉快そうな顔をしている」って訳されてますが……。
柴田　直訳では「鯉たちは愉快そうには見えない」というところを、「不愉快」とひっくり返してるよね。いや、たしかに「愉快そうな顔はいない」にしてもいいんだけど、「愉快そうな顔はいない」って、なんだか持って回った響きがするでしょう？　でもね、They don't look happy って言い方は全然回りくどくないんだよ。持って回ったような言い方ではない。それで、「不愉快そうな顔をしている」とストレートに訳した。語感を They don't look happy と同じにしたかったということですね。

それで、実はここに、東大生的な英語力の弱さが露呈している。学生訳でも「楽しそうには見えない」になってるけど、ここは楽しい楽しくないの問題じゃなく、喜んでる喜んでいないっていう問題。つまり、文脈によって They were happy. だって「みんなとても喜びました」と訳すべきこともあれば、「幸せに暮らしていました」って訳すべきときもあるわけ。ここなんかは明らかに「君が来たことを全然喜んでいないように見える」という意味です。だから「楽しそう」ではない。この学生訳の一番手っ取り早い直し方は、「楽しそう」を「嬉しそう」にすればいい。

H そこなんですけど、「面白くなさそうだ」ではダメなんですか。

柴田 ああ、「この小説は面白くない」とかじゃなくて、たとえば「そういうこと言われると、こっちは面白くないんだよね」とかの意味での「面白くない」ね。それは前後の日本語の練り方で、意味がはっきりとれればいいと思います。

Well, tough.〜以降はどうでしょうか。「まあ、そいつはおあいにくさま。責めるんなら地上の生活のみじめこの上ないことを責めるんだね！」、この「責めるんなら〜」は非常にいい感じに訳せている。全体としては少し長いので、「まあ」も「そいつは」も要らないかな、原文は Well, tough. としか言ってないから。まあこのへんは好みの問題でもあるし、この学生訳の全体のリズムは文句なしにいい。何よりも「責めるんなら〜を責めるんだね！」っていう言い方がうまいですね。

学生訳2　修正案

水の中、すべてはゆったりとおぼろげだ。鯉たちがゆらゆらと泳ぎながら寄ってくる。みんな嬉しそうには見えない。「邪魔な奴が来たと思ってやがる」と、君は思う。「おあいにくさま。責めるんなら地上の生活のみじめこの上ないことを責めるんだね！」

それじゃあその次。

> You look for somewhere to settle for the night. You feel lightheaded from holding your breath, but it's not as hard as you thought. Peering around, you get such a shock you almost gasp and swallow water. A girl is staring at you!

学生訳3

君は一晩落ち着けるところを探す。息を止めているために頭がもうろうとしてくるけれど、思っていたほど辛くはない。周りを注意深く見渡してみると、君はもう少しであっと息をのみ、その拍子に水をがぶ飲みしそうなくらいショックを受ける。女の子が君のことをじっと見つめているんだ！

柴田　ええと、この訳はいいんだけど、みなさん、Peering around の訳がちょっと危なっかしい。「周りをじっと見つめてみると」とか、極端な場合には「周りをじっと見渡してみると」とか。「じっと」っていうのは、どっか一点を見るわけですね。だから、「周りをじっと見つめる」とか「じっと見渡す」ってのはありえないです。で、peerというのは目をすぼめて、何か覗き込むような感じで見るときに使う言葉です。さっき言ったコウビルド英英辞典では、"If you peer at something, you look at it very hard, usually because it is difficult to see clearly"とあります。英和辞典の定義よりイメージ湧くよね。あとはどうだろう。

I　はい。自分の訳文なんですけど、for the nightを「夜のために」って訳したら「一晩」に直されているんですけど。

柴田　「夜のために」はやっぱりまずいな。「夜を過ごすために」ならいいと思うけど。rest for a dayは「一日休む」であって「一日のために休む」じゃないでしょ？　stay for the nightも「一晩泊まっていく」だよね。

I　学生訳では、「息を止めているために頭がもうろうとしてくるけれど」とありますが、「ために」と「けれど」の掛かり受けの関係がおかしい気がするんです。「ために」だったらうしろは「が」となり、うしろが「けれど」のままだったら前で対応する言葉は「ために」じゃなくて、「から」じゃないですか。

柴田　その感覚、ちょっとわからないなあ。「ために」が割と固い言い方という気はするけれど。うーん、あるいは「ために」を「ので」にしたらどう？　「ので」も固いかな。

I　「ので」の方が柔らかいですよ。

柴田　しかし僕あんまり、抵抗ないんだけどね。あるいは「せいで」ではどう？　「息を止めているせいで頭がもうろうとしてくるけれど」でもいいような気がする。ただ、「〜けれど」っていう言い方はたしかに要注意ではありますね。キュートぶった嫌らしい響きになりがちなので、「が」のほうが無難ではある。語調上、どうしても「けれど」を入れたくなるときがあるけどね。

息を止めているせいで頭がもうろうとしてくるが、

J　次の「君はもう少しであっと息をのみ、その拍子に水をがぶ飲みしそうなくらいショックを受ける」というところなんですけど、何かおかしい気がするんです。

柴田　そうだね。そう感じるのはまず、「もう少し」がどこにかかるかはっきりしないから。「もう少しで〜がぶ飲みしそうなくらい」とつながってるのに、あいだに「あっと息をのみ」があるので、「もう少しであっと息をのむ」のか、それとも「もう少しで」はその次につながってるのかがよくわからない。

こういうもたつきは、翻訳文にはよくあるんだよね。たとえば、「彼は公園に行き、自殺することにした」という文。公園に行って、その結果自殺することにしたのか、公園で自殺することに決めたのか、どっちなのかよくわからない。こういうのは極力避けたいですね。で、ここでは、almost gasp and swallow water、と原文ではたしかにalmostがgaspとswallowの両方にかかってるんだけど、まあ日本語では「あっと息をのんで、もう少しで水を……」としてしまう方が自然でしょうね。あと、「がぶ飲み」って言うと意図的にがぶがぶ飲んでいるみたいなのでここでは不適。

君はあっと息をのみ、その拍子にもう少しで水を飲んでしまいそうなくらいショックを受ける。

C　あの、「ショックを受ける」っていう言葉なんですけど、単純に「驚く」の方がいいんじゃないかと。

柴田　そうかもしれない。原文は you get such a shock で、この shock っていう言葉は意味が日本語の「ショック」より強くなることが多いですね。戦争の shell shock（戦争神経症）とか、すごい大事故のあとで He was in such a shock. と言えばほとんど茫然自失の状態、というふうにかなり強い状態を指すことが多いですね。ここは「水を飲んでしまいそうになるくらい驚く」とか「仰天する」くらいがいいかもしれないね。ショックという日本語があるのでついそのまま使いがちですが、必ずしもそうじゃない方がいいことも多い。

K　ひとつの文に「のみ」「飲み」の二種類があるんですけど。

柴田　「息をのみ」と「水をがぶ飲みしそうなくらい」ね。で、表記を統一した方がいいってこと？

K　そう……かな。

柴田　……そうだなあ……表記を統一するより、どっちかをやめる方がいい。僕の訳では「息をのみ」とは言わずに「ギョッとして」だけにしてますね。この gasp って言葉、だいたいみんな「あえぐ」とか「息が止まる」とか、英和辞典の訳をそのまま使ってたけど、ここではいまひとつだよね。だってもう息止めてるわけだからさ（笑）。「はっと息をのむ」という日本語が一番近いんだけど、ここは次に swallow water があるから、「のむ」の重複を避けて「ギョッとして」

にしました。
L　「むせて」だと違いますか？
柴田　うーん、「むせる」っていうのはさ、飲み込む前の話じゃなくて飲み込んだあとの結果って感じがする。ゲホゲホむせるとかさ。ここでは飲み込んでないので、避けた方がいいと思います。
M　次のところなんですけど、A girl is staring at you!は最初のパラグラフの最後、You will be a carp person!のところでやったみたいに、you に視点を移して「こっちを見てる」と一人称的に訳してもいいんでしょうか？
柴田　「女の子がこっちを見てる！」？　いいと思いますね。「見てる」が少し弱いかな。「こっちを睨んでる！」くらいがいい。「女の子がこっちを見てる！」って言うと、好意的な視線が飛んできてるようにも響いてしまうから。
　stare という言葉は、文脈によってニュアンスが全然違うから、訳しにくいんだよね。要するに、何らかの意味で目を見開いて見ているという意味。あまりにもハンサムなのでまばたきするのも忘れて見とれてるのかもしれないし、呆れ返っているのかもしれないし……でもここでは怒って睨んでるんだってことは、あとを読めばわかるよね。
N　前の方なんですけど、学生訳では「ショックを受ける」が文末に来てますけど、英文の順序と違いますよね。これはいいんでしょうか。
柴田　できれば翻訳も英文と同じ順番がいいよね。前回に言った、「なるべく原文と同じ語順で」という大原則。ただまあ、ここではそれがそんなに大きな問題にならないかもしれないのは、この学生訳では「君はもう少しであっと息を……」と先にあって、とにかく驚いたんだなってことはわかるから、読んでいて、どこへ連れて行かれるのかおおよそ見当がつく。そういう場合は、あんまり語順にこだわらなくてもいい。とにかく、何のイメージもまとまらないまま、言葉がずるずる続くのがまずいんだよね。

もろもろの議論をまとめると、こんな感じかな——

学生訳 3　修正案

君は一晩落ち着けるところを探す。息を止めているせいで頭がもうろうとしてくるが、思っていたほど辛くはない。周りを注意深く見渡してみると、君はあっと息をのみ、その拍子にもう少しで水を飲んでしまいそうなくらいショックを受ける。女の子がこっちをじっと睨んでいるんだ！

いいかな？　はい、じゃあその次。

She has trendy orange hair and wears big thick white socks. You gape at her. She makes hand signs that demand, obviously: "What are you doing here?" Taken aback, you sign the same question in reply.

学生訳 4

その子は流行《はや》りのオレンジ色の髪をしていて、分厚くてぶかぶかの白いソックスをはいている。君はぽかんと口を開けたまま彼女を見つめる。彼女はジェスチャーをやってよこしたが、それは明らかにこう言っている、「ここで何をしているの？」と。めんくらって、君は同じ質問を返事として返す。

A　ええと、この最後のところ、「同じ質問を返事として返す」の「返」という字が重なっている。
柴田　そうだね、ここは「同じ質問を返す」だけにしても問題ないね。「ここで何をしているの？」は、もう少し詰問調の方がいいね。いっそ「何しに来たのよ？」とか。まずとにかく、こういうときに「を」は言わないよね。「している」も「してる」の方が喋り言葉としては普通だと思う。まあここは水の中だから喋ってないけど（笑）。
C　最後のセンテンスの「同じ質問を返す」なんですけど、音声を用いた会話ではなくジェスチャーでやりとりしてるんですよね。だからその「質問を返す」というのも、「同じ手振りで応えた」とかにしなくちゃいけない。
柴田　you sign the same question だもんな。じゃあ「同じ手振りを返す」だけにして、「質問」という言葉はなくてもいいか。十分わかりますよね。
K　「ジェスチャー」なんですけど、gesture の訳語としてならそのままでいいと思うんですけど、hand signs の訳語としてはどうなのかな。She makes hand signs that demand なのに、訳で「ジェスチャー」と書いてあると、原文も gesture となってるように思えます。
柴田　つまり一般論として、英語のフレーズを別のカタカナ語に言い換えるべきじゃないってことかな？　原則論としてはそのとおりだけど、時にはそれが効率的だったりもするんだよ。ここの hand signs は、「ジェスチャー」とそんなに変わらない気がする。ただまあ「身振り手振り」と訳してもいいかもしれないけどね。

O さっきのgender-specificに関連するんですけど、ここで彼女が今風のオレンジ色の髪をしてルーズソックスをはいてるって視点は、男の視点の感じがする。だから、この主人公っていうかyouはじつは男ってことがここでわかる……。

柴田 ちょっと待って。それって僕の訳のこと？

O いいえ、学生訳の一番最初のところ。

柴田 あ、そう……女の子は、女の子の髪とかソックスを見ないの？

O もっと違うとこ見るかなって。

柴田 たとえば？

O わかんないですけど髪の毛がオレンジでソックスがルーズソックスだ、なんてまず見ないですよ。

柴田 そうかなあ、女の子にそう言われるとこっちは何も言えないけどさ（笑）。そりゃあ僕だって男の髪の色だの靴下だの見ないけど（笑）……ええと、ほかの女性の方々、どうですか？……まあとにかく、ここの睨み合いが女の子対女の子より、女の子対男の方が絵になりやすい気はするよね。でもそれも絶対的な証拠ではないですよ。なんとなく男の方がイメージしやすいっていう程度。

*

O 変な話ですけど、最初の段落で、You will be a carp person!とあって、真ん中の段落でCarp people!と出てきてますよね。でもcarp-manとかcarp-menとか使ってないってことは、この作者は自分が男性だから男性を想定しながら書いてるけど、女性読者も自分の立場で挑んでほしいみたいなところがあるんじゃないかなあ。

柴田　それはそうかもしれない。つまり、男って決めてたら最初のところは carp-man でいいわけだ。それが carp person になってる。ただ、そこはかなり微妙なところでもあって、一つはそういう論も成り立つし、一つは……なんていうのかな……小説の言葉ってすべてが作者のオリジナルな表現とは限らなくて、巷に流れている言葉をうまく真似して見せるところもあるわけです。現代ではこういうときに何かと、... man とか言わずに... person と言う風潮がある。そういう世の流れを模倣してるという可能性もあるんですね。そのあたりを決めようと思うとすごい面倒くさい話で、たぶんユアグローのほかの作品も読んで、この人の言葉の使い方の癖とかも含めて考える必要がある。ということでいいかな？

ところで、学生訳で「分厚くてぶかぶかの白いソックス」となっているところを、僕が「ルーズソックス」と訳したのは、作者のバリー・ユアグローがこの短篇を、日本の読者のために書いてくれたからです。だからこの短篇だけじゃなくて、この（と本を掲げる）『ケータイ・ストーリーズ』（新潮社、2005年）に入っているもろもろの作品って、まだ日本語バージョンしか活字になってないんだよね。英語版は存在しない。で、ソックスに話を戻すと、来日してしばらく東京の風俗を見て、帰国してすぐに書いたので、きっと日本の女子高生を想定してるんだろうと思ったのではっきりそう訳しました。big thick white socks を「大きな分厚い白いソックス」と訳してる人がけっこう多かったんだけど、なんかこれって巨大な靴下みたいじゃない、サンタクロースのプレゼント入れるみたいなさ（笑）。これはもうルーズソックス、あるいはルースソックスという、英語では全然ない日本語があるのでそれを使えばいいと思います。

あと、「やってよこす」とか少しもたついたところを整えると、

学生訳4　修正案

その子は流行《はや》りのオレンジ色の髪に、ルーズソックス。君はぽかんと口を開けたまま彼女を見つめる。彼女はジェスチャーをよこしたが、それは明らかにこう言っている、「ここで何してるの？」と。めんくらって、君は同じ手振りを返す。

ではその次のところ。

The girl tosses her head, annoyed. She points behind her with a thumb. There in the dimness, a whole crowd of persons are now visible, spread out on the pond bottom for the night. You blink at them. "Carp people!" you think. But they aren't welcoming. No: they scowl.

学生訳5

彼女は迷惑そうに顔を烈しく揺する。彼女は自分の背後を親指で指す。その暗闇には、夜の間、池の底を覆う沢山の人間が見えている。あなたは驚きの目で彼らを見る。「鯉人間だ」とあなたは思う。しかし、彼らはあなたを歓迎していない。いやそれどころか、彼らはあなたを睨みつけている。

柴田　ええと、ここの訳はどうでしょうか？
A　「夜の間、池の底を覆う沢山の人間」って訳ですけど、「夜の間……覆う」だなんて人間っぽくない。別の生き物、夜行性の動物みたいじゃないですかね。
柴田　うん、この for the night も「一晩」っていうか「夜を明かすために」ってこと。「夜を過ごすために」でいいか。「夜を過ごそうと池の底を覆っている沢山の人間」くらいの方がいいな。
D　あのー、原文の最初の toss って言葉のニュアンスがいまいちつかめません。
柴田　野球のボールをトスするっていう、あれが一番近い。ひょいと投げるって感じですかね。だから「烈しく揺する」だとちょっと強すぎる。僕は何て訳してるのかな。「髪をさっと振る」か。それくらいでいいんだろうと思う。原文は head になってますけれども、トレンディなオレンジヘアが印象的だったので僕は強引に「髪」としてます。
あと、annoyed を「迷惑」というとやっぱりちょっとずれるんだね。「ムカつく」という日本語ほど強くはないけど、それと方向性は同じ。「不愉快」っていう感じが強く出る言葉が、annoyed の訳語としては欲しい。もちろん、「迷惑」という訳も文脈によってはありうるけどね。They are such an annoying bunch! とか言えば、「ほんとみんな迷惑な連中なんだよねぇ」ってな感じ。
P　このオレンジ色の髪の女の子って、いくつぐらいなんでしょう。私は「彼女」じゃなくて、もうちょっと年下の感じで「少女」とか「女の子」とかにしました。

柴田　そうですね、原則として「彼女」より「女の子」という言い方をしたいところだね。そのとおりなんだけど、この訳文で妙に感心したのは「彼女」とか「あなた」とか「彼ら」とかが異様に多いのに、多い割にはリズムがよく出来ていて、そんなに不自然ではない。ちゃんとサマになってるから、削ったりするとかえってリズムが乱れそうです。リズムを乱すことを覚悟の上であえてやると、たとえば最初の文が「彼女は〜」ではじまっていて、その次のセンテンスも「彼女は〜」ではじまるっていうのは避けるに越したことはない。ここはたとえば、二文目の主語を「そして」にしてしまうのも手ですね。法則化すると、「同じ主語が続いて単調だと思ったら、二つめは『そして』にしてみる」――まああんまりマニュアル化したくないんだけどね。あと、最後の「彼らは」、これはさすがに要らないな。

学生訳5　途中経過

　彼女は不快そうに髪をさっと振る。そして自分の背後を親指で指す。その暗闇には、夜を過ごそうと池の底を覆っている沢山の人間が見えている。あなたは驚きの目で彼らを見る。「鯉人間だ」とあなたは思う。しかし、彼らはあなたを歓迎していない。いやそれどころか、あなたを睨みつけている。

Q　これは単なる質問です。"Carp people!" you think. ってとき、この you は嬉しがってるのか、嫌がってるのか、驚いてるのかなんともつかめないんです。

柴田　そのすぐ前に You blink at them. とあるから、面喰らってるんでしょうね。blinkっていうのは日本語で言うと「鳩が豆鉄砲喰らったような」という言い方があるけど、それに近いような――そこまで強くないけど――ニュアンスなのね。

Q　さっきのannoyedのところなんですが、凝りすぎかもしれないんですけど、最初に女の子が主人公にサインを送って、それに対してわけわからずに同じサインを返したっていうことだったので、「女の子は苛立った様子で」っていうふうにやっちゃうとannoyedを越えちゃいますか？

柴田　いいと思うよ。ほんとは「むっとして」とかが合うんだけど、僕の場合「さっと髪を振る」という言い方を使いたかったので、「むっと」「さっと」が並ぶのはあんまりだから、「不快げに」にしました。「苛立った様子で」も同じように使えると思いますね。

R　この文章、エクスクラメーションマークがちょっと多いんですけど、これが出てきた場合そのまま日本語の文でも「！」をつけていいんですか？

柴田　それはね、趣味の問題。僕は英文にエクスクラメーションマークがあったらほとんど全部再現します。クエスチョンマークも再現するし、段落も絶対変えない。この3点はもうそのままにして何も考えないですね、面倒だし。ただ、割とそれを嫌う人は多い。エクスクラメーションマークってそんなに日本語で使わないと考える人も多いので、これは正解はなし。僕はとにかく変えないです。よほどのことがないと取らないですね。

S　エクスクラメーションマークのビックリ度は、英語の方が少ないような気がしますけど。

柴田　つまり、英語はあんまり意味なくビックリマークを使うってことね。だからあまり再現したがらない翻訳者が多いんだろうね。でも最近若者のメールなんか見てると、わりと日本語でも使うじゃない。そのあたりは、自分でゆるやかに一貫したポリシーがあればそれでいいと思いますけどね。

C　spread outっていう言葉のニュアンスをちょっとお聞きしたいんです。学生訳は「覆う」ですけども、これだとさすがに鯉だらけ。
柴田　人だらけだな。
T　底が見えないほどの数を想像しちゃうんです。でも先生の訳例「散らばっている」だとぽつんぽつんって。
柴田　今度は逆にちょっと少なすぎかもね。その中間くらいか。
T　spread outが指す、分散の度合い、密度っていうか、それはどれくらいなんですか。
柴田　いや、まさに君がいま言ってくれたとおりだよ。「散らばっている」では少なすぎて、「覆っている」だと多すぎて、そのあいだくらい。「池の底のあちこちに」と補えば増えた感じがするかな？　「散らばっている」よりはいいよね、「あちこち」の方が。「池の底一面に広がっている」でどう？
T　生き物っぽくない。
柴田　そうかあ。要するにさ、あんまりくっついていると眠りにくいじゃない。イメージとしては寝袋かなんか持ってきて、こっちにもあっちにもいるっていう感じなんだよね。池の底のあちこちに。だから僕は「散らばっている」という言葉がわりと人間にはしっくり来ると思ったんだけどな。ちょっとやっぱり弱いか。

T　あっちを見てもこっちを見てもいる、という感じが欲しい。

柴田　だったらもう「あちこちに」くらいでいいんじゃないかね。「夜を明かそうと、池の底のあちこちに」……なんだろうなあ、「陣取っている」っていうのも変かな。「横たわっている」……横たわっているとは決めちゃわない方がいいか。

U　人間でも「広がっている」でいいと僕は思います。

柴田　そうだね。「みんなで池の底のあちこちに広がって」とかそんな感じかな。

P　それと、この直前の a whole crowd of persons are now visible の now にもちょっとなんか工夫が欲しい。いままで見えてなかったのが、ようやく見えたっていうニュアンスがあるといいなと思いました。

柴田　そのとおりですね。学生訳の「見えている」を「見えてくる」にすればひとまず問題は解決するかな。

学生訳5　修正案

　彼女は不快そうに髪をさっと振る。そして自分の背後を親指で指す。その暗闇のなかに、夜を過ごそうと池のあちこちに人間たちが広がっているのが見えてくる。あなたは驚きの目で彼らを見る。「鯉人間だ！」とあなたは思う。しかし、彼らはあなたを歓迎していない。いやそれどころか、あなたを睨みつけている。

They all start gesturing for you to “shush”　　to go away! The girl glares, hands on hips.

学生訳6

彼らはみんなシーという身振りをし始める。あっちへ行け！と言っているのだ。女の子は腰に手をやり、あなたを睨みつけている。

ええと、ここはほとんどの人が shush という言葉を「しーっという身振りを」と訳してたんだけど、「しーっ」っていうのは「黙れ」ということですよね。でももうすでに黙ってるわけじゃない。水の中で声が出ないわけだから。「黙れ」ではないってことは文脈から判断できる。

D　最後の The girl glares の The なんですけど、前に出てきたってニュアンスを出した方がいいのかなって思ったんですが。先生の訳も「さっきの」って付いてるし。

柴田　そのニュアンスはあった方がいいと思います。そのあいだに人の群れが出てきて、「彼らは〜歓迎してない」とか「みんなで〜やり出す」ってやったあとで単に「女の子は」とやると、どの女の子かなって一瞬迷いますよね。英語では The girl となってるからまったく迷わない。なら日本語でも、迷わないようにすべきだと思う。このくらいだったら記憶力があるから大丈夫って思うかもしれないが、ちょっとあいだが空きすぎている。「例の」とかね、何か欲しい。

V　hip は先生も学生訳も「腰」ってなってるんですけど、これは完全に対応してるんですか？

柴田　そう。要するに hip という言葉は「お尻」ではなくて「腰」。これは基本。状況によるけど、腰のおへその線あたりが waist でしょ？　その下あたりを hip と言うので、場合によってはお尻と訳してもいいこともあるんですけど、普通は

「腰」ですね。図を書くとこんな感じね。

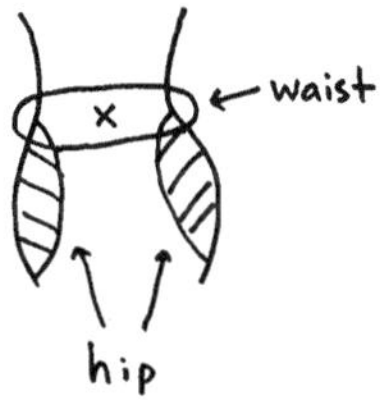

学生訳6　修正案

　彼らはみんなシッシッという身振りを始める。あっちへ行け！と言っているのだ。女の子は腰に手をやり、あなたを睨みつけている。

ええと、その次。

> You stare dumbly at all this hostility. "No!" you finally blurt out, frantic, bubbles cascading. "No, I won't go back up to all that misery! I want to be down here, with the fishes!"

学生訳7

　君は声も出せずに目前に広がるあらゆる敵意をただ見るばかりである。「いやだ！」君はとうとう口に出してしまい、逆上し、口からはあぶくが溢れる。「いやだ、あんな不愉快な世界には戻らないぞ！　俺は魚たちと一緒にここにいたいんだ！」

柴田　ここはどうでしょうね。「目前に広がる」は「眼前に広がる」の方が僕は言葉として馴染みがある。ほかはどうですかね？

W　「あらゆる」ですけど、このallは「あらゆる」じゃなくて、強調……。

柴田　そうだね。I can't stand all this stupidity. で「もうこんな馬鹿なことばっかり耐えられない」とかね。これも、みんなが敵意をぶつけてくる感じね。「あらゆる敵意」は間違いとは言いきれないけど日本語としてちょっとぎこちないですね。「あまりの敵意に……」とかにしたいね。

　君は声も出せず、眼前に広がるあまりの敵意をただ見るばかりである。

K　bubbles cascading って、先生の訳で「滝のように」と言葉が入っている。これだと「泡」っぽくならないんですけど。

柴田　なるほど、滝は下がるからなあ。学生訳は「あぶくが溢れる」か。どうしようかな。これはやっぱり「嫌だ！」って言って、それからやっぱりあぶくが上がるのかな？

K　けっこう幻想的な感じだから「滝」でもいいのかな。

柴田　下がってもいいかなっていう気もするね。でもやっぱりリアルに想像してみると、上がるな、確かに。じゃやっぱりもう cascade を「滝」と訳すのをやめて、「泡がどっとほとばしり出る」とかがいいね。「泡のようにどっと」くらいにしましょうかね。

W　そこなんですけど、cascading ってもしかしたら、この作者は泡がこう立ちのぼっていくのを下から逆さに見たってことを言いたいのかもしれないから、そう考えると「滝」っていう言葉はなんとか出してあげた方がいいかなって。

柴田　ひっくり返った滝ね。

W　逆さまの滝。

柴田　それはアリだな。「逆さの滝みたいにどっとほとばしり出る」。面白いよね。でもさすがに長すぎるかな。とはいえ、cascade って言葉があればやっぱり誰でも滝を思い浮かべるわけだから、そのイメージをどこまで残すか残さないか。微妙だなあ。残してもいいし、何がなんでも残すほどのこともない。

J　あと、I won't go back up to all that misery! I want to be down here のなかにある up、down のニュアンスを出した方がいいのかなあと思いました。

柴田　それはそのとおり。一方でそうなんだが、英語ではやたら up here, down there とか言いますよね。英語だとそれが軽いんだけど、日本語で全部再現するとかなり重くなってしまう。

J　たしかによく言うんですけど、ただ、この文章では水面の上か下かというのがすごく問題になるじゃないですか。

柴田　うーんでも、英語で I won't go back up to all that misery! という文に up があるのはすごく自然なんだよね。そして I want to be here じゃなくて、I want to be down here ってあるのも自然。むしろ up、down がないとおかしいくらい。それと同じくらいの自然さに対応する日本語はないんじゃないかと思って、再現はあきらめたわけです。

　あとちょっと微妙だと思ったのは、「君はとうとう口に出してしまい」というところね。you finally blurt out. この finally って言葉はね、訳すのにすごく苦労するの。辞書には「とうとう」と載ってますけど、そう訳すとおかしいことが多い。たいていの場合、しばらくシラーッと沈黙があって、

「やがて誰かが口を開いて」とかいうときにfinallyを使うんですね。要するに「やや間があって」くらいの意味になることがすごく多い。で、ここもそうだと思って僕は僕にとっての定石どおり「あなたはしばらくして」と訳したんだけど、学生訳は「君はとうとう口に出してしまい」になっています。考えてみればこれもありうるね。つまり、いままでは喋ると口に水が入るから喋らなかったんだけど、ここでとうとう思わず喋ってしまった、ということ。この線で行くなら、「君はとうとう口走ってしまい」くらいでどうかな。

で、問題はそのあとで、次のfranticを「口に出してしまい、逆上して」と別個に訳すのはまずい。これは単に、blurt outのイメージを補強しているので、「君はとうとう逆上して口走ってしまい」ですね。あとはリズムを整えると、「口からはあぶくが溢れる」と続くと「口」が一つのセンテンスで二つになっていまひとつ綺麗じゃないので、途中で切っちゃっていい気がする。「〜口に出してしまう。」で切って、「口からあぶくが溢れ……」とする。「溢れ出る」がいいかな。

「いやだ！」君はとうとう逆上して口走ってしまう。口からあぶくがぶくぶく溢れ出る。

はい、じゃその次のところですね。

> "Beat it!" gesture the crowd. "We got here first! Go!"
> Human eyes glare at each other, yours and theirs, desperate and resentful down on the pond bottom.

学生訳 8

「とっとと立ち去れ！　俺たちが最初に来たんだ、出てけ！」皆が君を追い払おうとする。
　君の目と彼らの目と、人間同士が睨み合っている。この池の底でさえ、絶望し、憤慨している。

柴田　この "Beat it!" を「それを叩け！」と訳した人がいるんだけど、そりゃまあ変な話だから何が起きても不思議はないんだけどさ、これくらいは辞書を引いてほしいよな。これ、すごくよく使う言い方。自分ではあまり使わない方がいいけど。

G　あの、We got here first!っていうところで、確かに直訳したら「最初に」だと思うんですけど、最初に来たと言ったって、この鯉人間たちがどういう集まり方をしたのか、いまいちわからないんですが。「俺たちが最初に来たんだ」だとこの鯉人間たち全員が一気に来たような変な印象を受けるんで、先生の訳例の「先に来たんだ」の方がいい。

柴田　日本語として自然だろうね。「最初」というと日本語では一人だけって感じがしちゃうから。

W　ええと、desperate の訳なんですけど。「絶望」というよりもうちょっとやけっぱちじゃないですか。

柴田　そのとおり、「必死」っていう感じね。英文科の人は絶対知っておいてほしいですけど、desperate という言葉は「絶望」じゃない。despair は「絶望」だけど、desperate は「やけくそ」という日本語が一番近いです。あるいは「自暴自棄」でも「必死」とかでもいいんだけど、要するに諦めてないの。というかむしろ諦めが悪い感じ。

たとえば強盗かなんかが立てこもって、"They are desperate. They can do anything."「あいつらもうやけっぱちだから何をするかわからない」とかね。そんなふうに使うわけ。

この人も、もう上に戻りたくない、って必死なんだよね。で、desperate なわけだ。一方、先に来た連中は「帰れ帰れ。お前なんかなんだよ、あとから来やがって」と敵意をあらわにしている、それが憤慨、resentful の方です。「この池でさえ」の「さえ」はなくていいよね。で、「憤慨して」とうまく対になるような言葉で desperate を訳すのは難しいな。「絶望の一歩手前まで来て」とかならいいかもしれないけどちょっと長いか。どうしたらいいかね。

W 「すさむ」とか。

柴田 「すさむ」はちょっと弱いな。すさんだあげく、何をし出すかわからないっていう、もうちょっと暴力的なものがほしい。

X 「すさみきる」。

柴田 「すさみきって」？　うーん、やっぱり「すさむ」ってなんか行動につながる気がしないんだよね。まあ「必死」だろうな。「必死の思いと、憤る思いがせめぎあっている」とかでどう？　とにかく desperate って言葉の語感は学んだよね？

学生訳 8　修正案

「とっとと立ち去れ！　俺たちが先に来たんだ、出てけ！」皆が君を追い払おうとする。君の目と彼らの目と、人間同士が睨み合っている。この池の底で、必死の思いと、憤る思いがせめぎあっている。

この訳は「君の目と彼らの目と、人間同士が睨み合っている」っていうずらし方に感心しました。いい感じです。

あと、ほかの訳で、desperate は基本的にこの「君」のことで、resentful が彼らのことだってちゃんと読み取って、yours and theirs, desperate and resentful ... をわかりやすく「君の目が〜で、彼らの目が〜だ」って分けた人もいたんだけど、そこまで整理しない方がいいと思う。やっぱりこう、同じ人間同士がほとんど入れ替え可能で彼らは彼らでそれなりにやけくそ的な気分にもなっているだろうし、彼は彼でやはり憤りも持っているだろうから。

*

では最後——

> And the carp flit about, swishing their tails, blinking grimly at the scene.

学生訳 9

しかし鯉はすいすいと泳ぎ回っている。尾鰭を軽く振り、人間の演ずる一幕をまばたきしながら冷ややかに眺めている。

柴田　この at the scene を「人間の演ずる一幕」というあたりがやや格好よすぎる気もするが、非常にうまい、面白い発想ですね。あとは……そうだな、grimly が「冷ややかに」っていうのがやや弱い。弱いというのは下手っていう意味じゃなくてニュアンスとしてもう少し強くすべきということ。「いかめしい顔で」くらいの感じなんですよね、grim というのは。死神のことも the Grim Reaper って言いますから。reaper というのは「収穫者」だけど、英語圏の死神は、大鎌っていうのかな、こういう三日月型の鎌を持っている。英語で scythe って言うんですけど、草刈ったりするやつですね。それを持っているので、the Grim Reaper。で、ここの grim もそのくらい重々しい感じ。なんか鯉の顔を見るとぼてーっと重い感じがするよね。そういう雰囲気が出ればいいんだろうと思う。同じように flit about が「すいすい」では少し爽やかすぎるかな。

W　全体のトーンについてなんですが、僕は偽童話調みたいなものかなと感じたんですが、文体をそんな感じにしなくてもいいんでしょうか。

柴田　偽童話調はそうなんだけど、いかにも童話らしい、わざとらしいスタイルを真似るのって難しいよね。「これっていかにも童話調」と思わせるほどあからさまでもないし。

あと、And the carp flit about の And が「しかし」になってるのが感心した。これはひとつの手ですね。実際、and って「しかし」と訳すといいことがけっこう多いんだよ。もちろんこの場合「そして」でもいいんだけどさ、とにかくいままで人間の目の話をしていて、一気に魚の動きに焦点が移る。ここでカメラが代わるって感じが欲しいんですね。

W　この And、私は「一方」と訳しました。

柴田　「一方」も発想としてはいいけど、ちょっと事務的すぎるかな。「しかし」とか「そして」とかいう言葉の簡潔さに較べて。

学生訳9　修正案

しかし鯉はあたりを泳ぎ回っている。尾鰭を軽く振り、人間の演ずる一幕をまばたきしながら重々しい顔で眺めている。

ほかはどうですか？　いい？　じゃあ今日はこれで終わりにします。これから課題は徐々に難しくなってきますが、みなさん、頑張ってくださいね。

教師訳例

鯉　バリー・ユアグロー

人生から隠れようと、あなたはこっそり公園の池に逃れ、水の深みに身を沈める。鯉たちの中で暮らすことに、あなたは決めた。鯉人間になるのだ！

水の中は心地よく、薄暗い。鯉たちがゆらゆらと寄ってくる。鯉たちは不愉快そうな顔をしている。「僕を侵入者だと見てるんだな」とあなたは思う。「ふん、お気の毒さま。文句があったら地上の世界に言ってほしいね、あんなにひどい世界じゃなけりゃ僕だって！」

夜のねぐらをあなたは探す。息を止めているせいで頭がくらくらするが、思ったほど辛くはない。目をすぼめてあたりを見回すと、あなたは大きなショックを受ける。ギョッとして危うく水を飲み込んでしまいそうになる——女の子が一人、あなたを睨みつけているのだ！　トレンディなオレンジ色の髪に白いルーズソックス。あなたは目を丸くして女の子を見る。女の子は手で何か合図するが、明らかに「ここで何してるのよ？」と言っている。面喰らって、あなたも同じ問いを手ぶりで返す。女の子は不快げに髪をさっと振る。そして親指で自分の背後を指す。薄暗がりの中に、さっきまでは見えなかった人の群れが見える。夜を明かそうと、みんなで池の底に散らばっている。あなたは目を白黒させて彼らを見る。「鯉人間たちだ！」とあなたは思う。彼らはあなたを歓迎していない。顔をしかめ、歯をむき出している。みんなであなたに「しっしっ」とジェスチャーをやり出す——あっちへ行け！　さっきの女の子が腰に手を当てて睨んでいる。

あまりの敵意を前にして、あなたは呆然とする。「嫌だ！」とあなたはしばらくしてやっと、狂おしく口走る。泡が滝のようにほとばしり出る。「嫌だ、あんなみじめな世界に帰るもんか！　僕はここにいたいんだ、魚たちと一緒に暮らしたいんだ！」

「出て行け！」と人の群れはジェスチャーを送ってよこす。「俺たちが先に来たんだ！　帰れ！」

人間の目同士が睨みあう。あなたの目と彼らの目、それが池の底で、必死の焦燥と憤りの念とをあらわにしている。

そして鯉たちはゆらゆらあたりを泳いでいる。尾ひれを振り、いかめしく目をぱちくりさせてあなたたちを眺めながら。

3

Raymond Carver

Popular Mechanics

Early that day the weather turned and the snow was melting into dirty water. Streaks of it ran down from the little shoulder-high window that faced the backyard. Cars slushed by on the street outside, where it was getting dark. But it was getting dark on the inside too.

He was in the bedroom pushing clothes into a suitcase when she came to the door.

I'm glad you're leaving! I'm glad you're leaving! she said. Do you hear?

He kept on putting his things into the suitcase.

Son of a bitch! I'm so glad you're leaving! She began to cry. You can't even look me in the face, can you?

Then she noticed the baby's picture on the bed and picked it up.

He looked at her and she wiped her eyes and stared at him before turning and going back to the living room.

Bring that back, he said.

Just get your things and get out, she said.

He did not answer. He fastened the suitcase, put on his coat, looked around the bedroom before turning off the light. Then he went out to the living room.

She stood in the doorway of the little kitchen, holding the baby.

I want the baby, he said.

Are you crazy?

No, but I want the baby. I'll get someone to come by for his things.

You're not touching this baby, she said.

The baby had begun to cry and she uncovered the blanket from around his head.

Oh, oh, she said, looking at the baby.

He moved toward her.

For God's sake! she said. She took a step back into the kitchen.

I want the baby.

Get out of here!

She turned and tried to hold the baby over in a corner behind the stove.

But he came up. He reached across the stove and tightened his hands on the baby.

Let go of him, he said.

Get away, get away! she cried.

The baby was red-faced and screaming. In the scuffle they knocked down a flowerpot that hung behind the stove.

He crowded her into the wall then, trying to break her grip. He held on to the baby and pushed with all his weight.

Let go of him, he said.

Don't, she said. You're hurting the baby, she said.

I'm not hurting the baby, he said.

The kitchen window gave no light. In the near-dark he worked on her fisted fingers with one hand and with the other hand he gripped the screaming baby up under an arm near the shoulder.

She felt her fingers being forced open. She felt the baby going from her.

No! she screamed just as her hands came loose.

She would have it, this baby. She grabbed for the baby's other arm. She caught the baby around the wrist and leaned back.

But he would not let go. He felt the baby slipping out of his hands and he pulled back very hard.

In this manner, the issue was decided.

…………………………………………………………………

柴田　タイトルについて先に言っておくと、アメリカで "Popular Mechanics" と言えば有名な雑誌の名前です。日曜大工の雑誌ですね。それがわかってもタイトルをどう訳すかは難しいですが、もちろん最後の方で赤ん坊を取り合いするところの力学的な描写を皮肉ったタイトルですね。皆さんの訳は「ありふれた話」「決まりきった手順」「暮らしの力学」「世の中の仕組み」「生活の力学」「どこにでもあること」「よくあるパターン」「よくある力学」、だいたいそのあたり。どれもよく考えているね。じゃ英文の書き出しをごらんください。

> Early that day the weather turned and the snow was melting into dirty water. Streaks of it ran down from the little shoulder-high window that faced the backyard. Cars slushed by on the street outside, where it was getting dark. But it was getting dark on the inside too.

柴田　今日は村上春樹訳も一緒に配りました。学生訳、教師訳例、村上訳とあるわけです。どれについてでも自由にコメントしてください。主に学生訳に注目することにします。

学生訳1

その日の朝早く天気が変わって、雪は汚い水になって溶け出していた。水は幾筋かの流れになって、裏庭に面した、肩くらいの高さにある小さな窓から流れていた。車が水を蹴立てて外の通りを過ぎていく。外は暗くなり始めていた。けれど、家の中も暗くなろうとしている。

柴田　はい。ここのところどうですか？　まず「窓から流れる」というのが、どう水が動いているのかちょっとわかりにくいね。窓を伝っている感じが欲しい。「窓から」を「窓を」にすれば済む話ですね。

この学生訳の優れているところは、Streaks of it を「水は幾筋かの流れになって」といったように、複数形をきちんと再現してイメージが湧きやすくなっていることと、little shoulder-high window を「肩くらいの高さにある小さな窓」と、形容詞の語順を入れ換えてイメージがまとまりやすくしてあること。作品のもっとあとの方に The kitchen window gave no light とあるように、窓はあるんだけど光は入ってこないという閉塞感がこの小説にはあって、それがさりげなく出るよう工夫している。window にかかっている little、shoulder high という二つの形容詞の順番がそんなに問題にならず、入れ替えた方が視覚的にイメージがまとまりやすくなるなら、そうする方がいい。

ただし日本語の好みの問題かもしれないけど、dirty water は「汚い水」じゃなく「泥水」くらいの方がいいような気がしますね。「朝」はなくていいだろうな。early だけだから「早くに」でいい。

学生訳1　修正案

その日の早くに天気が変わって、雪は泥水になって溶け出していた。水は幾筋かの流れになって、裏庭に面した、肩くらいの高さにある小さな窓を流れていた。車が水を蹴立てて外の通りを過ぎていく。外は暗くなり始めていた。けれど、家の中も暗くなろうとしている。

あと、翻訳のテクニックの一般論ですが、最後のあたりの it was getting dark のような進行形は、日本語ではわりと「〜してきた」と言うことが多い。たとえば、It's getting dark. は「暗くなってきた」であって、「暗くなりつつある」って言う人はあまりいないよね。時間が遅くなって、Let's go home, it's getting dark. と言うときには、「帰ろうよ、もう暗くなってきたから」とか言うでしょ。だからここも「外は暗くなり始めていた」は「外は暗くなってきていた」でいいと思う。

A　「けれど、家の中も暗くなろうとしている」ってところで、But をそのまま訳すと変だと思ったので「そして」にしたんですが。

柴田　確かに but は場合によっては「そして」と訳した方が日本語の流れとしてはいい場合もあります。前回 and を「しかし」と訳した方がいいときもあると言ったのと同じね。

ただ、ここの but を「そして」にすると、外と内が対照的に捉えられているのか、それとも同じようなイメージでつながれているのかがわかりにくい。そのあたり、ほかの人どう思いますか？

B　この getting dark はたぶん「雰囲気が悪くなってる」という感じでもあるんで、「そして」にするとちょっと違う気がします。

柴田　なるほど。文字どおりに暗くなってきたっていう意味だけじゃなくて、象徴的な意味があるってことですね。それと、外は泥水びしゃびしゃであまりいい感じではないけど、車がどんどん動けるっていう、開放感とまでは行かないけど空間が開かれた感じがあり、それに対して家の中は閉じた感じという対比があるので、「そして」と順接でつなげちゃうとやや、外の開いた感じが家の中まで入ってきちゃうかな。ここは「しかし」の方が無難という気がしますね。

そうなると、この「暗くなろうとしている」と現在形にするのもやや迷うところではあるんですね。うまいと言えばうまい。それまでは外の窓の水の流れとか、車が走り去って行くという背景がまず映って、映画的に考えるとそのカメラが窓をすり抜けるみたいに家の中に入っていく。ここから話が始まるのがよくわかるわけです。そこで「なろうとしている」と現在形にすると、部屋の中に入ったような、接近している感じ、中に入りこんでいるような感じがありますね。それを伝える意味ではとてもいい反面、このカメラは非常にクールなカメラで、男にも女にもまったく同情とか共感を見せていない。逆に憤りとか憎しみとか怒りとかも見せていない。距離を感じさせるカメラです。それを「なろうとしている」

とやると、ちょっと人物に歩み寄りすぎかなという気がしないでもない。そのあたりは微妙ですね。

こういうのは、このセンテンス一つでは決めることができない。全体の流れの問題です。作品全体が過去形で描かれているところを、この訳ではわりと現在形を多用していますが、うまく行っていると思います。じゃ、その次のところ。

> He was in the bedroom pushing clothes into a suitcase when she came to the door.
>
> I'm glad you're leaving! I'm glad you're leaving! she said. Do you hear?
>
> He kept on putting his things into the suitcase.

学生訳2

彼女がドアの所までやってきたとき、彼は寝室で洋服をスーツケースに詰め込んでいるところだった。

あなたが出て行ってくれるなんて！　こんなに嬉しいことはないわ！　彼女は言った。聞いてるの？

彼は自分のものをスーツケースに放り込み続けた。

A　最初の「彼女がドアの所までやってきたとき」を、この訳では先に訳していますけど、英語の語順に従ってそのままにした方が、そのあと彼女のせりふも続くのでいいんじゃないでしょうか。

柴田　そのとおりですね、まず英語の語順で訳す方がいいというのが大原則。それから when でつながるときはだいたい物事が同時に起きるときで、同時に起きても、前に書いてあることの方が英語で先に提示されているからには、そっちを先に出して悪いことはない。訳文の中身はこれでいいので、そのままひっくり返せばいいですね。

彼が寝室で洋服をスーツケースに詰め込んでいると、彼女がドアの所までやってきた。

次の He kept on putting his things into the suitcase. はどうかな。
C 「自分のものをスーツケースに放り込み続けた」という訳ですが、put だから「放る」とするのはどうなんでしょうか。
柴田 これはまず「放り込む」と訳した人に訊きたいなあ。ここは確か、Dさんだよね？
D はい。
柴田 「放り込む」にしたのは計算があった？
D 計算っていうほどでもないんですけど、丁寧に荷造りをしてるって状況じゃないですよね。だから「放り込む」くらいがいいかなと思ったんです。
柴田 僕もその意図はよくわかるのね。ここで、この男が持ち物に対してすごく愛情を持って接しているっていう感じは出したくない。「放り込む」とすればそういう感じが抜けるんじゃないかということですよね。そうは言っても put は「放り込む」とは違うんじゃないかというのがB君のポイント。ほかにありますか？
E このあとの、赤ん坊の写真を返せと言うところまでは、男の方は黙ってますよね。男の方はずっと抑えてて、女の方がぎゃあぎゃあ言ってる。「放り込む」だとその流れに合わないんじゃないかと思います。
柴田　女が一人でヒステリックに叫んでいて、男はむしろ淡々とやっている。そういう感じを出す方が効果的じゃないかっていうことですね。物をどこかに入れるというときにput はもっとも一般的でニュートラルな、色のない言い方ですよね。そうするとここは色のない言い方で書いて、乱暴さを特に出さなくても、冷たい感じというか、少なくとも暖かみがある感じではないことは伝わる気がしますね。

あとね、I'm glad you're leaving のところを「あなたが出て行ってくれるなんて！」ってしちゃうと、原文も皮肉な言い方ではあるんだけど、やや皮肉が知的すぎるかな。I'm glad you're leaving! というのはすごくストレートな皮肉なのに対し、「あなたが出て行ってくれるなんて！」ではちょっと余裕のある皮肉という感じがしちゃう。もう少しまっすぐな言い方がいいかな。「あんたが出てってくれて嬉しいわよ！」とかさ。

F　he と she がたくさん出てきますけど、いきなり「彼」と「彼女」と訳すのはどうかと思って、最初「男」と「女」で訳して、「男」や「女」が続いちゃうところは、「彼」「彼女」と訳したんですけど。
柴田　ほかの人たち、それについてどう思いますか。
G　一部、意図的に he とか she とかあえて連続して使われているところがあると思ったんですが。
柴田　そうですね。
G　そこはあえて「彼」「彼女」で訳して、原文の違和感を出すようにしてもいいと思ったんですけど。

柴田　うん、うん。たとえば原文の終わりから六行目で “She would have it, this baby. She grabbed for the baby's other arm. She caught the baby” って She が三つあるよね。こういうところね。

G　最後の一文の She の「彼女」は消してもいいのではないかと。

柴田　その She を消すかどうかはまた別問題なのでちょっとおいておくと、いま言ってくれたことはまったくそのとおりで、カーヴァーはいわゆる美文調だったら絶対やらないような、一見芸のない言葉の並べ方をするわけです。それはヘミングウェイからはじまってるんだけど、いま言った She would have it. のパラグラフもそうだし、それからその上三行、She felt her fingers being forced open. She felt the baby going from her、ここなんかでも She felt、She felt って並んでるでしょ。要するに小学生の作文みたいな書き方なんですね。その単調さが逆にすごく効果的なわけです。

　とはいえ、日本語でその単調さを、「彼女は」「彼女は」「彼女は」と同じ回数出して再現すべきか。そうは言えないんですね。というのは、she という言葉と「彼女は」という言葉では重さが違う。she の方が軽い。she を五回繰り返すのに対して「彼女は」は三回くらいで、ちょうど重さ的に同じくらいかな。いまG君が最後から三つ目の段落で she が三つ出てきて、最後の「彼女は」を抜いたって言ったけど、さじ加減としてはだいたいそのくらいが適当ですね。あくまで一般論だけど。

　ほかに、「彼」「彼女」の処理についてはどうかな？

B　タイトルもMechanicsだからここにも「力学」があって、文章も機械的な感じがしていいと思うんです。「男」なら「男」で、「彼」なら「彼」で全部揃える方が、さっき言ったカメラの冷徹さみたいなのが出てくる気がします。
柴田　原則論としては僕もまったくそのとおりだと思う。だから「彼」とか「彼女」をあんまり美しく言い換えたりはしない方がいいよね。でもその反面、たとえば「彼は彼女を見て」とか「彼は彼女の方に体を動かした」とかはやっぱりやらない方がいい。とにかく日本語として綺麗じゃない。機械的に「彼」「彼女」を反復するのはこの小説の場合正しいんだけど、あまりにも不自然さが生じてしまうときは原則から離れる必要もある。そういう微調整は必要ですが、原則としてはそのとおりね。
　F君の言ってくれた人称の問題をまとめれば、「彼」「彼女」をある程度抜くようにして、「男」「女」ともあまり書き換えずに、わりと機械的に反復するのがいちばん正攻法という気がするね。「男」「女」って言われると、大人のしょうもない恋愛小説みたいな響きがして、僕個人はあまり好きじゃないってこともあるんだけどさ。

学生訳2　修正案

　彼が寝室で洋服をスーツケースに詰め込んでいると、彼女がドアの所までやってきた。
　あんたが出てってくれて嬉しいわよ！　こんなに嬉しいことはないわ！　彼女は言った。聞いてるの？
　彼は荷物をスーツケースに入れ続けた。

ではその次。

> Son of a bitch! I'm so glad you're leaving! She began to cry. You can't even look me in the face, can you?
>
> Then she noticed the baby's picture on the bed and picked it up.

学生訳 3

くそ野郎！　あんたが出てって嬉しいわよ！　彼女は泣き始めた。あんた私の顔を見さえ出来ないんじゃない。そうでしょ？

それから彼女はベッドの上にあった赤ん坊の写真に気付き、手に取った。

G　この Son of a bitch! のところですけど、どのくらいまで汚い言葉に訳すか。「くそ野郎」だと、なんというか汚すぎるかなっていう気もするんですけど。

柴田　汚すぎるというか、汚さが不自然じゃないかっていうことね。登場人物の女性のキャラクターにもよるけど、英語で Son of a bitch! って言うのは女の人の怒りの表現としてはまあ自然な汚さであって、そう言う女性を想像できますけど、「くそ野郎」と日本語で言う女性は一般性に欠けるかな。そこはどうですかね、ほかの方々。

H　僕は先生の「ろくでなし」っていうのはちょっと……。

柴田　逆にやや大人しすぎるかね。英語だとこれは女子高生ぐらいがよく使うとか、これはさすがに女子高生でも使わないとか、汚さのグレードがかなり細かくある。でも日本語にすると「くそ野郎」「馬鹿野郎」くらいしかなくて、グラデーションがつけにくい。日本語は罵倒語のバラエティーが貧しいから、Son of a bitch!っていう言葉の意味がどうこうというより、文脈の中に入ってその女性の身になって、自分だったらこの男をどう罵倒するかを考える方がいい。まあ、平凡だけど「くそったれ」あたりかなあ。

あと「泣き始めた」は「泣き出した」って言う方が普通だと思う。原則としてはbeginとかstartとかいう言葉があると、どうしても「始める」という日本語を我々は使っちゃう。でもそれは「出す」でいいことが多い。ただもちろん「出す」は意味が曖昧で、たとえば「つくりだす」と言ったらそれは「作り始める」の意味にとってもらうのは不可能で、「つくりあげる」の意味になっちゃう。動詞によって使い分けは必要ですけどね。

学生訳3　修正案

くそったれ！　あんたが出てってくれて嬉しいわよ！　彼女は泣き出した。あんた私の顔を見ることも出来ないんじゃない。そうでしょ？

それから彼女はベッドの上にあった赤ん坊の写真に気付き、手に取った。

それではその次、ここがいちばんみんな困ったとこだよね。

He looked at her and she wiped her eyes and stared at him before turning and going back to the living room.

学生訳4

彼は彼女を見、彼女は涙を拭い、居間に戻る前に彼をじっと見つめた。

柴田　原則として叩き台に使っている学生訳は良い訳ですが、ここはちょっと意地悪して、いまひとつうまく行っていない例を引っぱってきました。「彼」「彼女」の問題と、あともう一つはやっぱりbeforeの訳し方。さっきA君がwhenについて言ってくれたのと同じで、beforeの前後も原則として英語の順番で訳す方がいい。涙をぬぐって、彼のことを見て、それからリビングルームに行くということですね。「彼」「彼女」の連発を避けるためにここは「女」を使うか。

彼は女を見て、女は涙を拭い、彼をじっと見つめると居間に戻った。

ほかどうでしょうか？

I　このstareを僕は「見つめて」と訳して、「睨みつける」に直されたんですけど、なんとなく文章から彼女が少し悲しい感じがしたんで、あえて「見つめて」と訳してみたんですが。

柴田　まず一般論で言えば、stareはどっちでもありえますね。stareという言葉は、前回も言ったとおり、同じ「見る」にしても、何らかの理由でその視線が動かない感じ。怒ってるかもしれないし、魅入られてるかもしれないし、呆れているかもしれない。見渡したりするときにはstareとは言わない。

だからここも、彼女にどういう気持ちを読みこむかです。僕は「睨みつける」と訳したんだっけ？　これは方向性として「怒り」をはっきり出してるわけだけど、少しはっきりさせすぎの気もするな。逆に「見つめる」と訳すということは、ほとんど切なさみたいなものを彼女の視線に読み取るってことだよね。「見つめる」も「睨みつける」も、どっちも方向性をはっきりさせすぎかなあ。stare は「無表情に見る」とか訳したりすることもあるけど、ここではそこまで踏み込んで訳しちゃうと、彼女にある種の余裕みたいなものが見えちゃうので、それもやりたくない。「睨む」のように怒りも出さずに、「見つめる」のような切ない感じも出さずに、「ただ見てる」という感じの言葉がいちばんいいんだけどね。この学生訳について言えば、「じっと」があるから、あとは「見つめる」じゃなく「見る」で十分でしょう。

学生訳 4　修正案

彼は女を見て、女は涙を拭い、彼をじっと見ると居間に戻った。

before turning and going back to the living room の turn が学生の訳だと訳されてませんが、まあここは訳さなくてもいいかな。回れ右する、ということですけど、日本語ではいちいちこれ言わない。僕は「彼に背を向けて」と一応訳し、村上さんも「くるっと向こうを向いて」と訳出していますが、turn っていうわずか一音節、まあ turning で二音節なので、訳すとどうしても、簡単な言葉にやや注意を喚起しすぎの感はある。だからこの学生訳みたいに抜いてしまうというのもひとつの手かもしれないですね。

じゃ、その次。

Bring that back, he said.

Just get your things and get out, she said.

He did not answer. He fastened the suitcase, put on his coat, looked around the bedroom before turning off the light. Then he went out to the living room.

She stood in the doorway of the little kitchen, holding the baby.

学生訳 5

そいつを返してくれ、と彼は言った。

とっとと荷物をまとめて出ていってちょうだい、と彼女は言った。

男は答えなかった。スーツケースをしっかり閉め、コートを着て、電気を消す前に寝室を見回した。そして部屋を出て居間に行った。

女は小さな台所の戸口で、赤ん坊を抱きながら立っていた。

B 「返せよ」と男が言って、女がそれの答えとして Just get *your* things と答えてるんで、「荷物」じゃなくて「自分のもの」と訳したんです。やっぱり「この写真に写ってる赤ちゃんはあなたのものじゃないのよ」みたいなニュアンスを出したかったので。

柴田　その気持ちはわかるんだけど、ここで「自分のもの」というふうに日本語で「自分の」を入れるのはかなり普通じゃない言い方だよね。逆に英語では、Just get your things のかわりに Just get the things と言えるかというと、言えない。your を入れるのはまったくニュートラルな、色のない言い方なわけ。your がイタリックスになっていればB君の言うとおりだけど、ここでは「あなたの」って意味はほとんどなくて、your things で「荷物」なんだよね。

前の段の「スーツケースに荷物を詰めていた」He kept on putting his things into the suitcase の his にしても the とは言えないわけだし、もちろん無冠詞っていうわけにもいかないので、your 付きで単に「荷物」っていうこと。

D　your things が「荷物」なのはよくわかるんですけど、ここでは子どものことも含めて、あなたのテリトリーの物をまとめて出ていってという感じがしたので、あえて私も「自分のもの」って訳したんですけど、ちょっと読み込みすぎかな。

柴田　いや、読み込む方向性としては正しいんだけど、あくまでそれをこういう文脈でふつう人が言いそうな言い方で再現しないといけない。会話を訳す難しさはそのへんですね。

あと、翻訳では代名詞は原則として抜く、しょうがないときだけ彼とか彼女とかを入れるくらいに思った方がいい、と前にも言いましたけど、会話の中では特にそうで、ここの Bring that back でも、英語では Bring back とは言えないから that と言うしかないけれど、日本語では「そいつを」とは言わなくてもいい。

それから「返してくれ」にすると、何だか妙に弱腰なので、

「返せよ」くらいにする方がいい。
「とっとと荷物を…」のところの訳はとてもいいですね。とにかくカーヴァーの文章って、ヘミングウェイと通じるんだけど、簡単な言葉ばかりで余計な装飾がいかにもなさそうな感じなので、この訳例はその意味ではとてもいい。強いて言えば「電気を消す前に」の before の訳し方で、これもやっぱり「寝室を見渡してから、電気を消した」と英語の語順で訳すべきでしょう。あと fastened the suitcase のところの「しっかり」も不要。

返せよ、と彼は言った。
とっとと荷物をまとめて出ていってちょうだい、と彼女は言った。
男は答えなかった。スーツケースを閉め、コートを着て、寝室を見渡してから電気を消した。そして部屋を出て居間に行った。
女は小さな台所の戸口で、赤ん坊を抱きながら立っていた。

ほかはどう？
J　最後の「抱きながら立っていた」は、原文では She stood ... holding the baby ですけど、あまり普通の日本語では言わないので、「戸口に立って赤ん坊を抱いていた」の方がよくないですか。
柴田　なるほど。「泣きながら」ならいいんだけど、「抱きながら」だとたしかにあんまり言わない気はするな。

女は小さな台所の戸口に立って赤ん坊を抱いていた。

K　スーツケースとコートってカタカナになってるから、カタカナで「キッチン」の方がいいかなあと思ったんですが。

柴田　それとは逆に、「スーツケース」「コート」とカタカナが並んでるから、おしゃれになりすぎないようここは「台所」にする、という理屈も成り立つ。そのあたりは難しいところですね。Kさんが言いたいのは統一感が大事っていうこと？

K　それとあと、私は台所っていうと、割烹着《かっぽうぎ》とか着てたりするイメージがあるので。

柴田　なるほど。「スーツケース」はちょっと日本語になりようがないし、「コート」も「外套《がいとう》」とはもう言わないよね。「オーバー」も言わなくなったよなあ。それを言うと「居間」を「リビングルーム」とか「リビング」と訳してる人もいたね。漢字が並びすぎだからここはカタカナで行こうとか、ここはむしろ漢字を並べておしゃれな感じを避けたいとか、いろいろな要素を考えるべきですね。でもまあ「台所」という言葉はだんだんすたれていくでしょうね。割烹着みたいに、昭和の匂いがする言葉になりつつあるのかもしれない。

L　この文章、会話以外は過去形で貫かれているので、「〜た。」「〜た。」と「た」で終わるのが続いて気持ち悪いので、最初のところを「男は答えない」ではじめたり、最後「そして居間に向かう」にしたり、次につながっていきそうなところには現在形を挟んで訳したんですけども、こういう訳し方はどうでしょうか？

柴田　そうしたのは過去形の連続が嫌だったから？

L　文章としてあまり綺麗じゃないと思うんです。それで途中を現在形にしたくなっちゃうんです。先生がおっしゃった距離感の問題はわかるんですけど、そのへんをうまく整合させる方法はないのかなあ。

柴田　翻訳の入門書なんかを読むと、過去形が「〜た」「〜した」が続くと日本語として美しくないから、適宜現在形を挟みましょうみたいなことが書いてあったりする。でも機械的にそうするのは小説を読むってことを無視しているとしか言いようがなくて、現在形を挟むのがふさわしい文章とふさわしくない文章があるんだよね。基本的には、語り手と人物の距離の問題です。「十月だというのにもうずいぶん寒い」と「十月だというのにもうずいぶん寒かった」では、やっぱり「寒い」って言う方が登場人物の中に入った感じがする。だから、あんまり語り手が登場人物に距離を置かず、寄り添っている場合には現在形は似合う。距離を置いて冷ややかに見ている場合には似合わない。だからこのカーヴァーの文章では異様に似合わないんです。できれば全部過去形で通したい。

とは言うものの、センテンスは異様に短い。だからみんな「〜した」「〜した」にすると余計に目立ってしまう気がする。そこでどうするか。自分の美的感覚に合うように最低限、現在形を混ぜるのも一つの考え方です。でも僕がそうしないのは、僕は「〜した」「〜した」になってもあんまり気にならないし、それでもいいように文章を練るのが筋だと思うからです。

それにこの文章、地の文はたしかに全部「〜した」ですけど、会話がクォーテーションマークなしで、地の文に溶け込むように「赤ん坊をよこせよ」とか「出てってよ」「気でも狂ったの」などと、「〜た」でない終わり方で中に入っている。だから「〜した」が、そんなに目立たないで済むと思うんだけどね。Lさんの言うことももちろんよくわかります。そのあたりは、あちらを立てるとこちらが立たずで、翻訳に限らず世の中そういうものだよね（笑）。原則はあるけれども、あとはその場その場で判断していくしかない。

それから会話にクォーテーションマークを全部つけた人がいたけど、これはまずい。その方がもちろんわかりやすいけど、そうするとその人たちの声が生きている感じがしちゃう。この文章に出てくる人たちは、生きてる感じがしないんですよね。泥水が流れてる窓を通して見てるような、情景が暗くて濁ってて、いまひとつ生命感がなくて、温かさも全然ない。そういう感じが欲しいので、やっぱりクォーテーションはない方がいい。

学生訳5　修正案

返せよ、と彼は言った。

とっとと荷物をまとめて出ていってちょうだい、と彼女は言った。

男は答えなかった。スーツケースを閉め、コートを着て、寝室を見渡してから電気を消した。そして部屋を出て居間に行った。

女は小さな台所の戸口に立って赤ん坊を抱いていた。

はい、その次。

I want the baby, he said.

Are you crazy?

No, but I want the baby. I'll get someone to come by for his things.

You're not touching this baby, she said.

The baby had begun to cry and she uncovered the blanket from around his head.

学生訳6

赤ん坊をよこせよ、と男は言った。

あんた気が狂ってるの？

いや、赤ん坊がほしいだけさ。誰かに赤ん坊のものを取りに来させる。

この子に触らないで、と彼女は言った。

赤ちゃんが泣き出したので、彼女は子どもの頭から毛布をとった。

M　自分の子どもを「赤ん坊」って言う人はたぶんいないから「この子」と言ったりした方がいいかなと思ったんです。赤ん坊は baby とくらべて単語が重いので、地の文で「子ども」としたら、「子ども」も温かすぎて、ほとんど使えなかったんですけど。

柴田　その迷いは全部正しいですね。でも、自分の子どもを「赤ん坊」って言う親がいないなら、英語で I want the baby って言う親はいるかってことになる。つまりこの I want the baby という言い方がどのくらい普通か。それはここの彼だけじゃなくて、彼女も79ページの下から7行目、Don't, she said. You're hurting the baby, she said. とあるけど、これも普通、言わないよね。普通だったら名前を言うもん。このへんがカーヴァーの小説の、一見リアリズムだけどどっか変、というわかりやすい例だよね。この人たち、赤ちゃんに名前さえつけてないんじゃないかって気がしてくる。the baby、the baby と繰り返してる不思議さ、不気味さみたいなものがだんだん募ってくる。だとすれば、the baby はやはり極力「赤ん坊」と訳すべきでしょう。「子ども」にすると妙にあったかくなっちゃうから使えないって言ってくれたけど、まさにそのとおりです。

ただ、日本語でこういうとき「赤ん坊」とは言わないから、下手な訳だと思われる危険はつねにある。不自然な英語を訳すときに、あまりに自然な日本語には直したくないわけだけど、こっちは工夫して不自然な日本語にしているつもりが、読者には単に下手な日本語に見えてしまうって可能性は大いにある。でもここはその危険を冒してでも「赤ん坊」にしたい。

それからこの I want the baby っていう言い方は「僕は〜が欲しい」という感じではなくて「赤ん坊よこせ！」という、ほとんど命令文です。だからこの学生訳の「赤ん坊をよこせよ」は正しい。

G　この赤ちゃんは最後までモノ扱いされていて、タイトルでも Mechanics「力学」となっているので、訳でも「赤ん坊」を連発して、人間っぽくないように見せる方がいいんじゃないかと思います。

柴田　そのとおりですね。小説に出てくる小道具は全部、赤ん坊の代理というか表象です。最初に写真を「それ、返せ」と男が言うのも、赤ん坊を取り合うところの前触れみたいになっている。このあと、植木鉢が落っこちるのも赤ん坊の身にふりかかることの予兆に読める。いろんな物によって赤ん坊が表象されているのみならず、赤ん坊自体も物としてやりとりされている。というわけで、もう極力「赤ん坊」で行こう、ということになる。でもそれに耐えきれずに地の文で「赤ちゃんが泣き出したので」と入れたくなる気持ちもわかるけどね。このあたりはこの「赤ちゃん」がどのくらい目立ってしまうか。あんまり目立つならやめた方がいい。この訳文ではそうでもないので、いいんじゃないかと思います。

N　先生の訳で「赤ん坊、よこせよ」と「赤ん坊」と「よこせよ」の間に「、」を打っているのはなぜですか。

柴田　これはどっちでもいいんだけど、「赤ん坊をよこせよ」より「赤ん坊、よこせよ」の方が横柄な響きが強まるかなと思った。一息に「赤ん坊をよこせよ」と言うより、「赤ん坊、よこせよ」と一拍あった方がすごみが出る。……と言いながら誰も説得されてない顔を見ると、そうでもないかなと思えてきたんだけど（笑）。

N　間を置きながら喋ってるみたいでちょっとややこしい。

柴田　なるほどね、そうか。まあ、とった方が無難かなあ。でもこの「赤ん坊、よこせよ」って、二行あとでもう一回繰り返す。「狂ってなんかいない。赤ん坊、よこせよ」。そうだなあ。やっぱり僕の訳文の流れだと、ここは「、」があった方が自然だな。

O　ええと、「赤ちゃんが泣き出したので」とあるのは The baby had begun to cry なので、「その子に触らないで」と言ってるときからすでに泣いていたように訳す方がいいんじゃないでしょうか。

柴田　そのとおり。これだと「触らないで」と言ってから、男の方が暴力的な態度に出たんで泣いたみたいな感じだけど、そうじゃないので「さっきから泣き出していた」とかにする方がいい。こういう過去完了の時制はきちんと処理したいね。

赤ちゃんがさっきから泣き出していたので、彼女は子どもの頭から毛布をとった。

P　Are you crazy?のところなんですけど、僕も「気が狂っているの？」と訳したんですけど、村上さんの訳の「頭おかしいんじゃないの？」くらいがいいんでしょうか。
柴田　さっき I want the baby と「僕は赤ん坊が欲しい」は全然違う表現だって言いましたけど、同じように、Are you crazy?は「あなた気が狂ってるの？」よりずっと弱い。「何言ってんだよ」くらいに訳すことが多いね。Are you insane?とかになるともう少し強いけど、Are you crazy?は「何バカなこと言ってんだよ」くらいの意味でよく使う。さっき言った she が五回出てきたら、日本語では三回くらいが等価だろうと言ったのと同じで、Are you crazy と等価な表現は「あなた気が狂ってるの？」ではない。
Q　自分は「正気なの？」としたんですが。
柴田　「正気」はいいかな。とにかくここであんまり気の利いた表現は使いたくないんだよね。この女の人は追いつめられていて、気の利いた表現を使う余裕なんかないので。
R　You're not touching this baby は、「この子に触らないで」みたいな単なる命令文よりもっと強い感じかなと思ったんですが。

柴田　そのとおりですね。挑むような感じがするってことだよね。だからそういう意味で言うと村上さんの「この子には指一本触れさせないからね」は正解ですね。「この子に触らないで」だとちょっと防御的に、弱くなってる響きがしちゃうかもしれない。せめて「触らないでよね」くらいにして挑む感じを出すか。

学生訳 6　修正案

赤ん坊をよこせよ、と男は言った。

何言ってんのよ？

いや、赤ん坊がほしいだけさ。誰かに赤ん坊のものを取りに来させる。

この子に触らないでよね、と彼女は言った。

赤ん坊がさっきから泣き出していたので、彼女は子どもの頭から毛布をとった。

それじゃあ、うわ、あと二十分しかない。じゃ冬物大処分市的にばーっと行こう。

Oh, oh, she said, looking at the baby.

He moved toward her.

For God's sake! she said. She took a step back into the kitchen.

I want the baby.

Get out of here!

She turned and tried to hold the baby over in a corner behind the stove.

But he came up. He reached across the stove and tightened his hands on the baby.

Let go of him, he said.

Get away, get away! she cried.

The baby was red-faced and screaming. In the scuffle they knocked down a flowerpot that hung behind the stove.

He crowded her into the wall then, trying to break her grip. He held on to the baby and pushed with all his weight.

Let go of him, he said.

Don't, she said. You're hurting the baby, she said.

I'm not hurting the baby, he said.

学生訳7

ばあぁ、と彼女は言って、赤ちゃんを見つめた。

彼は彼女の方に体を動かした。

やめて！　彼女は言いキッチンの方へ一歩下がった。

赤ん坊が欲しい。

ここから出て行って！

彼女は背を向けて、赤ちゃんをストーブの後ろの隅っこに避難させようとした。

しかし彼は近づいてきた。ストーブ越しに腕を伸ばし、赤ちゃんを手でしっかりつかんだ。

この子を放せ、彼は言った。

出てって、出てって！　彼女は叫んだ。

赤ん坊は顔を真っ赤にして泣き叫んだ。二人はもみ合いになり、ストーブの後ろにかけてあった花瓶を壊してしまった。
　彼は彼女を壁に押し付けて、彼女の腕から赤ん坊を奪おうとした。彼は赤ん坊をしっかり抱えて、体重をかけて押した。
　手を放せ、彼が言った。
　いやよ、彼女が言った。赤ん坊が怪我するわ、彼女が言った。
　怪我させはしない、彼は言った。

柴田　英語でちょっと迷うところは、真ん中のあたりの She turned and tried to hold the baby over in a corner behind the stove. この hold は「抱く」というよりは hold the baby over で、赤ん坊を抱えてある方向に持っていくような感じでしょうね。in a corner behind the stove だから、部屋の隅っこの方に、男に背を向けて持っていってる感じ。それからもうひとつ、ほとんどの人が間違えていたのはこの You're hurting the baby の意味ね。赤ん坊が「怪我する」とか「傷つけてる」って訳してる人が多かったけど、そうじゃなくて hurt は「痛い」あるいは「痛くさせる」っていうこと。もちろん傷つけるって意味にもなりますけど、たとえば注射のときに「痛い？」は Does it hurt? と言う。「痛い」のいちばん一般的な言い方です。だからこれ、「赤ん坊が痛がってるでしょ」「痛がってなんかいないよ」って言ってるんですね。これはもう単純な誤訳レベルの問題です。

　いやよ、彼女が言った。赤ん坊が痛がっているわ、彼女が言った。
　痛がってなんかない、彼は言った。

柴田　ほかには？
S　「花瓶を壊してしまった」の「しまった」は抜いた方がいいと思うんですが。
柴田　その理由は？
S　「しまった」だと花瓶が落ちたことに対する価値というか、落ちたことに対する「あ、落ちちゃった」っていう気持ちが入ってしまうので。
柴田　突き放した方がいい。そのとおりだね。普通なら、たとえばbrokeは「壊してしまった」に、逆にmadeは「作ってくれた」とか「作ってやった」と言えるように、「〜してしまった」「〜してやった」とかの言い方は活用すべき。相手に対して利益、不利益になることを言う表現は日本語の方が豊かなんです。
　けれども、こういう無表情に徹した文章の中で「花瓶を壊してしまった」とやるよりは、あくまで無表情に徹したい。その場合はまたリズムが問題になる。「二人はもみ合いになり、ストーブの後ろにかけてあった花瓶を壊した」――そうだな。そうするとリズムがずれてくるので、その場合は「もみ合いになり、ストーブの後ろにかけてあった花瓶が落ちて壊れた」とかになるでしょうね。「割れた」かな。割れたことまで実は書いてないんだけど、「落ちた」だけだと最後が間の抜けた感じになるので、そう加える方がいいだろうね。

　赤ん坊は顔を真っ赤にして泣き叫んだ。もみ合いになり、ストーブの後ろにかけてあった花瓶が落ちて割れた。

それから、stove は現代英語では「ストーブ」ではない。まあ普通「コンロ」とか「レンジ」です。元は、かまどだよね。暖房器具でもあり、調理器具でもあった。日本語で stove にいちばん近いのは「かまど」なんですね。「ストーブ」はそのうちの一つの意味にすぎない。現代でも料理用のレンジは stove と呼ぶのが普通です。

T　あの、赤ん坊をあやす Oh, oh なんですけど「ばあぁ」は状況的にいくらなんでもまずいかなと思ったんですが。

柴田　なるほど。そこまで余裕はないっていうか、とにかく場違いに平和すぎるってことですね。そうかもしれない。僕は赤ん坊をどうあやしたらいいかが全然わからないので想像力が働かないけど、もう少し普通の言い方のほうが無難でしょうね。単に「おお」とか訳すより、「ばあぁ」にした方向性や工夫はわかるけどね。「おおよしよし」とか？

T　あと、男のせりふが I want the baby とか、Let go of him とか同じことを何回も言ってるんですけど、これは毎回あえて同じに訳す方がいいんですか？

柴田　と思いますね。それでよほど不自然にならなければ。同じ言葉を何回も繰り返して、しかも物理的に、空間的にじりじり寄ってきていて、同じ言葉がますます脅威に感じられるという意図がはっきり見える。

G　２行目の He moved toward her. のところ、「体を動かした」だと、いくら move の忠実な訳といっても、近づいたニュアンスが出てないと思うんですが。

柴田　まずそもそも語りの視点はどこにあると思った？

G　奥さんの側から近づいてくるのを見るような……

柴田　そのとおり。基本的には外なんだけど、どっちかっていうと奥さんの中に入りかけていますよね。明らかに彼の中からではない。威嚇されてる人間の目から語っています。そうすると、「彼は彼女の方に体を動かした」って言い方だとむしろ視点は彼の方にあるように響いてしまう。「彼が彼女の方に寄ってきた」ぐらい書いちゃってもいいかもしれない。僕は「彼が近寄ってきた」とはっきり彼女の視点に還元しています。「彼」「彼女」の連発も嫌だしね。いっそ、ちょっと色を付けすぎかもしれないけど「じわじわ」とかいった言葉を入れて「彼女」を省くとかね。とにかく英語の場合には、日本語より視点をはるかに意識する。誰の目からこれが書かれているのかをつねに考える必要がありますね。

　おおよしよし、と彼女は言って、赤ちゃんを見つめた。彼がじわじわと寄ってきた。

その他、微調整を加えてまとめると、

学生訳７　修正案

　おおよしよし、と彼女は言って、赤ちゃんを見つめた。

　彼がじわじわと寄ってきた。

　やめて！　彼女は言いキッチンの方へ一歩下がった。

　赤ん坊をよこせ。

　出て行って！

　彼女は背を向けて、赤ちゃんをレンジの後ろの隅っこに避難させようとした。

しかし彼は近づいてきた。レンジ越しに腕を伸ばし、赤ちゃんをしっかりつかんだ。

この子を放せ、彼は言った。

出てって、出てって！　彼女は叫んだ。

赤ん坊は顔を真っ赤にして泣き叫んだ。もみ合いになり、レンジの後ろにかけてあった花瓶が落ちて割れた。

彼は女を壁に押し付けて、彼女の腕から赤ん坊を奪おうとした。

彼は赤ん坊をしっかり抱えて、体重をかけて押した。

手を放せ、彼が言った。

いやよ、彼女が言った。赤ん坊が痛がってるわ、彼女が言った。

痛がってなんかない、彼は言った。

では結末を。

The kitchen window gave no light. In the near-dark he worked on her fisted fingers with one hand and with the other hand he gripped the screaming baby up under an arm near the shoulder.

She felt her fingers being forced open. She felt the baby going from her.

No! she screamed just as her hands came loose.

She would have it, this baby. She grabbed for the baby's other arm. She caught the baby around the wrist and leaned back.

But he would not let go. He felt the baby slipping out

of his hands and he pulled back very hard.
In this manner, the issue was decided.

学生訳8

キッチンの窓には明かりはない。ほとんど暗闇の中で、彼は片手を使って握りしめられた彼女の指を解こうとし、もう片方の手で泣き叫ぶ赤ん坊の肩に近い腕の下あたりをつかんでいた。

彼女は指がこじ開けられていくのを感じた。彼女は赤ん坊が彼女から奪い去られていくのを感じた。

──やめて！　手を解かれながら、彼女は叫んだ。

女は赤ちゃんを手放すまいと思った。彼女は赤ん坊のもう一方の手を擱んだ。赤ん坊の手首を握り、身をそらした。

しかし、男は手を放そうとはしなかった。彼は、赤ん坊が自分の手からするりと抜けて行くように感じ、力強く引っ張り返した。

このようにして、問題は解決された。

T　最初のThe kitchen window gave no lightなんですけど、これは建物の外から光が入ってこないってことですか？

柴田　そうですね。窓はあるんだけれども、たとえば月の光とか街灯の光が中に入ったりはしていなくて、窓なんだけど単に真っ黒な壁と同じっていう閉塞感。

T　次のnearの訳ですが、near-darkを「ほとんど」にしてあって、そのあとのnearは「肩の近くに」にしてある。この場合はこれでいいんでしょうか。

柴田　この二つのnearは全然文脈も別だから、さっきのI

want the baby みたいな反復って感じもあまりしない。だから違うかたちで訳して構わない。あとの near the shoulder の方はわりと物理的な話なので素直に訳せばいいと思うけど、near-dark の方はかなり象徴的なので、どう訳すか迷うところですね。「真っ暗に近い」って言うとちょっと強すぎる気もする。この場合、翻訳者が演出家みたいなもので、暗く訳せば訳すほど雰囲気は暗くなる。だから「薄くらやみ」くらいに訳した人もいましたね。僕はええと、「ほとんど真っ暗ななか」か。ちょっと芝居がかってる気もするかなあ。もう少し明るめの方がいいかもしれない。むしろ「薄くらがり」くらいの方が別のすごみがあっていいかもしれない。

キッチンの窓には明かりはない。薄くらがりの中で、彼は片手を使って握りしめられた彼女の指を解こうとし……

U　4パラグラフ最後の leaned back なんですけども、「身をそらした」より、ちょっと引っぱったってニュアンスはないんですか？

柴田　そのとおりですね。ほとんど水上スキーみたいな感じ。前に引っぱられるのに抵抗する。僕は「体をうしろにそらした」にしてますが、ぐーっと体重をかけて引っぱってる感じが欲しいですね。とにかく赤ん坊にすべきでないことをやっている異様な情景なわけで、「身をそらした」だとややおとなしすぎるかもしれない。

その前の「彼女は指がこじ開けられていくのを感じた」の being forced open はこういうふうに強く訳したいですね。彼の脅威がだんだん増してきて、彼女が脅威に反応して抵抗りる仕草も、赤ん坊にとっては同じくらい、それこそさっきの水上スキーみたいに赤ん坊を摑んで後ろに体重をそらすような残酷なことになってしまう。そのあたりをしっかり伝えたい。

あとは基本的なこととして、次の「彼女は赤ん坊が彼女から奪い去られていくのを感じた」というところ、短いセンテンスに「彼女」が二つっていうのは日本語として不自然な気がするので、ここは「彼女は赤ん坊が自分から奪い去られていくのを感じた」のように「自分」の方がいい。それとまあ、前のセンテンスも「彼女は」から始まるから、最初の「彼女は」はなくていいと思う。

彼女は指がこじ開けられていくのを感じた。赤ん坊が自分から奪い去られていくのを感じた。

それから、いちばん皆さんが迷ったのはそのあとの She would have it , this baby. のところですね。まず it と言っておいて this baby と言い換える感じをどこまで強く訳すかが迷うところ。もちろん、it から this baby に言い換えることで、人間臭さを感じさせないこの文章の中ではここがいちばん、子どもに対する母親の愛情、この子は私のものよ、離さないわという気持ちがよく表われている。

でもじつはこういう言い方はそんなに異様でもなく、わりと普通とも言える。駒場のポール・ロシターさんと話してたら、口語文法みたいなものを考えてもいいんじゃないかと言っていた。例えば He's a good man, John. は、従来の文法では最後の John は単なる言い足しなわけだよね。だけど、日常会話なんかではそういう言い方をよくする。だから誰かが口語文法をきちんと定めて、こういうJohnの付け足しもルールどおりの言い方と認められていいんじゃないかと。言われてみればそのとおりで、このShe would have it, this baby.にしてもわりと自然な言い換えで、そんなに異様な言い方ではないので、itからthis babyへの言い換えをあんまり強く再現しなくても、ここではとにかく赤ちゃんを手放さないっていう気持ちが出ればいい。そのあたりのことを考えて、僕は「この子は渡さない、この赤ん坊は」としたわけです。ある程度、反復感も出して、そんなに不自然でない言い方にする。この訳例みたいに「女は赤ちゃんを手放すまいと思った」でも気持ちとしては十分それで伝わりますよね。

あとは、「彼は、赤ん坊が自分の手からするりと抜けて行くように感じ、力強く引っ張り返した」の「彼は、」って浮いてるよね。これもあくまで一般論だけど、それなりに長い文の頭に「彼は、」「彼女は、」って点付きで出てくると、たいてい間が抜けていてリズムが悪いね。ここの「彼は、」も要らないよね。

学生訳8　修正案

キッチンの窓には明かりはない。薄くらがりの中で、彼は片手を使って握りしめられた彼女の指を解こうとし、もう片方の手で泣き叫ぶ赤ん坊の肩に近い腕の下あたりをつかんでいた。

彼女は指がこじ開けられていくのを感じた。赤ん坊が自分から奪い去られていくのを感じた。

やめて！　手を解かれながら、彼女は叫んだ。

女は赤ちゃんを手放すまいと思った。彼女は赤ん坊のもう一方の手を摑んだ。赤ん坊の手首を握り、思いきり身をそらした。
　しかし、男は手を放そうとはしなかった。赤ん坊が自分の手からするりと抜けて行くように感じて、力強く引っ張り返した。
　このようにして、問題は解決された。

　じゃあちょっと駆け足でしたが、どこか戻りたいところありますか？
U　最初に先生がおっしゃった「力学」ですけど、引っぱり合いとかそういう物理的なことに加えて、赤ん坊のこととなると女性が強いということを表わしてるのかなと思ったんですけど。その意味も含めて、あえてぶっきらぼうな文章を書いてるんじゃないでしょうか。
柴田　え、よくわからないんだけど、そもそもこの話って最後に女性が勝つわけ？
U　まだわかんないですね。でも小説は女性が手にするところで終わっている。
柴田　そんなことないよ。ものすごい力で彼も引き返して、「このようにして事態は決着を見た」って言ってるわけで、素直に読めば、赤ん坊が二つにもげたとも読める。
V　この物語は「子はかすがい」の……
柴田　そう！　そのパロディーだよね。まったくそのとおり。
V　「力学」というのはその過程全部を言うんじゃないんですか。子はかすがいだよという、その仕組み。
柴田　そのとおり、そのとおり。
V　最後に引っぱったりするのも、「力学」にかけられてるのかな。

柴田　最後の引っぱりあいがなければ、力学という言葉を使う必然性はないと思いますね。ほんとに赤ん坊をモノ扱いして、こっちに引っぱる力Ｆ１があってこっちにＦ２があって、という感じで書かれていることがポイントなんですね。

G　こういう赤ん坊をめぐる争いは、一般的にアメリカでよくあることなのかどうかよくわかんないんですが。

柴田　親同士が全体重かけて赤ん坊を引っぱりあうのはさすがにそんなにないと思うけど（笑）、子どもを取りあうことは多い。養育権争いは日本とは較べものにならないくらい多いみたいですね。だからタイトルも、popularを「よくある」と訳すのも一つの手だし、「家庭」というところに落として「家庭の力学」とする手もある。でもやっぱり「力学」の方は残したいね。

V　これ雑誌名なんですよね？

柴田　そう、雑誌名でもある。

V　だったら「家庭の力学」って言われたら「家庭の医学」っぽくていいかもしれない。

柴田　そうだね、「家庭の力学」がいちばんいいかなあ。「ナショナルジオグラフィック」と同じくらい知られているんだけど、日本ではそんなに知られていない。知られていれば「ポピュラーメカニックス」とカタカナのままでやるのも手だと思うけどね。

W　私はこれ、タイトルの含みを出すのに、文章もですます調で訳して、皮肉みたいなものをこめた方がいいかなあと思ったんですが。

柴田　そこまで性格悪くしなくてもいいんじゃないかな

(笑)。ここでのカメラ、語り手は無表情だと思う。ですますでやった方がはるかに皮肉は効くんだけど、そうすると語り手にある種の表情が出てきちゃう。

W　私もちょっとやりすぎかなあと思ったんですが。

柴田　そうですね。では、今度出してもらう課題、第五回のカルヴィーノはかなり難しいですから、早めに取りかかって来週の授業に遅れたり休んだりしないようにしてくださいね。それじゃ終わります。

教師訳例

日常の力学　レイモンド・カーヴァー

その日の早くに天気が変わって雪が溶けて泥水になってきていた。それが幾筋も、裏庭に面した肩までしかない小さな窓を伝って流れ落ちた。車が水をはね上げて、暗くなってきた外の通りを走っていった。だが中も暗くなってきていた。

彼がベッドルームで服をスーツケースに詰め込んでいると彼女が戸口のところに来た。

あんたがいなくなってせいせいするわよ！　いなくなってせいせいする！　と彼女は言った。聞いてるの？

彼はなおも荷物をスーツケースに入れていた。

ろくでなし！　あんたがいなくなってほんとにせいせいするわよ！

彼女は泣き出した。あんた、あたしの顔をまともに見ることもできないでしょ！

それから彼女は、ベッドの上にある赤ん坊の写真に目をとめ、それを手にとった。
彼がそっちを向くと彼女は目を拭って睨みつけたが、やがて彼に背を向けてリビングルームに戻っていった。
返せよ、それ、と彼は言った。
さっさと荷物まとめて出ていきなさいよ、と彼女は言った。
彼は答えなかった。スーツケースを閉めて、コートを着て、ベッドルームを一通り見渡してから明かりを消した。それから部屋を出てリビングルームに行った。
彼女は小さなキッチンの戸口に立って赤ん坊を抱いていた。
赤ん坊、よこせよ、と彼は言った。
気でも狂ったの？
狂ってなんかいない。赤ん坊、よこせよ。いろんな物は、あとで誰かに取りにこさせる。
この子に触ったら承知しないわよ、と彼女は言った。
赤ん坊はさっきから泣き出していた。彼女は赤ん坊の頭から毛布を外した。
おお、よしよし、と彼女は赤ん坊を見ながら言った。
彼が近寄ってきた。
来ないでよ！　彼女は言った。そして一歩キッチンの中に入った。
赤ん坊、よこせよ。
出てってよ！
彼女はうしろに下がって、レンジの奥の隅に赤ん坊を持っていこうとした。

だが彼は寄ってきた。レンジの手前から腕を伸ばして、両手で赤ん坊をぎゅっとつかんだ。

放せよ、と彼は言った。

あっち行ってよ、あっち行ってよ！　彼女は叫んだ。

赤ん坊は赤い顔で泣き叫んでいた。もみ合っているうちに二人はレンジの奥に掛かった植木鉢にぶつかり、鉢が床に落ちた。

それから彼は壁の方に彼女を追いつめていき、赤ん坊を放させようとした。赤ん坊にしがみついて、全体重をかけて押した。

放せよ、と彼は言った。

やめて、と彼女は言った。赤ん坊が痛がってるじゃないの、と彼女は言った。

痛がってなんかいない、と彼は言った。

キッチンの窓からは何の光も差していなかった。ほとんど真っ暗ななか、彼女がこぶしに握った指を彼は一本ずつ剝がしていき、もう一方の手で、泣き叫ぶ赤ん坊の脇の下、肩の近くをつかんだ。

指が力ずくで開かれるのを彼女は感じた。赤ん坊が離れていくのを感じた。

やめて！と彼女は、両手が外れてしまうのと同時に金切り声を上げた。

この子は渡さない、この赤ん坊は。彼女は赤ん坊のもう一方の腕につかみかかった。赤ん坊の手首をつかんで、体をうしろにそらした。

だが彼は放さなかった。両手から赤ん坊がすり抜けていくのを感じて、すごく力を入れて引っぱり返した。

このようにして問題は決着した。

村上春樹訳

ある日常的力学　レイモンド・カーヴァー

その日は早々と天候が一変し、雪は溶けて泥水と化した。裏庭に面した、肩の高さほどの小さな窓をそんな雪溶け水が幾筋もつたって落ちた。外の道路を車が次から次へと泥をはねかえして走っていった。窓の外では夕闇が暗くたれこめようとしていたが、家の内部もまたその暗さを増しつつあった。

彼が寝室でスーツケースに衣類を押しこんでいるときに、女が戸口にやってきた。

あんたが出ていってくれればすっとするわよ。本当にせいせいする！　と彼女は言った。聞こえた？

彼はスーツケースに荷物を詰めつづけた。

畜生！　あんたなんかいなくなって、まったくせいせいするわよ。

彼女は泣き始めた。ねえあんた、私の顔をちゃんと見ることもできないの？

それから彼女はベッドの上に置いてある赤ん坊の写真に目をとめ、それを拾いあげた。

彼は女を見た。女は涙を拭って、彼をじっと見た。それからくるっと向こうを向いて、居間の方に戻って行ってしまった。

おい、それを返せよ、と男は言った。

荷物まとめて、とっとと出ていきなさいよ、と彼女は言った。

彼は返事をしなかった。彼はスーツケースのふたを閉め、コートを着て、寝室を一度ぐるっと見渡してから電灯を消した。それから部屋を出て居間に行った。

彼女は赤ん坊を抱いて、狭いキッチンの戸口に立っていた。

赤ん坊を寄越せ、と彼は言った。

あんた頭おかしいんじゃないの？

おかしくなんかない。赤ん坊が欲しいだけだ。赤ん坊のものはあとで誰かに取りにこさせる。

この子には指一本触れさせないからね、と彼女は言った。

赤ん坊は泣き出していた。彼女は赤ん坊の頭のまわりに巻いた毛布をどかせた。

よしよし、と彼女は赤ん坊の顔を見ながら言った。

彼は女の方に近づいた。

よしてよね！　と彼女は言った。彼女は一歩キッチンの中に退いた。

赤ん坊を寄越せよ。

出ていってったら！

彼女は後ろを向いて、調理レンジの後ろの隅で赤ん坊を隠すように抱きかかえた。

でも彼はそこまでやってきた。彼はレンジ越しに両手を伸ばし、赤ん坊をぎゅっと摑んだ。

放せよ、と彼は言った。

出てってよ、出てってよ！　と彼女は叫んだ。

赤ん坊は顔をまっ赤にして泣き叫んでいた。揉み合っているうちに、二人はレンジの後ろに吊るされた植木鉢にぶつかった。植木鉢は下に落ちた。

彼はそれから女を壁に押しつけ、その手を放させようとした。彼は赤ん坊を摑んだまま力まかせに押した。

さあ、赤ん坊から手を放せったら、と彼は言った。

やめてよ、と彼女は言った。赤ん坊が痛がってるじゃない、と彼女は言った。

痛がってなんかないさ、と彼は言った。

キッチンの窓からはもう日は射さなかった。そのうす暗がりの中で、固く握りしめられた女の指を彼は片手でこじ開け、もう片方の手で泣きわめく子どものわきの下のあたりを摑んでいた。

彼女は自分の指がむりやり開かれていくのを感じた。赤ん坊が連れていかれるんだ、と彼女は思った。

やめて！　両手が外されてしまったとき、彼女はそう叫んだ。

この子は放すもんか、と彼女は思った。彼女は赤ん坊の一方の手を摑んだ。彼女は赤ん坊の手首を握って引っ張るように身を反らせた。

でも彼は赤ん坊を放そうとはしなかった。彼は赤ん坊が自分の手からするりと抜け出ていくのを感じて、力まかせに引っ張りかえした。

かくのごとくして、事態の決着がついた。

――『愛について語るときに我々の語ること』
（中央公論新社、1990年刊行）より

4

Haruki Murakami

Super-Frog Saves Tokyo

Translated into English by Jay Rubin

Katagiri found a giant frog waiting for him in his apartment. It was powerfully built, standing over six feet tall on its hind legs. A skinny little man no more than five-foot-three, Katagiri was overwhelmed by the frog's imposing bulk.

"Call me 'Frog'," said the frog in a clear, strong voice.

Katagiri stood rooted in the doorway, unable to speak.

"Don't be afraid, I'm not here to hurt you. Just come in and close the door. Please."

Briefcase in his right hand, grocery bag with fresh vegetables and tinned salmon cradled in his left arm, Katagiri didn't dare move.

"Please, Mr. Katagiri, hurry and close the door, and take off your shoes."

The sound of his own name helped Katagiri snap out of it. He closed the door as ordered, set the grocery bag on the raised wooden floor, pinned the briefcase under one arm, and unlaced his shoes. Frog gestured for him to take a seat at the kitchen table, which he did.

"I must apologize, Mr. Katagiri, for having barged in while you were out," Frog said. "I knew it would be a shock for you to find me here. But I had no choice. How about a cup of tea? I thought you would be coming home soon, so I boiled some water."

Katagiri still had his briefcase jammed under his arm. Somebody's playing a joke on me, he thought. Somebody's rigged himself up in this huge frog costume just to have fun with me. But he knew, as he watched Frog pour boiling water into the teapot, humming all the while, that these had to be the limbs and movements of a real frog. Frog set a cup of green tea in front of Katagiri, and poured another one for himself.

……………………………………………………………………………………

日本語原文

かえるくん、東京を救う　村上春樹

　片桐がアパートの部屋に戻ると、巨大な蛙が待っていた。二本の後ろ脚で立ちあがった背丈は２メートル以上ある。体格もいい。身長１メートル60センチしかないやせっぽちの片桐は、その堂々とした外観に圧倒されてしまった。

「ぼくのことはかえるくんと呼んで下さい」と蛙はよく通る声で言った。

　片桐は言葉を失って、ぽかんと口を開けたまま玄関口に突っ立っていた。

「そんなに驚かないでください。べつに危害をくわえたりはしません。中に入ってドアを閉めて下さい」とかえるくんは言った。

　片桐は右手に仕事の鞄を提げ、左手に野菜と鮭の缶詰の入ったスーパーの紙袋を抱えたまま、一歩も動けなかった。

「さあ、片桐さん。早くドアを閉めて、靴を脱いで」

　片桐は名前を呼ばれてようやく我に返った。言われたとおりドアを閉め、紙袋を床に置き、鞄を脇に抱えたまま靴を脱いだ。そしてかえるくんに導かれるままに台所のテーブルの椅子に座った。

「ねえ片桐さん」とかえるくんは言った。「お留守中に勝手に上がり込んでしまって、申し訳ありません。さぞや驚かれたことでしょうね。でもこうするよりほかにしかたなかったんです。いかがです、お茶でも飲みませんか？　そろそろおかえりだと思って、お湯をわかしておきました」

片桐はまだ鞄をじっと脇に握りしめていた。これは何かのいたずらなのだろうか？　誰かが着ぐるみの中に入って私をからかっているのだろうか？　でも鼻歌を歌いながら急須に湯を注いでいるかえるくんの身体つきや動作は、どう見ても本物の蛙だった。かえるくんは湯飲みをひとつ片桐の前に置き、ひとつを自分の前に置いた。

——『神の子どもたちはみな踊る』（新潮社、2000年刊行）より

柴田　今日は村上春樹の短篇「かえるくん、東京を救う」英語訳の冒頭部がテキストです。講義の途中で、いま来日中の英訳者ジェイ・ルービン先生が来てくれると思います。前の用事が済み次第来ると言ってたから、お楽しみに。では、いつものようにはじめましょう。

Katagiri found a giant frog waiting for him in his apartment. It was powerfully built, standing over six feet tall on its hind legs. A skinny little man no more than five-foot-three, Katagiri was overwhelmed by the frog's imposing bulk.

学生訳1

片桐がアパートの部屋に戻ると、巨大な蛙が彼を待っていた。それは二本足で立ち、身長は180センチを越える、非常に屈強な体格のものだった。160センチ足らずの華奢な片桐は、蛙のあまりの巨大さに圧倒された。

柴田　今回はいつもより話題が多そうですね。日本語の文章を英訳したものを、さらに翻訳しているから。もちろんこの訳文自体を問題にしていいし、村上春樹の原文をジェイ・ルービンが訳した英文を問題にしてもいいし、僕の訳例を俎上に載せてもいい。いろんな形で論じられますね。

さて、この冒頭の学生訳は、英文解釈的には何の問題もないですね。あとはトーンの問題。気になるのはこの「屈強な体格のものだった」という言い方。流れの中で似合う言葉と似合わない言葉があって、「屈強な」というのはちょっと浮くなあ。「非常に屈強な体格」はどうも人間っぽい感じがして、柔道の選手権に出てくる自衛官とか警官とかが思い浮かんでしまう。翻訳は語彙の豊かさが肝腎などと言いますが、むしろ、似合わない言葉を取り除いていく作業だと思います。

で、結論としては、「がっしりした」「がっちりした」とか言えばいいんじゃないかと。あと「体格のもの」っていうのは単純に日本語として変だよね。せっかく「それは」ではじめたんだから、最後で「もの」の代わりに「蛙」が使えますよね。

それから、「圧倒された」のところ。一般に、動詞で「〜する」と言う代わりに「〜してやる」とか「〜してしまう」

とかいった言い方を付け加えて肯定的な感じを出したり否定的に響かせたりできるのが日本語の便利なところですね。ここでの「圧倒された」は「〜されてしまった」だろうな。

A　hind legs っていう言葉なんですけど、「二本足」と訳してしまって構わないんですか？

柴田　どう思う？

A　蛙は四本足でベタッと地面にいるものであって、それが後ろ足で立っていることが異様なんですよね？

柴田　もちろん。

A　だからその「後ろ足」的なニュアンスは要らないのかなって。

柴田　「後ろ足」に変えてもたしかにいいですね。でもまあ、実はどっちでもいいんじゃないかな。蛙が二本足で立ってるって聞いたら、誰でも後ろ足で立っている姿を自動的に想像するでしょ。前足で立ってる姿っていうのは想像しにくい。逆立ちガエルになっちゃうから（笑）。

B　powerfully built を先生は「がっちり逞しい」と訳されていますよね。自分は「かなりがっしりとした」と書いたんですが、「かなり」はやめた方がいいんでしょうか。

柴田　「かなり」はやや中途半端な気がする。もちろん否定的ではないけど、素直に肯定的にも響かず、何か言いたいことを隠していそうで。「相当」だともう少し素直に響くかな。「すごくがっしりした」とかね。

学生訳１　修正案

　片桐がアパートの部屋に戻ると、巨大な蛙が彼を待っていた。それは二本足で立ち、身長は180センチを越える、すごくがっしりした体格の蛙だった。160センチ足らずの華奢な片桐は、蛙のあまりの巨大さに圧倒されてしまった。

じゃあ次。

> "Call me 'Frog'," said the frog in a clear, strong voice. Katagiri stood rooted in the doorway, unable to speak.

学生訳2
「カエル君って呼んでください」蛙ははっきりとした力強い口調で言った。
片桐は入口に張り付いたまま、何も言えなかった。

C 「カエル君って呼んでください」って書いてあるんですけど、この英語の文章だけからこの訳が出ますかね。
柴田 原文知らなきゃ出るわけないだろ、ってこと？
C うん、体格もいいし、力強い声だし、「カエル君」っていうのは……。この英文から素直に訳すとしたら単純に「蛙」かな。
柴田 やっぱりオリジナルがどうしても頭にあるんだろうね。僕もまったく同じことを考えて、自分ではとりあえず「かえる」とした。だけどオリジナルを愛読していれば、ここで「カエル君」が出てくるのはしょうがないよね。英文には特に「カエル君」というような、かわいらしいニュアンスはない。たくましいかえるが「ぼくのことはかえるくんと呼んで下さい」とかわいらしく言う、という落差がユーモアになっているわけですけど。このあたりはルービン先生が見えたら、ぜひ訊いてみたいですね。

ただ、この英語でもね、"Call me 'Frog'," said the frog ——かえるが「かえると呼んでくれ」と言ったという反復のおかしさはある。そのおかしさは何らかの形で再現したい。異なった言語間のユーモアや洒落は、同じような形で再現できるとは限らない。特に、文章の意図的なぎこちなさなんかは難しい。そういうのを別な形にして再現するという工夫はしていい。ここでも「かえるが『かえると呼んでください』と言う滑稽さ」を、「カエル君」という形で出す、と考えればいいかもしれませんね。

D　doorway っていう言葉が、よくわからなかったんですけど、どこを指すんですか？

柴田　ドアを開けたときに広がる、ドア前後の空間だね。

D　じゃこの人、ドアを開けて敷居をまたいだところで、硬直しているということですか？

柴田　そうだね。

D　何か適切な日本語はないですか？

柴田　まず一般論として、doorway に限らず door という言葉を訳すときにもっと翻訳で出てくるべき言葉は「玄関」ですね。ここにしても「玄関に凍りついた」でもいいね。村上さんの原文は「玄関口」ですね。ドアの呼び鈴が鳴って、「はいはい」と出ることを answer the door と言うけど、これも日本語だったら「玄関に出る」とかだよね。ただ、一軒家と違って、マンションだと「玄関」とは言いにくい場合もありますけどね。

学生訳2　修正案

「カエル君って呼んでください」蛙ははっきりとした力強い口調で言った。
　片桐は玄関に凍りついたまま、何も言えなかった。

じゃあ次行ってみよう。

"Don't be afraid, I'm not here to hurt you. Just come in and close the door. Please."

学生訳 3
「怖がらなくてもいいですよ。あなたに危害を加えるつもりはありませんから。ドアを閉めて中へどうぞ。さあ、どうぞ。」

柴田　これはほとんどの人が誤訳していました。これは前回も言ったけど、ほとんどみんな、hurt を「傷つける」と訳してるんだよね。受験英語でそう教えるんでしょうが、はずれ。たとえば、怪我をしている子どもに「痛い？」と訊くときに、"Does it hurt?" と言う。hurt は「傷つける」が基本的な意味だと思うと間違いで、自動詞なら「痛い」という意味が基本。他動詞だったら「痛くさせる」。"Let me go, you're hurting me."「離してよ、痛いじゃない」とかね。
　そのなかで、この学生訳の「あなたに危害を加えるつもりはありません」はいい。「ドアを閉めて中へどうぞ。さあ、どうぞ」の反復感もいいですね。ここは特に直す必要なし。じゃあ次、どんどん行きましょう。

Briefcase in his right hand, grocery bag with fresh vegetables and tinned salmon cradled in his left arm, Katagiri didn't dare move.

"Please, Mr Katagiri, hurry and close the door, and take off your shoes."

学生訳 4

片桐は右手に書類鞄を持ち、左腕には生野菜と鮭缶の入った買い物袋を赤ん坊みたいに抱えていた、動こうともしなかった。

「ねぇ片桐さん、早くドアを閉めて、靴を脱いでさ」

E はい質問。Katagiri didn't dare move. で、「動こうともしなかった」というところがちょっと気になって。これだと意志で動かない、という感じです。

柴田 選択してる感じね。なら「動けなかった」にするか。でもその前までの部分と較べて短すぎてバランス悪いから、「一歩も動けなかった」と言えばいいか。ほか、どうでしょうか？

E あのー、英文だと Please が印象的な感じで使われているんですけど、村上さんの原文を見てみるとあんまりそれが強く出ていない。

柴田 そうですね。

E この場合の Please のニュアンスはどういう感じになるんですか？

柴田 みんな、どう思いました？

F　僕はちょっとせっぱつまっている感じに訳しました。「早くドアを閉めて下さい、お願いします」みたいな。
柴田　なるほど。ほかの人はどうかな？
G　もう少し落ち着いた印象を受けたんですけど。たとえば、社員が社長室に呼ばれて、社長が「君、入りなさい」と言ったときみたいな重々しさ。全体的に空気がマッチョっぽいなという印象があったので、Pleaseはむしろ高いところから言っているような印象を受けました。
柴田　有無を言わせないって感じね。はい、Hさんは？
H　私は全体を通してすごく落ち着いた感じを受けたので、すごく丁寧な感じに訳しました。
柴田　はい、また手が上がった。I君は？
I　僕は「社長室」の方です。
柴田　なるほど。ほかには？
J　カエルは「ドアを閉めて」って繰り返し言っているので、「繰り返して申し訳ないけど」みたいなニュアンスかな。
柴田　謝ってる感じ？
J　そうですね。
柴田　なるほど……割れてるなあ。
　まず一般論からはじめると、pleaseを付けたからといって丁寧になるものではない、ということは頭に入れておいた方がいいね。すごーく威圧するときでもpleaseは使います。ほかにも、「もういい加減にしてくれ」という意味にもなりうる。“Please! Don't ask me the same thing over and over again!”「もう！　何度もおんなじこと訊かないでよ！」とかね。
　もちろんここではそこまで苛立っちゃいないけど、逆にすごく腰を低くして頼み込んでいるという感じもしないですね。

Please, Mr Katagiri, hurry and close the door っていうのは、どっちかっていうとせかしてる感じかな。だから片桐より上に立ってるイメージ——社長室で社長が部下が入ってくるのを待っているような——を弱めに出すくらいがちょうどいいかもしれない。「さぁ早く入って下さいね」という感じで、口調はあくまで丁寧だが、姿勢とか態度には有無を言わせないものがある。そんなふうに感じとるのが妥当だと思う。

で、「ねぇ片桐さん……」というこの学生訳、そうやって上から喋ってる感じはよく出てるんだけど、ちょっとヤーさんっぽいなあ（笑）。突然ヤクザが入ってきたような、そういうすごみがあるかもしれない。おもしろいけど、原文のニュアンスとは違うかな。まあこのトーンで行くんなら、これで統一すればそれはそれでいいかもしれないけど。

この訳で面白いと思ったのは「赤ん坊みたいに抱えていた」っていうところね。工夫は買うけど、結論としては、ちょっと強すぎる。たしかに cradle は「揺りかご」という意味だけど、cradled in his arm と聞いていちいち赤ん坊を思い浮かべるわけではないから。でも勇み足とはいえ、方向性としては共感しますね。

学生訳 4　修正案

片桐は右手に書類鞄を持ち、左腕には生野菜と鮭缶の入った買い物袋を抱えて、一歩も動けなかった。
「ねぇ片桐さん、早くドアを閉めて、靴を脱いでくださいよ」

じゃあ次。

The sound of his own name helped Katagiri snap out of it. He closed the door as ordered, set the grocery bag on the raised wooden floor, pinned the briefcase under one arm, and unlaced his shoes. Frog gestured for him to take a seat at the kitchen table, which he did.

学生訳 5

自分の名前を聞くと、やっと片桐は我に返った。指示通りにドアを閉め、一段高くなっている木の床に買い物袋を置き、書類カバンを小脇に抱え、靴紐を解いた。フロッグはキッチンのテーブルに座るようにとジェスチャーした。言われたとおりにした。

柴田　ここでも言葉だけでなくジェスチャーだけで相手を動かしていて、怖そうというか強そうですよね。

K　「一段高くなっている木の床」っていうのは、直訳すればそうなんでしょうけど、日本を舞台にしていることはわかっているので、「床の上」とか「廊下の上」とか、それだけで十分じゃないかなって思いました。

柴田　そうですね。原文は単に「床」だっけ？　そうだね。それが the raised wooden floor となっているあたりに、英訳者の工夫を感じさせますね。

その前で、靴を脱げとかえるが言っているでしょ。ひょっとすると英語圏の読者は、なんか異様なことを命令しているんじゃないかと思ってしまうかもしれない。まあそこまでは思わないとしても、なんとなく変な印象を持つかもしれない。

でもそこで「一段高くなっている木の床」となっていると、靴を脱ぐという仕草も自然に思える。そういうのは訳者の工夫なんですね。でも、それをまた訳し戻すときにどうするかはややこしいですよね。日本を舞台にした英語の文章を日本語に訳すときは、そういう表現をあえて訳さないというのは一つの見識だと思いますね。

あと、さっきの「屈強」という言葉がぴんと来ないのと同じように、この「指示通り」というのも「言われたとおり」くらいの方が僕は好きですね。

それから、これは僕個人が病的にこだわることなんだけど、語尾ね。翻訳をしてゲラを読んで、もう一度ゲラを読んで——要するにもうすぐ印刷ってとき——最後の手直しをしますね。そのときになっても語尾ばかりさんざんいじっています。「行き」にするか、「行って」にするか、とか。

ここでは、「ドアを閉め、一段高くなっている木の床の上に買い物袋を置き、小脇に抱え……」というところね。「閉め」にするか「閉めて」にするか、「置き」にするか「置いて」にするか。翻訳に興味のない人にはまったくどうでもいい問題かもしれない。意味的には全然変わらないものね。でも文章のリズムは微妙に変わります。あえて一般化すれば、「〜し」「〜し」と続けると、きびきびした感じになりますね。これを三連発でやると、片桐さんがすごくてきぱき行動してるような印象を与えそうなので、「抱え」を「抱えて」にするかな。好みの問題かもしれないけど、とにかくこういう使い分けで、けっこうトーンが変わってくることは意識してほしいですね。

K　gesture が、先生の訳ではちょっと強い感じ……。

柴田　「身振りで合図する」か。
K　「勧めた」と訳したんですけど、それだと言葉が入っているような感じになりますかね。
柴田　「勧めた」っていうと、要するに言葉でやったのか仕草でやったのかわからないのが難だね。僕は「身振り」という言葉と「合図」という言葉を両方使ったけど、考えてみると「身振り」はなくてもいいかもね。「合図する」くらいの方がいいかもしれないね。
　この学生訳は「フロッグ」と「キッチン」と「ジェスチャー」、カタカナが多すぎる感がある。僕だったらまあ、gesture は「合図」と訳すかな。
K　kitchen table を「食卓」と訳すのはまずいですか？
柴田　いいんじゃないかな。ついでに言うと、英語だと sit at the table とか sit at the desk って言い方ができるわけですよね。日本語で「テーブルに座る」と言うと、本当にテーブルの上に座っちゃうという意味なのか、テーブルの前の椅子に座るのかよくわからない。些細な問題だけど永遠の問題ですね。「食卓に座る」でわかってくれるかなと思えばそれでいいし、心配になると僕は「キッチンテーブルの椅子に座る」と訳したりします。
K　「食卓につく」というのは……
柴田　もちろんそれはあるね。ただ案外、そういうちゃんとした言い方が似合わない文体が現代小説では多いんだよね。
L　あの、一人暮らしのアパートで、日本語の「食卓」というのは使わないと思う。
柴田　四人くらいいないと「食卓」とは言わないか。
L　あと、gesture が「合図」だと……

（突然、ジェイ・ルービン教授が教室に登場！）

柴田　えー、Professor Rubin …

ルービン　え？　英語でやるんですか？

柴田　あ、はい、日本語でやりましょう。僕の下手な英語をみんなが聞く必要はない（笑）。

ルービン　そんな、とんでもない。（一同笑）

柴田　やりにくいなあ（笑）。ではルービン先生には、とりあえずいまの話の続きをちょっと聞いてもらおうかな。いいですか？

ルービン　ぜひ、それでお願いします。

柴田　えーと、この部分の学生訳はごらんのとおり「フロッグはキッチンのテーブルに座るようにとジェスチャーした」とカタカナが多すぎるから、たとえばgestureは「合図」、kitchen tableは「食卓」という言葉にした方がいいんじゃないかと。でも片桐はアパートの一人暮らしだから、一人暮らしの小さなアパートのキッチンテーブルは「食卓」という言葉にはふさわしくない。「食卓」とは四人家族とかがいるところに使うのがふさわしいんじゃないか、というような話をしていました。続きは？

L　gestureっていう言葉に、カエルの丁寧さが感じられる気がしたんです。「合図」だとそれがなんかちょっと……。

柴田　いばってる感じ？

L　はい。日本語で言えば「招く」みたいな意味合いが欲しいと思いました。

柴田　「招く」ね。このgestureに丁寧な感じはあるかな？

ルービン　村上さんの原文はどうなっているの？

柴田　原文はね、「かえるくんに導かれるままに台所のテーブルの椅子に座った」なんだね。

ルービン　そう具体的でもないですね。

柴田　そうなんですね。

L　「促す」ではどうですか。

柴田　「促す」ね。

M　いや、そうじゃないでしょう。「促す」だとジェスチャーに加えて、もしかしたらここで何か言っているかもしれない感じが出てしまう。

柴田　動作と一緒に言葉が出ている感じか。

N　いやいや、「促す」は英語だと urge という言葉が一番はまる。urge だと体だけでやったということにできないところが問題だと思う。

ルービン　そうですね。

柴田　英訳の話か和訳の話かわからなくなってきたな（笑）。とりあえず和訳の問題を片付けると、何かを言ったわけではなくてボディランゲージで伝えたんだってことをはっきりさせるためには、「合図する」という言葉が一番無難ではあるんだよね。

N　でもそれはもうひとつ漠としてる感じが。

柴田　うん、そうだな、漠然としてる。それにさっきから言っているように、gesture という言葉に較べて「合図」という言葉はちょっと冷たく重く響くしね。

N　「指さす」とまで言っちゃだめですよね？

柴田　「指さす」、いいかもしれない。「蛙がテーブルを指さすので、片桐はそこに座った」というのもアリですね。うん、それが一番自然な気がする。そうしよう。

学生訳5　修正案

　自分の名前を聞くと、やっと片桐は我に返った。言われた通りにドアを閉め、木の床に買い物袋を置いて、書類カバンを小脇に抱え、靴紐を解いた。フロッグがキッチンのテーブルを指さすので、そこに座った。

じゃあ次。

> "I must apologize, Mr Katagiri, for having barged in while you were out," Frog said. "I knew it would be a shock for you to find me here."

学生訳6

「あやまらないといけないね。カタギリさん。あなたがいない間に無理矢理部屋にあがりこんだりして」カエルは続けた。「僕がここにいることであなたはショックを受けるだろうと思う」

C　「カエルは続けた」なんですけど、ここはただ誰が喋っているかを示すためにFrog saidが入っているだけと思えたので、「続ける」じゃなくて普通に「言った」でいいんじゃないかなと。

柴田　そうだね。もっと言えば、日本語ではこれを蛙が言ってることは明らかだし、全部取っちゃう手もありますよね。でも取るとリズムが変わっちゃうから、一呼吸あった方がいいかもしれない。という意味では、「続けた」でも「言った」

でもどっちでもいいんじゃないですか。英語だと誰が言っているかをはっきりさせるためにhe saidとかshe saidとか言うわけだけど、日本語では言葉づかいでたいていは誰が言っているかわかるから、訳すか抜くかは、むしろリズムとのかねあいですね。

N　I must apologizeのところで、「あやまらないといけないね」ってところがちょっとカジュアルというか、気安すぎる。

柴田　もう少し丁寧な感じがいい？

N　「申し訳ありません」くらいの方がいいのかなあと。

柴田　なるほど。さっきのPlease, Mr Katagiri, hurry and close the doorのところでも言ったとおり、言葉としては腰が低いんだけれども、このかえる君は決して態度は卑屈だったり低姿勢だったりするわけではないんですね。だから、丁寧だけど姿勢としてはちょっと威張った感じが欲しい。そういう意味では「あやまらないといけないね」もいいんだよ。ただちょっと、ヤーさんが謝ってる、という気がしないでもない。反面そのあとの「僕がここにいることで……」が全然ヤーさんぽくないので、そのへんの不統一が気になる。「申し訳ありません」あたりが無難かな。

O　今回は元々が日本語の作品だったので、それを意識して訳していたんです。たとえばwhile you were outというところも、英語の作品だったら僕は「外に出ていた」にしたと思うんですけど、日本語だったということを考えると、「留守」という方が自然かと思ってそのように訳したんです。たとえばこの原文が英語だったとしても、「留守」という言葉を使った方がいいんでしょうか？

柴田　そう思いますね、その例に限って言えば。while you were out っていうのはもちろん「あなたがいない間に」でもいいんですけど、「お留守の最中に」という日本語の方が近い。
N　ここは「無理矢理」は要らないんじゃないですか？
柴田　「あなたがいない間に部屋にあがりこんだりして」だけでいいんじゃないかってことね。そうだよね。「無理矢理」というと相手が嫌がったのに入った感じがする。それに、漢字が六文字も続くのは多すぎるね、「無理矢理部屋」って。四文字を超えて漢字が続くとちょっと見づらい。
N　「ショックを受ける」というところなんですけど、「びっくりする」の方が合う。日本語で「ショックを受ける」と言うと、何か嫌なことがあった精神的なショックとか、電気を使って体に衝撃を与えるとか、二通りあると思うんですけど。この場合は、いきなり蛙を見つけてびっくりする場面だから、「ショックを受ける」っていうのは相応しくない気がします。
柴田　なるほどね。そうすると「びっくりなさるだろうと思った」とか、そんなふうに訳すかな？　たしかに、shock という言葉は要注意。ユアグローの回でも言ったけど、たとえば、誰かが殺されかけたような体験をしたあとに He seemed to be in shock とあったら、「ショックを受けているように見えた」では弱すぎますよね。「大きな精神的打撃を受けているようだった」とかにしないと。つまり、shock はすごく強い意味にもなるんですよね。でも、この場合の shock はもちろんそこまで強い意味じゃない。逆に、日本語の「ショック」では強すぎるってわけだね？
N　そうです。

柴田　単に「びっくりなさる」くらいでいいだろうってことだね。英語のshockはすごく意味の幅が広い上に、なまじ「ショック」という日本語ができてしまっているためについそのまま訳してしまいがちなので、気をつけないといけない。つねに文脈を考えないとね。

学生訳6　修正案
「申し訳なかったですね、カタギリさん。あなたがいない間にあがりこんだりして。僕がここにいることで、びっくりなさるだろうとは思ったんです」

じゃあ次に行きますか。

"But I had no choice. How about a cup of tea? I thought you would be coming home soon, so I boiled some water."

学生訳7
「でもしかたがなかったんだ。お茶なんかどう？　もうすぐ帰ってくると思ったから、お湯を沸かしておいたんだ」

柴田　この訳に限らず、わりとカエル君の声を、インフォーマルに訳している人が多かったね。でも、ルービン先生のイメージではもう少しフォーマルですよね。
ルービン　もうちょっと……なんて言うんですかね、硬い表現ですよ。形式張っていると言った方がいいかな。
柴田　そういう感じがありますね。だからpleaseという言葉を入れるにしても、別に腰が低いわけではない。

ルービン　蛙はただの動物にすぎない。動物が形式張った言い方をするのは滑稽でしょ。

柴田　そうですね。そこはみんな、どう思う？

H　私も蛙はすごく丁寧な口調で話しているような印象を受けました。さっきの please でも、蛙は片桐を落ち着かせようとしているみたいな感じ。

柴田　うん、別に脅かそうとはしてないですね。怖がらせようともしてなくて、むしろ落ち着かせようとしている。一段上から、優しく……ではないんだけど、なるべく片桐の興奮を取り除くようなかたちで振る舞っていますよね。

そうすると、「お茶なんかどう？」は、ややカジュアル過ぎるだろうね。もちろん「お茶なんかどう？」というトーンが統一されていれば、それはそれで一つのやり方。一般論だけど、翻訳で一番いいのは、原文と同じトーンで統一されている訳文。次にいいのは、原文とはちょっと違うトーンだけど、それ自体ではトーンが統一されている訳文。全然トーンの統一がない、丁寧だったり丁寧じゃなくなったりして、「こいつ、性格分裂してんじゃないの？」と思わせちゃうような訳文は一番まずいですね。

あと、soon を「早く帰ってくると思ったから」と訳してしまう、という基本的な間違いがけっこう多かったね。この訳のように「もうすぐ帰ってくると思ったから」が正しい。soon という言葉を見て「じきに」「そろそろ」なんて言葉が浮かんでくるといいですね。村上さんの原文も「そろそろ」です。

P　But I had no choice っていう表現に、原文の「しかたがない」にはない切迫感が加わっているように感じるんですが。

柴田　I had no choice ね。でもこれは「しかたがない」っていう日本語とそんなに変わらない言い方だよね？

ルービン　「しかたがない」っていう日本語の表現にぴったりあう英語の表現ってないんですよね。

柴田　まさに「しかたがない」から I had no choice になるってこと？（笑）いかにも日本的な言い方だものね。たとえば There was nothing I could do と言うと、「しかたがない」独特の諦念はこもらないし、何というか、重すぎる。だから、まったく同じではないにしても、まあ I had no choice が比較的近いかなあ。

P　「しかたがなかった」は、前後のつながりを考えると、「こうするしかなかったんです」って訳した方がいいんじゃないですか。

柴田　「こうするしかなかった」か。確かに明快になりますね。それくらいでいいか。全体にもうちょっとフォーマルにして、

学生訳 7　修正案

「でもこうするしかなかったんです。お茶でもいかがですか？　もうすぐ帰っていらっしゃると思ったので、お湯を沸かしておいたんです」

Katagiri still had his briefcase jammed under his arm. Somebody's playing a joke on me, he thought. Somebody's rigged himself up in this huge frog costume just to have fun with me.

学生訳 8

片桐はかばんを脇でぎゅっと握りしめていた。誰かがジョークでやっているんだ、と彼は思った。誰かが、いたずらしようとこんな大きなかえるの着ぐるみに入ってわたしを驚かせようとしているんだ。

柴田　ここはどうかな。僕の訳のことでもいいけど。

N　じゃあ、はい。Katagiri still had his briefcase jammed under his arm を先生は「小脇に抱えたまま」って訳してあって、その前に出てくる pinned the briefcase under one arm も同じように「脇に抱える」と訳していますよね。jam はぎゅっと押しつけるイメージで、しかも still っていう言葉を使っているので――脇に挟んで、ぎゅっと抱えるような片桐の緊張感を表わした方がいいんじゃないですか？

柴田　なるほど。pinned よりも jammed の方が力が入っている感じなのに、僕の訳だと pinned が「脇に抱えた」、jammed が「小脇に抱えたまま」であまり変化が出ていない。そのとおりだね。この学生訳みたいに「脇でぎゅっと」くらいの方がいいってことか。緊張が強まっていく感じが出た方がいいね。

N　「鞄を脇でぎゅっと抱え込んでいた」はどうですか？

柴田　「抱え込んでいた」に「ぎゅっと」は要らない気がする。「脇で抱え込んでいた」だけでいいんじゃない？　jam って言い方はものすごく強いわけじゃないから。

ルービン　でも「ぎゅっと」っていうのはなかなか効果的じゃないかな。

柴田　じゃ、そうしますか。「ぎゅっと抱え込んでいた」「ぎゆっと抱えて」でいいか。

ルービン　たとえば「じっと」とか、息がつまるような雰囲気を伝える日本語が入っていたら、訳すときもそれに当たるような動詞を使います。jam もそれと同じです。

柴田　英語は擬態語がないってよく言われますが、そういうニュアンスは動詞に入っているわけですよね。

ルービン　英語は動詞がものすごく強い。日本語はだいたい副詞プラス動詞を使うと強さが出るけど、そのまま英語にするとせっかくの強さがなくなる。だからなるべく強い動詞を使って、副詞を使わないようにしています。

柴田　そうですね。逆に言うと、たとえばバリー・ユアグローという作家は、めったに walk とか run とか言ったりしない。常に擬態語的な動詞を使うんです。それを日本語に訳すと「トコトコ歩く」「ばたばた走る」とか擬態語がすごく多くなっちゃったりするので、むしろそれを抑えて訳さなきゃいけないくらい。

それから、この学生訳の最後のセンテンス、「誰かが」のあとの読点はまずいよね。「誰かが〜しているんだ。誰かが〜しているんだ」と反復でリズムを作れるのに、それが消えてしまう。

P　それに「誰かが、いたずらしようとこんな大きなかえるの着ぐるみに入ってわたしを驚かせようとしているんだ」っていうのがちょっと長いです。

柴田　ここはやや重いよね。「いたずらしようと」がなくてもいい。読点を入れるなら、「誰かがこんな大きなかえるの着ぐるみに入って、わたしを驚かせようとしているんだ」だね。

英文では “Somebody's rigged himself up in this huge frog costume just to have fun with me.” だから、「驚かせようとしているんだ」があれば意味としてはだいたい伝わりますね。ただ、have fun という言い方にもう少し忠実にやろうとすれば「わたしをからかおうと」の方が合うかもしれないな。

N　あと、「ジョーク」って言われると日本人は「冗談」のことだって思いませんか。

柴田　言葉遊びだと思ってしまうってことね。うーん、この人はうしろで「いたずら」って言葉を使っちゃってるから、別の言葉にせざるを得なくて「ジョーク」にしたんだろうね。でも「いたずら」はさっき削除したから、joke のところに使えばちょうどいいわけだ。「誰かがいたずらで……」。

Q　先生、そこのところでちょっと。Somebody's playing a joke on me っていう言い方は「誰かが」やっているっていうよりも、むしろ「冗談だろこれは？」って思っている自分の方に意識が行っていると思うんですよ。

柴田　それは鋭いな。

Q　これが英語の原文であったとしたら、somebody を意識して訳す必要はないのでは？

柴田　つまり日本語で「これは冗談だ」と言うときでも、英語では This is a joke と言う以外に Somebody's playing a joke on me といった言い方もあるだろうってことね。まったくそのとおりですね。だからこれは「これは冗談に違いない」というような訳でもいいだろうってことです。そういえば村上さんの原文でも、「これは何かのいたずらなのだろうか？」となっていて「誰かが」とは書いていませんね。

R　村上さんの原文だと「これは何かのいたずらなのだろう

か？」と疑問形になっているんですけど、ルービン先生があえてそれを疑問にせず訳している理由は何ですか？

柴田　そうですね、Somebody's playing a joke on me, he thought. となってますね。ジェイ、これを疑問形でやるとどうなるかな？

ルービン　Could this be a joke かな。えーと、これはどうしてこういうふうに書いたんだっけな（笑）。

R　村上さんの原文はつぶやき感があると思うんですよ。「なんかのいたずらなのかな」っていう、ぼそっとした感じが。疑問形にせず、somebody の方が、ぼそっと言ってる感じがするからじゃないですか？

柴田　そうですね。Could this be a joke? だと「ひょっとして冗談だろうか？」というふうに割と理知的に疑ってる感じがする。頭の中で想いが湧いてくる感じは、この Somebody's playing a joke on ... の方が出ていて、原文に近いかな。

R　逆に英訳を和訳した学生の文章を見ると、自分に言い聞かせているような訳になっている。

柴田　「誰かがいたずらしているんだ」ってね。

R　英訳も、それに基づく重訳日本語訳も、元と違いが出ないように訳してあるのに、結果的にかなり違う日本語になっている。

柴田　翻訳者は、自分の翻訳が原語に戻されたときにどうなるかってことまで計算して翻訳してるわけじゃないからね。

ルービン　うん、ふだんはそんな作業はしなくていいから、こういう機会は勉強になるね。

柴田　原則として、英訳を日本語に戻して結果的に違う意味の日本語が出てくるからといって、ずれた訳文だということにはならない。ここでは、頭の中で疑問が湧き上がってる感じが村上さんの原文にはあって、英訳からも疑問が湧いてくる感じが同じように伝わってくる。だからこれでいいんだと思います。見かけが疑問文か平叙文かは、本質的な違いではないということね。

学生訳8　修正案

片桐はかばんを脇でぎゅっと抱えていた。誰かがいたずらでやってるんだ、と彼は思った。誰かがこんな大きなかえるの着ぐるみに入って、わたしをからかおうとしているんだ。

じゃあ次に行こうか。

But he knew, as he watched Frog pour boiling water into the teapot, humming all the while, that these had to be the limbs and movements of a real frog. Frog set a cup of green tea in front of Katagiri, and poured another one for himself.

学生訳9

しかし、鼻歌を歌いながら急須にお湯を注いでいるかえるの姿をよく見る限り、それが本物のかえるの体であり、しぐさであるとしか考えられないことは明らかだった。かえるは湯飲みをひとつ片桐の前に置くと、もうひとつ自分の分を注いだ。

S　はい。英文の方では a cup of green tea になっているんですが、学生訳だと「緑茶」だと明言されてないですよね。「急須」でなんとなくわかるとは思うけど、もしかすると紅茶とかジャスミンティーとかにとられかねない。

T　そうですか？　日本が舞台でお茶って言ったら、普通は緑茶じゃないですか。ここはいいかなって思いますけど。

柴田　えーと、「急須」って言葉がまずあって、「湯飲み」があるから、緑茶かほうじ茶か玄米茶かはともかく（笑）、日本茶だってことはわかるからいいんじゃないかな。

green tea という言葉が英文にあるから、teapot を「ティーポット」ではなくて「急須」にしていますよね。さっきの kitchen は「キッチン」でも「台所」でも、訳者の趣味によってどっちでもいいと思いますが、この teapot は「急須」の方がいい。だからこの学生訳はいいですね。

humming all the while を、蛙だからといって「ゲコゲコ鳴きながら」と訳した人もいたけど、それは違うんじゃないかな。そうすると本当に普通の蛙みたいです。蛙が「ふんふんふん」とか鼻歌歌いながらお茶を出しているっていうのが可笑しいんだよね。humming は「ゲコゲコ」という意味じゃないし。

U　「かえるはお茶を一杯、片桐に差し出した」じゃあだめですか？　いや、つまり「湯飲み」という一言がどうしても必要なんでしょうか。

柴田　うーん、それはそれでいいかもしれませんね。ただ、強いて言えば Frog set a cup of green tea っていうのは、具体的に物を「トンと置いた」っていうニュアンスがはっきり出ている。それを活かすには「湯飲み」という一言があった方がいいかなあ。

Q　それから「しぐさであるとしか考えられないことは明らかだった」って、長いわりにわかりにくくないですか。「しぐさであるとしか思えなかった」とか。

柴田　なるほどね。その方がいいね。

U　あと、「かえるの姿をよく見る限り、それが本物のかえるの体であり、しぐさであるとしか思えなかった」っていうのも、「体もしぐさも本物のかえるのそれだとしか思えなかった」というふうに削れるんじゃないか。「、」が多いのが嫌なんですよ。

柴田　うん、それもアリかな。でもこの訳はわりと好きなんだよな。……うーん、それに limbs と movements ってちょっと違うものだから、やっぱり削らない方がいいよ。たとえば arms and legs だったら同じ範疇同士だから、「腕と足」というふうにつなげちゃっていいと思うんだけど。limbs と movements ってちょっと次元が違うから「、」を増やして、クッションを置いた方が頭に入りやすい。

Q　だったら、「体も、しぐさも」ってあいだに「、」を入れましょうよ。

柴田　うん、それもいいね。

V　出だしの he knew はすごく訳しづらいです。これは訳さないという方法もアリですか？

柴田　いや、何らかの形で反映させたい。この学生訳でも「〜であるとしか考えられない」という言い方で再現されているよね。「それが本物のかえるの体であり、しぐさだった」だけでは不十分。

V　「〜であることは間違いない」くらいではどうでしょ

う？

柴田　それもアリだと思う。たとえばここでも、「よく見る限り」のあとに「間違いない」って入れる手はあると思うよ。「よく見る限り、間違いない、それは本物のかえるの体であり、本物のかえるのしぐさだった」。

he knew とか I thought とかいうのは英語では文の途中に入っている場合がけっこう多い。それが日本語だとどうしても最後になってしまいがち。それをこの「間違いない」のようにして先に入れて、センテンスがどういう方向に行こうとしているかをガイドするのがいいですね。

V　学生訳で「かえる」が三回出てきているんですけど、二つ目の「かえる」は英文だと小文字の frog なので、大文字の Frog と小文字の frog を平仮名と漢字とか、カタカナにして訳し分けた方がいいんじゃないかな。

柴田　一つ目と三つ目が Frog と大文字になっていて、二つ目だけ小文字、ならば二つ目を漢字にする——とかそういうこと？　これはなかなか難しい。それも一つの手なんだけど、読者から見ると「ここがなんで漢字なんだ？」っていう根拠がわからないかもしれないからね。もちろん原則論としては、英語の原文では大文字と小文字に使い分けられているから、その違いは再現した方がいいんですが。

V　あの、英文の Frog の F が大文字なので、そこはちょっと違和感を出すべきだと思うんですよ。平仮名の「かえる」は違和感が一番ないし、漢字の「蛙」でもあまり違和感はないんで、Frog を訳すんならカタカナの「カエル」がいいと思う。

柴田　カタカナなら違和感があるってこと？

V　外来語はカタカナで書くんで、日本語じゃないみたいでひっかかる感じがあるでしょ。

柴田　そうかなあ。ほかのみんなはどう思う？

W　どうせカタカナにするならFrogを固有名詞として扱いましょうよ。

柴田　「フロッグ」ね。

X　そのままカタカナにして名前みたいにしちゃう。アメコミのヒーローっぽい感じ。スーパーマンみたいな。

柴田　なるほどね。Fが大文字になっている珍しさ、へんてこさを出すんだったら「フロッグ」にするのが一番いいだろうなあ。カタカナで「カエル」と書いても僕はそんなに違和感ないと思う。動物や昆虫の名前って、けっこうカタカナで書くわけでしょ。ハチっていうのを平仮名で書く人はまずいないじゃない？　ゴキブリをさ、漢字で「蜚蠊」って書く奴いるか？（笑）。

W　先生のおっしゃることと似てるんですが、カタカナで書くと違和感があるっていうよりは、人間をカタカナで「ヒト」って書くみたいに、生物の分類上の書き方という気がします。

柴田　そうだね。そうすると大文字のFrogはカタカナで「フロッグ」と訳せばいいかな。でもそうすると、化け物っぽさが強すぎるという気もするね。そうだなあ、ひとつの手としては、大文字のところは常に傍点をつけるという手もある。かえるというふうにして、普通に言う蛙とは違うということを伝える。でもそれも不自然か。まあ、ここではとりあえず、二つ目の小文字を漢字にすることで処理しましょうか。

ルービン　あの、「くん」と「さん」の使い分けの話はしたんですか？
柴田　あ、そうか。「かえるくん」と「かえるさん」だ。
ルービン　そこが一番頭を悩ませたところなんですけど。
柴田　そうか、そうか。課題文はここまでなので、片桐が「かえるさん」とつい言ってしまうところがまだ出てきていないんですね。このあとを読んでいくと、片桐はつい、「かえるさん」と言ってしまう。すると蛙は指を一本立てて、「かえるくん」と言い直す。そこについてはどういった苦労があったんですか？
ルービン　どうしたらいいかな、と思ったんです。英語には「くん」と「さん」の区別がないから、ローマ字で「kun」と「san」と書いて注をつけるというのも考えたんだけど、それは避けたかった。考えに考え抜いて、やっとそれより簡単な解決策に至ったのが、大文字でFrogと書いて名前のような感じを与えることでした。原文を読んでいると、言い直すシーンがたびたび出てきて、それがある種の冗談になっているんですね。読者を笑わせる効果を英語に反映させるという意味で、我ながらなかなかよくできたんじゃないかと思っているんです。
柴田　「かえるさん」がMr. Frog、「かえるくん」がただのFrog。「かえるさん／かえるくん」のフォーマルさの違いと、Mr. Frog/Frogとのフォーマルさの違いも、だいたい等価になっていますよね。

学生訳0　修正案

しかし、鼻歌を歌いながら急須にお湯を注いでいるかえるの姿をよく見る限り、間違いない、本物の蛙の体であり、しぐさだった。かえるは湯飲みをひとつ片桐の前に置くと、もうひとつ自分の分を注いだ。

柴田 ところで、タイトルだけはSuper-Frogとなっています。これはどうしてですか？
ルービン 彼が自己紹介するところまで読まないと、Frogという大文字に独特の意味があることが読者にはわからない。だから、せめて題名で独特さを伝えようと思ったんです。
柴田 Frog Saves Tokyoとは言えなかったんだ。
ルービン 言えないことはないんだけど。
柴田 インパクトがないってこと？
ルービン そう、インパクトがまったくない。それに、Super-Frogだと、ちょっとしたヒントみたいなものを読者に与えることになるんですよ。どういう話であるとか、文章の調子であるとか、諸々の要素を匂わせるような感じになる。
ところで、この“Call me ‘Frog’”という言い方、みなさんは何か思いつきました？　これ、『白鯨』の書き出しのもじりなんですね。*Moby-Dick*の書き出しの、有名な一文です——Call me Ishmael. “Call me ‘Frog’”という言い回しは、それを彷彿とさせるんです。
柴田 そう言われてみれば。
ルービン たぶん気が付く人は一人もいないんじゃないかな(笑)。
柴田 村上さんの原文「僕のことをかえるくんと呼んでください」は、「俺のことをイシュメルと呼んでくれ」っていう文章をふまえてるわけではないんだけど、翻訳に原文にはないちょっとしたジョークを滑り込ませるっていうのはいい。時々僕も似たようなことをやります。やっぱり誰も気付いてくれないけど（笑）。

ルービン　オリジナルの良さを、違う方法で取り入れるのは悪いことじゃない。

柴田　まったくそのとおりですね。あと、すごく細かいところだけど、僕も質問。村上さんの原文で「左手に野菜と鮭の缶詰の入ったスーパーの紙袋」というところがあって、ジェイの英訳では "grocery bag with fresh vegetables and tinned salmon cradled in his left arm" となっています。この fresh って言葉は必要なの？　それとも fresh vegetables and tinned salmon って、and を挟んで言葉が二つずつあることでリズムがよくなるのだろうか？

ルービン　あのね、fresh を入れないとイメージが湧かないんですよ。

柴田　そうか、アメリカでは vegetables って言うと冷凍食品の四角に切り刻んだ野菜とかを思い浮かべちゃうんだね。日本語で「野菜」と言えば、四角に切った冷凍人参なんかじゃなくて当然キャベツやレタスといった生野菜だけどね。それで fresh が要るわけか。うーん、こういうところが翻訳の難しいところですよね。

ルービン　ねえ、この英文はイギリス版でしょ？

柴田　え、そうだっけ。

ルービン　この tinned は僕の使った言葉じゃない。tinned はイギリス英語ですよ。僕の訳では canned なんだけど。

柴田　あ、そうか。アメリカ英語では canned か。イギリス版は勝手に直しちゃうの、そういうの？

ルービン　うーん、直されたんだなあ。
Y　あのー、すみません、ちょっと質問よろしいですか。アメリカ人って日本の小説を読みたがるんですか？
ルービン　ん、そんなでもないですよ。もちろん、そういう変人もいるけど（笑）。この十年間くらい、主に村上春樹のものだけがよく読まれています。そうだなあ、彼だったら十万人くらいの読者がいるんじゃないのかな。ベストセラーにはとてもなれませんけど。
Y　いまルービンさんは芥川龍之介も訳されているんですよね。芥川を読みたがる人がいるんですか？
ルービン　『羅生門』という黒澤明監督の映画の原作ということで知っている人がけっこう多いんですよ。じつはRashomonっていう言葉もわりと広く使われているんですね。「ああ、あれはラショモン的なことだね」というような感じで。まあでもこれは、「羅生門」という元の言葉の意味をまったく理解しない使い方だと思うね。今度、芥川の短篇集を出すんだけど、タイトルを「羅生門」にしないと、ほとんど読まれないんじゃないかと思っています。
柴田　*Rashomon and 17 Other Stories* とかですか？
ルービン　そう、そんな感じだね。芥川自身はそんなに知られていないけれども、黒澤の映画は広く認められているんですね。
柴田　今度ルービン先生が訳された芥川の短篇集は、作品の選び方もすごくいいし、翻訳も全部読ませてもらったけど訳文もすばらしいです。序文は村上春樹さんが書いているし、ペンギンという大手の出版社から出るし、けっこう読まれるんじゃないですかね。

ルービン　そうなってくれればいいなあ。

Z　あの、芥川に関してなんですけど。英語だと百年前の文章でも普通に読めると思うんですけど、日本語だとちょっと言葉が古くなっている感じが否めないですよね。

柴田　芥川って何年前かな。百年は経ってないよな。八十年くらいか。

Z　日本は言葉の変遷が早いので、そういうズレはどうやって調整されるんですか？　たとえば、日本の古い言葉を英語で訳すときに、英語においても古い言葉を使う、とか。

ルービン　あのー、あきらめます（笑）。それに相当する英語がないからしょうがない。形式ばった言い方にするとか、そういう間接的なやり方がないわけではないけれど、ぴったりと合う言葉はないですね。

柴田　芥川の文章は確かにいまの日本語とは微妙に違うんだけれども、古いと言うより、あれは芥川語なんですよね。

ルービン　芥川は外国文学をたっぷり読んでいるのに古典を題材にしたりするから、日本人が日本語で読んでもちょっと不思議な感じがするんじゃないですか。

柴田　そうだよね。

ルービン　とにかく、翻訳とは科学的なものじゃない。どうしても主観が入る。それが入らないと、人間のやる作業じゃない。客観的に、何の感情も入れないで訳しても、ある言葉の文法をもうひとつ別の言葉の文法に移すだけで、無茶苦茶になってしまう。個人の解釈が入らないことには、何も伝わってこないと思います。だからこそ翻訳っていうのは古くなったりもする。いわば「廃《すた》り物」。

柴田　「流行り物は廃り物」ね。

ルービン　原文ほど長く続くようなものじゃない。
柴田　そうですね。原文より先に古びるものね。僕の訳は、僕が生きてる間だけ古びなきゃそれでいいよ（笑）。ではそろそろ時間なので、これで終わりにしましょう。では、ルービン先生、どうもありがとうございました。（盛大な拍手）

教師訳例

スーパーフロッグ、東京を救う　ハルキ・ムラカミ

　片桐がアパートに帰ると、巨大な蛙が待っていた。蛙はがっちり逞しい体つきで、後ろ足で立った姿は優に180センチあった。160にも満たない、痩せた小男の片桐は、その堂々たる体格に圧倒されてしまった。
「僕のことは『かえる』と呼んでください」と蛙ははっきりした力強い声で言った。片桐は何も言えずに、ドアのところに立ちつくしていた。
「怖がらなくても大丈夫です。僕はあなたに危害を加えにきたのではありません。さあ、中に入って、ドアを閉めてください」
　右手に書類鞄を持ち、左腕で生野菜や鮭缶の入った買い物袋を抱えたまま、片桐は身動きができなかった。
「さあ片桐さん、早くドアを閉めて、靴を脱いでください」
　自分の名前を聞いて、片桐ははっと我に返った。言われたとおりドアを閉め、一段高くなったフローリングの床に買い物袋を置いて、書類鞄を脇に抱え、靴の紐をほどいた。

キッチンテーブルの椅子に座るようかえるが身振りで合図するので、そのとおりにした。
「片桐さん、お留守のあいだに勝手に入り込んでしまって申し訳ありません」とかえるは言った。「お帰りになって僕がいるのをごらんになったら、そりゃあびっくりなさいますよね。でもこうするしかなかったんです。お茶でもいかがですか？　そろそろ帰られるだろうと思って、お湯を沸かしておいたんです」
　片桐はまだ書類鞄を小脇に抱えたままだった。誰かにからかわれてるんだ、と彼は思った。俺を笑いものにしようとして、誰かがこんな馬鹿でかい蛙のぬいぐるみに入り込んでるんだ。けれども、かえるが鼻歌を歌いながらお湯を急須に入れるのを見ていると、やはりそれは本物の蛙の手足であり、本物の蛙の動きだった。かえるは緑茶の入った茶碗を片桐の前に置いて、自分にも一杯注いだ。

特別講座

村上春樹さんを迎えて

柴田　前々回、レイモンド・カーヴァーをとりあげて、村上春樹さんの翻訳も参照したり、前回は村上春樹さんの作品の英訳を取り上げたり、と、なんだか授業が村上モードに入っていたことにみなさん、気づいていただろうか。というわけで今日は村上さんご本人においでいただきました。

村上春樹（教室に入ってくる）

一同（びっくりして息を呑む。数秒おいて一斉に拍手）

柴田　今日は主にみなさんから質問を受けて、村上さんにお答えいただくという形にしたいと思います。ええと、村上さん、質問を受ける前に、まず学生に向けて何かお話しされますか？

村上　特に話すこと考えてないんですけど――でも、何か話しましょう。えーと柴田さん、これは翻訳の授業ですよね。

柴田　そうですね、はい。

村上　では、翻訳の話をします。僕は二十五年ぐらい翻訳の仕事をしているんですけど、翻訳を正式には勉強したことはないんですよね。大学のときも、早稲田の演劇科というところに行っていて、英語を専門にやっているところではなかった。演劇科にいたときにあった英語の授業は一つぐらいかな。そうだ、テネシー・ウィリアムズを一年間読んだんですよね。そのときの僕の先生というのが、テネシー・ウィリアムズが大嫌いな人だった。それなのに一年間ずっとテネシー・ウィリアムズを学生に読ませて、毎週悪口を言っていました。テネシー・ウィリアムズがいかに二流の書き手であって、戯曲の内容がいかにくだらないかというのを全部いちいち言うわけ。名前の付け方が気に入らないとかね、この筋の展開が気に入らないとか。僕はテネシー・ウィリアムズってわりと好きだったんだけど、一年後にはなんとなく嫌いになってた(笑)。だから大学の授業っていうのにはあんまりいい思い出がないんです。

柴田　アメリカ文学以外にも、英語に関する授業はいろいろあったんですか？

村上　いや、演劇科ではフランスとかドイツとかのほうが多くて、英語の授業は少なかったです。なのに、どうして翻訳をするようになったかというと、やはり好きだから家でずっとやってたんですよ。英語の本を読んで、これを日本語にしたらどういう風になるんだろうと思って、左に横書きの本を置き、右にノートを置いて、どんどん日本語に直して書き込んでいきましたね。そういう作業が生まれつき好きだったみたいです。

それで結局、三十歳のときに小説家になっちゃったんだけど、小説書くより翻訳してたほうが楽しい。だから最初に『風の歌を聴け』という小説を書いて「群像」新人賞をとって何がうれしかったかというと、これで翻訳が思う存分できるということでした。だからすぐにフィッツジェラルドを訳したんですよ。

柴田　へーっ。(柴田の驚きを学生たちもおそらく共有している)

村上　以来二十五年間、小説書いては翻訳やって、翻訳をやり終えると小説を書いて、っていう風に――僕は「チョコレートと塩せんべい」と言ってるんだけど、チョコレートを食べて塩辛いものを食べたいなと思うと塩せんべい食べて、甘いものがいいなと思うとまたチョコレート食べて――永遠に続くんですよね。雨の露天風呂ともまた同じ。出ると冷えてお風呂に入るとまた暖まるからまた出て冷える。一種の永久運動ですね。

柴田　作品Aを訳すと、その次にご自分の作品Bを書かれるときに前に訳したものが直接影響したりするんですか？

村上　しないです。

柴田　そういうものではない？

村上　そういう影響がもしあるとしても、時間がかなり経過してからのことでしょうね。だから直接的な影響を受けることはあまりない、と言ってしまっていいでしょう。そういえば、二、三日前にグレイス・ペイリーっていう女性作家の短編集を訳しおえたんです。彼女については五、六年前に別の短編集、えーと、『最後の瞬間の……

柴田　……すごく大きな変化』。

村上　そう、『最後の瞬間のすごく大きな変化』を訳していた。で、今度、『人生のちょっとしたわずらい』という短編集を二、三日前に終えて手が離れ、いまいちばんほっとしてるところなんです。と言いながら一昨日からまた別のものを訳してるんですけど。

柴田　今度はなんですか？

村上　マルカム・カウリーの「フィッツジェラルド論」。これもほとんど趣味ですね。

＊

柴田　そろそろ、学生たちからの質問を受けましょうか。翻訳のことだけでなく、創作に関する質問があっても構いませんか？

村上　なんでもいいですよ。

柴田　えーと、前に村上さんに僕の授業に出ていただいたのは1996年か97年ぐらいでしたっけ。そのときはまだ『翻訳夜話』も出ておらず、まっさらな状態で学生たちも訊けたので、ある意味では訊きやすかったのかもしれない。でももういまは村上さんがいろいろなところで翻訳について発言されているので、こういうことはもうどこかで訊かれているのではないかと思うかもしれない。でも違う人が訊けば同じ問いでも違う意味を持つかもしれないので、あまり気にせずに、とにかく訊きたいことがあればどんなことでも……って僕が言うのは変か。とにかく、村上さんが授業に出てくださるのはハレー彗星の到来ほど稀ではないが、しょっちゅうあることではないので、ぜひこの機会を逃さないように。質問がある人はどんどん手を挙げてください。はい、どうぞ。

A　僕は、村上さんの翻訳の、けっこう長いほうの読者だと思います。そしてこのたびレイモンド・カーヴァー全集の刊行が終わってですね、村上さんのなかで翻訳がそんなに重要じゃなくなってくるんじゃないかと思ったんです。自分の創作のほうが重要になってくるんじゃないか。レイモンド・カーヴァーが一段落したことで、それほど翻訳にエネルギーを費やすことはなくなるんじゃないかという印象があるんですが、その点についてはどうですか？

村上　そういうことはまったくないですね。もっとどんどん訳したくなってきています。というのは、やればやるほど技術っていうのは上がっていく。自分のなかの英語力とか翻訳技術とか。そうするともっともっと訳したくなるんですよ。やればやるほどやりたくなる。おもしろくなってくる。運動と筋肉の相関関係に似ているところがあります。だから十四年ぐらいかけてカーヴァーの全集をやったわけですけど、最初の頃より最後のほうが明らかに翻訳スキルが上がっている。それが自分でもわかる。だから、やはり死ぬまでやるんじゃないかな。

柴田　いまの問いは、村上さんにとってカーヴァーにあたるような作家がもしかしたら他に見当らないんじゃないかとか、そういうこと？

A　そうです。自分で作り出すものの比重が大きくなるんじゃないかなと。あ、でもそれとまた別に、カーヴァーを訳しているときでも、あまりうまくない作品を訳していると、フラストレーションが溜まることがあるはずでしょう？　自分で書いたほうが早いし上手だよみたいな。そういうことが、これからカーヴァー以外の別の若い作家を訳すときにはかならず起こってくるんじゃないか。いや、もっと頻発するはずだと思うから、ええと、村上さんが翻訳をやめないんだとしたら、ここらへんで、若いアメリカ作家を訳すよりはちょっとクラシックなものを訳す方向になっていくのかなという……あ、これは予想です。

村上　なるほどね。ひとりの作家にコミットするということは——うーん、たしかに若い作家に対しては難しくなってくるかもしれないですね。それは年齢的なこともあるし、しょうがないです。カーヴァーというのは、僕にとってはたしかに特別な存在だし。ただ、そこまで深くコミットしなくても、いいものを少しずつ訳していくというのであれば可能じゃないでしょうか。たとえば僕は新しい作家の本が出たらどんどん読んでいくけれど、おもしろい本はけっこうありますよ。でも、その人の書く作品全部がおもしろいかというと、そういうことでもないのはたしかですよね。たとえば……えーと、デニス・ジョンソンとか。

柴田　*Jesus' Son* なんていいですよね。

村上　そう、*Jesus' Son* はすごくおもしろかったんだけど、それ以外のものは正直なところそんなにぴんとこないんです。僕自身にとっては、ということですけど。だから、たとえばフィッツジェラルドとかカーヴァーとかカポーティとかティム・オブライエンみたいに突っ込んで訳していける作家がこれからも出てくるかというと、きっと難しいでしょうね。それに、ひとりの翻訳者にとって、そういう思い入れの持てる作家ってたくさん出てこないんじゃないかと僕は思う。例えば柴田さんだったら、オースターとかミルハウザーとかエリクソン。それぐらい……？

柴田　ダイベックとかユアグローとかレベッカ・ブラウンとか。

村上　あれ、けっこういるんですね（笑）。

柴田　僕は質より量の翻訳者なので（笑）。

村上　何言ってるんですか（笑）。まあでも、たしかにある程度の年齢になってくると若い作家を訳すということはできなくなってくるだろうね。それはやはり世代送りだと思うんですね。僕らの世代には僕らの世代がのめり込んでいく作家がいるし、もう少し下の世代の作家にはもう少し下の世代の翻訳者とか研究者とかがのめり込んでいく相手がいると思うんです。それを見つけるのが楽しみなんじゃないのかな。

僕がカーヴァーを見つけたときも日本ではカーヴァーなんてほとんど無名だったわけで、それを見つけてのめり込んでいくことが喜びでした。だから若い作家には若い人がのめり込んでいけばいいと僕は思っています。
B　いま、ティム・オブライエンの名前が出たんですけど、ティム・オブライエンの訳文を作っていくうえで、何か念頭においているというか、こういう感じでいこうと気をつけている部分があれば教えていただければと思います。
村上　ティム・オブライエンの文章って、やはりクセがありますよね。ただ、最初の頃からずっと読んでるから、そのクセに僕は自然になじんできたようなところがある。友達づきあいと同じで「あいつはこういうやつだから」という自分なりのつきあいかたができるんですね。だからそれを個別的に説明するというのはものすごく難しいです。
　ただ、ティム・オブライエンの場合、僕と世代がだいたい同じなんです。だから世代的な共有感みたいなものがあり、そういうところから言葉が生まれてくる。なにか言葉を選ぶにしても言い回しをするにしても、そういう共有感って大事なんですね。だから逆に言えば共有感を持ってない人を訳すのはとても難しい。でも共有感を持っている人を訳すのはわりに簡単なんです。言葉が自然に浮かび上がってくる。

*

C　あのー、いいでしょうか。翻訳じゃなくご自身の小説のことでお訊きしたいんです。まず主題みたいなものを決めてから書かれるのか、それともシチュエーションみたいなものを決めてそれにのっとって話が進むようにするのか、どっちですか？
村上　テーマも決めないし構造も決めないという書き方をする。他の人はどうかわからないけど、僕の場合は何もないですよね。はっきり言って中心も何も。

この前『アフターダーク』っていう本を出して、それはどういう風に書いたかというと、まず最初にシーンが浮かぶわけ。たとえば、渋谷なら渋谷の、十二時ぐらいでデニーズで女の子が本読んでて、そこに男の子が来て「あれ？」って感じでふりかえって戻ってきて「誰だったっけ？」って訊くんです。そこから話が始まるわけですけど、その、時間にしたら五分ぐらいのシーンが頭の中に浮かぶ。なぜか知らないけどパッと浮かんだのをそのまま、ささっと書くんですよ。それを一年半ぐらい置いておく。というか一年半、机の中につっこんどいた。

そのシーン自体はずっと頭の中にある。ビデオを何度も巻き戻して反復したりするでしょ？　あれと同じで、同じシーンをずーっと繰り返しているわけです。それでそのままにして一年半、ずーっと待ってる。そうするとね、話が勝手に進みだすんです。

話が勝手に進むと言ってもそれには一年半かかるんですよ。それが本当に正しいシーンであるか、正しいフラグメントであるかどうかというのがわかるためには、一年半という時間が必要なんですね。でもそれにしても決して中心でもないしテーマでもないし、ひとつの情景にすぎない。

柴田　ささっと書いて置いておくというと、五枚とか十枚ぐらいをまずお書きになったということですか？

村上　『アフターダーク』の場合はそうです。『スプートニクの恋人』もそうでした。最初の二、三枚をさーっと書いて、それを二年置いといた。もちろん、それでそのまんま、どこにも行かない場合もあるわけ。でも、待っていると動きだす。

逆に言えばそれで動きださなければ何も動かない。その間は何をしているかというと、翻訳してる（笑）。

だから翻訳っていうのは……さっき翻訳するより自分で書いたほうが早いんじゃないかという言葉があったけど、じつはそれは待ち時間でもあるんです。待っている間に翻訳をして体調を整えておく。それで、僕の場合は動きだしたら止まらなくなっちゃうから、とにかく動きだすことが大事なんですよね。最初をポッと押せばあとは自然にずっと行っちゃいます。『ねじまき鳥クロニクル』なんて二、三年かかったけど、一回押したらもう止まらないんですよ。二、三年、頭の中は動きっぱなし。

C　書きたいことって自分の中にどーんとあるじゃないですか。その書きたいことばかりを何度も、つまり同じことを何回も書いてしまうときってないですか？

柴田　別々な作品で、ということですか？

C　そうですね。同じ作家のどれを読んでも同じことが書いてあるみたいな。

村上　それはありますよ。ライトモチーフというのは絶対自分の中にあるわけだから。あなたの中にも何かしらがあるでしょう。で、その何かが小説を書かせる。だから同じようなことが出てくるんです。

たとえばスコット・フィッツジェラルドであればそれは、一種のモラリティ。お金がある人とない人。正しいことをする、正しいことをしない——そういったライトモチーフみたいなものはどんな作家にも必ずある。葛藤みたいなものが自分の中に入り込みながら、それをまた外から見ているという二面性。だからカフカにしてもフィッツジェラルドにしてもドストエフスキーにしても、彼らがそれぞれ書いていることというのはだいたい同じになってしまうんです。その同じものをいろんな角度から、いろんなかたちで書きつづけるしかない。

D　文章を書くことと翻訳することにはどんな共通点があるのでしょうか。村上さんはご自分の訳したいものを訳されてると思うんですが、いまのお答えから考えると、それは訳したい作家のモチーフに、ご自分と似たようなところがあるからなのでしょうか。

村上　それが不思議なんです。たとえば、カーヴァーの小説はじつは僕のとはあまり似てないんです。彼が書いていることとか、彼が見ていることとか、育った環境とかも、僕とはまったく違う、だけど、なんか惹かれるんですよね。カポーティも僕と全然違う文章や物語を書いてる人だから、どうして惹かれるのかと思うけど、惹かれてしまうんですよね……。

だから、たぶんそれは、モチーフが似ているのではなく、違うからじゃないかと僕は思う。それから文体も、僕に似ている文体の人よりは全然似てない文体の人を訳した方が気持ちいいんです。僕自身は文章はなるべくシンプルにストレートにしたいと思って書いているんだけど、逆にカポーティとかフィッツジェラルドとかは非常に凝った美しい複雑な文章でしょう。それなのに、訳しているとすごくうれしいんですね。

D　人の作ったものを追体験することに、翻訳の楽しさがあるんですか？

村上　うん。自分のじゃないケースに入れる、という感じがすごくある。

だから、さっきお話ししたグレイス・ペイリーという人でも、もう八十いくつのおばあさん。僕は会ったことがあるけど、ユダヤ人のフェミニストで反戦運動家。全然僕と違うわけ。子育ての話とか、書いていることも違うし。でもね、いいんですよ。もう訳しているだけで胸がわくわくしちゃう。訳している間はグレイス・ペイリーの気持ちになっちゃうわけです。逆に、書いた人の気持ちにならないとその人の書いている文章というのはわからないんですよ。というのは、ものすごく突拍子もないメタファーを使って書く人なので、どこからそのメタファーが出てくるかというのはその人の気持ち次第。グレイス・ペイリーの視線に入っていかないと見えてこないんですよね。それをたとえば六ヵ月なら六ヵ月やっていると、その視線が自然に身についちゃう。それがすごく楽しい。

さっき柴田さんがいまの翻訳が次の創作に影響を与えるかどうかとおっしゃったけど、影響を受けていたとしてもそれを次の僕の創作に使うかというと使わない。でも十年ぐらい経ってから、何らかの形で役に立ってくるんじゃないかなという気はしています。たぶんまったく別の形をとって出てくるというようなことですね。

E　あのー、翻訳とはまったく関係なくて、村上さんの読者としての興味からうかがうんですが、『海辺のカフカ』では一人称と三人称、『アフターダーク』では三人称という形式で書かれたわけですけれども、このような人称の変化と、以前村上さんが「自分は『カラマーゾフの兄弟』のようなものを書きたいという願いがある」ということをおっしゃっていたと思うんですが、その夢というのを結びつけて考えてもよいのでしょうか。いや、つまり、もっと大きなものを書くために最近作で人称変化の実験をしたと捉えてもよいのかという質問です。それともまた別の意図があっての人称変化の試みなのでしょうか？

村上　僕が『カラマーゾフの兄弟』みたいな小説を書きたいと言ったのは、一種の総合小説、十九世紀的な総合小説という文脈で言っています。総合小説とは何かというと、定義が難しいんですが、いろいろな世界観、いろいろなパースペクティブをひとつの中に詰め込んでそれらを絡み合わせることによって、何か新しい世界観が浮かび上がってくる、それが総合小説だと僕は考えています。ということは、パースペクティブをいくつか分けるためには、人称の変化というのはどうしても必要になってくるんですね。

たとえば、『世界の終りとハードボイルド・ワンダーランド』では「僕」と「私」という二つの章が並行して進んでいく。『ねじまき鳥クロニクル』では一人称ですけど、いろいろな手紙とかメモワールがどんどん入ってくる、モザイクみたいに。それから『海辺のカフカ』では一人称と三人称が交替で出てくる。今度の『アフターダーク』では三人称だけという風に、少しずつパースペクティブの振り幅を広げているわけです。

ところで、『神の子どもたちはみな踊る』は全部三人称ですよね。それからこれはノンフィクションだけど、『アンダーグラウンド』という、インタビューを集めたものがあります。もちろん三人称です、インタビューだから。あなたがおっしゃったような人称の転換という点では、この二冊は僕が小説を書くうえでひとつの方向性を与えてくれたと言えるかもしれない。人称とはすごく大きい問題だと思うし、翻訳をするという経験も、たとえば三人称の小説を翻訳するとそれを擬似体験するわけです。そういう意味では、最近はすごく翻訳も楽になってきているかもしれない。

柴田　『アフターダーク』は三人称といっても、そこに「私たち」という不思議な一人称複数が存在していますよね。

村上　例のサリンジャーの『ライ麦畑でつかまえて』にも「you」が出てくるしね。それもおもしろい体験でしたね。そうだ柴田さん、「you」の話をしてもいいですか。

柴田　どうぞどうぞ。

＊

村上　J・D・サリンジャーの *The Catcher in the Rye*（1951）を『キャッチャー・イン・ザ・ライ』というタイトルにして2003年に訳したんですが、そこに「you」が出てきます。それを僕は意識的に「あなた」……あれ？　「きみ」でしたっけ？

柴田　「きみ」でしたね。

村上　そうか、「きみ」ですね。「きみ」って訳したんです。僕もずいぶん迷ったんだけど、それについてもいろいろ批判がありました。訳しすぎだというんです。あれは実体のない「you」だから訳すべきではないと。僕の作品を翻訳してくれているジェイ・ルービンも同じ意見で、アメリカ人にはやはりそういう意見の人が多いようですね。でも、僕はそうは思わない。アメリカ人は「you」は実体のない「you」だと言っているけど、実体は本当はあるんですよ。あるけれど彼らが気づいてないだけじゃないかと、僕は思うんです。架空の「you」は彼らの頭の中には存在しない。でも存在しているんです。日本人である僕らが見るとそれが存在しているのがわかる。でも彼らにしてみれば、もうDNAに刷り込まれているからわからない。だから僕らが日本語に訳すときは、ちょうど中間ぐらいの感覚で訳さなければいけないんだけど、中間というのは難しい。だから僕としては、二回「you」を使う部分があれば、一回はなし、一回はありでいこうと決めている。でもそのへんの理解のしようは、アメリカ人にはわからないだろうな、たしかに。だから、これは僕は何度も言っていることだけど、翻訳というのはネイティブに訊けばわかるというものではないんです。

柴田　『キャッチャー・イン・ザ・ライ』の場合には「they」という言葉も大きな意味を持っていますよね。「大人たち」とか「奴ら」とか訳すわけですけど、その「they」との対比でも「you」にはやはりはっきり意味があると思いますね。単に「人間一般」ということではない。

村上　ないですね。

F　いまのお話と関連するんですが、逆に自分が創作しているときに、これが翻訳されるとこうなってしまうのかなとか、これは日本の感覚だからこうなるのかな、などということを考えますか？

村上　それは考えるときりがないんです。僕の小説はほとんど全部外国語に翻訳されていて、正直言ってこれは翻訳しにくいだろうなとか考えちゃうことはある。でもそれを考えだすときりがないから、僕はまったく考えないようにしているんです。たとえば『海辺のカフカ』のなかには『雨月物語』の引用とかがいっぱいあって、こんなのわかんねえだろうなとか思うんだけど、それを考えだすと駄目なんです。だから僕はもう、とにかく日本の読者に向けて日本語で小説を書いてるんだという、それだけしか考えないですね。あとのことはあとのことで。

柴田　でも、講談社の『村上春樹全作品』にかつての作品が再録されるときには、一部書き直されてるじゃないですか。あれについて前どこかで書いていらした――あれ、直接うかがったのかな？　たしか、翻訳されることを念頭において書き直したということでしたが。

村上　えーとそれは、僕がずっと昔に書いたものを英語に翻訳したいと、たとえばジェイ・ルービンが言ってきたときに、ちょっと待ってくれと。せっかくだから昔書いたものなんでちょっと書き直したいと言って書き直したんですね。でも、それは決して英語向きに書き直したというわけではないんです。

柴田　バージョン・アップ？

村上　うん。どうせ訳すなら新しく書き直したいと言って書き直したんです。決して翻訳向きに書き直したものではないんです。

＊

G　あのー、以前村上さんが書かれていたエピソードで印象に残っているものがありまして、作家ではない普通の素人の男性が村上さんに小説を送ってきて、それを読まれたということでした。で、そのエピソード自体はおもしろかったけれども、だけど作家になるには致命的な何かが欠けている、と書いておられました。強烈に覚えているんですけど、その致命的な何かとは何だったのかということをお教えいただけないでしょうか。
村上　あれ、そんなの書いたっけ？（一同笑）
別の学生　あの、たぶん『回転木馬のデッドヒート』ですよー。
村上　ああ、それだ。それつくりごとです。（一同笑）

G　あの……あともうひとつ、村上さんの小説をずっと読んできて、アメリカの作家やミュージシャンの名前がよく出てきますけど、『海辺のカフカ』では日本の作家の名前がいっぱい出てきていたんですが、それはどういう変化がおありになったんですか？
村上　とくに考えてないですね。普通に出てきたんじゃないのかな。覚えてないです。
柴田　たしかにそのちょっと前から、『若い読者のための短編小説案内』とかの形で、日本の作家について小説の外で書かれたりするようになりましたよね。
村上　どうなんでしょうね。少し自分の中に日本の作家とか日本の音楽とかが入ってきたのかな。無意識です。
G　いままではほとんどそんなことはなかったような気がするんですけど。
村上　そうでしたっけ。でも日本の作家でも、大江健三郎とかは出てきたような気がする……。
柴田　え？
村上　昔書いた小説の中で大江健三郎が……たしか『羊をめぐる冒険』で大江健三郎が出てきたような気がするんだけど……。

柴田　だれか覚えてる？　手が挙がらないですねえ。
村上　うーん、僕も、書いたものって読み返さないから……。
柴田　いや、大江健三郎は出てきてないと思いますけどねえ。
(一同笑)
村上　『羊をめぐる冒険』に三島由紀夫は出てきたかな？
柴田　三島由紀夫は出てきてましたよ（文庫上巻20頁「午後の二時で、ラウンジのテレビには三島由紀夫の姿が何度も何度も繰り返し映し出されていた。ヴォリュームが故障していたせいで、音声は殆んど聞きとれなかったが、どちらにしてもそれは我々にとってはどうでもいいことだった」)。でも村上さん、三島由紀夫はキャラクターとしていかにも出てきそうだけど、大江健三郎は村上さんの小説には登場しそうにないんじゃないですか。
村上　いや、でも僕、十代の頃、大江健三郎のファンだったんですよ。よく読んでました。
別の学生　柴田先生、『羊をめぐる冒険』に大江、出てきますよ（文庫上巻11頁「ある時にはそれはミッキー・スピレインであり、ある時には大江健三郎であり、ある時には「ギンズバーグ詩集」であった。要するに本でさえあればなんでもいいのだ」)。
村上　そうでしょう？　ほら、出てますよって。
柴田　どうもすいません（笑)。
また別の学生　『カンガルー日和』の「駄目になった王国」でも出てます（文庫125頁「小説ではバルザックとかモーパッサンといったフランスのものが好きだ。大江健三郎なんかも時々読む」)。
柴田　ああ、そうか。キャラクターじゃなくて、そういう使い方だったか。失礼しました……。日本の作家といえば、村上さんの訳者のジェイ・ルービンが今、芥川龍之介を訳してるんですよね。そのうちペンギンブックスから出ますけど、その序文を村上さんがお書きになって。このあいだ読ませていただきましたけど、素晴らしかったです。芥川はもともとお好きなんですか？

村上　わりに好きですよ。昔、中学生の頃よく読んでました。僕は夏目漱石とか谷崎とか芥川とかはわりに好きなんですよね。佐藤春夫もいいな。読めないのは、太宰と三島と川端。読めないですね。なんでだろうと思うけど。

柴田　鷗外は？

村上　鷗外は意外に読めますよ。翻訳ですけど、『諸国物語』とか好きですね。そういえば志賀直哉もあんまり読まないですね。三島って僕何度も読もうと思ってるんだけど読めないんですよね。なんでだろう。

柴田　すいません、僕も読んだことないんです（笑）。

＊

村上　そういえば、ジェイ・ルービンも日本文学にあれだけ詳しいのに、アメリカ文学のことは全然知らないのね。

柴田　あんまり知らないですよね。アメリカの最近の音楽とかにも興味ないみたいだし。

H　いまのことにちょっと関連してるんですけど、村上さんの作品を読んでいるとミュージシャンとか音楽にかかわる記述が多いんですけど、実際に音楽から受けたインプレッションを作品の中に取り入れることってありますか？

村上　取り入れるどころか、僕が文章をこういう風に書けばいいんだと学んだのは音楽からなんですよ。僕は文章の書き方を誰にも習わなかった。だから、文章は音楽からしか学んでないです。ずっとジャズの店をやってて、朝から晩までジャズを聴いていた。それを七年もやってたんです。大学を出て、あ、出ないうちからやってたんだけど（笑）、ジャズの店を始めました。二十代はずっとその店をやりながら日々を過ごしていました。身体に音楽が——僕の場合はジャズだったんだけど——染み付いちゃうんですよね。だからリズムとコード進行とインプロビゼーションが全部頭の中に染み込んでいて、文章を書くときもリズムがあってバスドラがあってハイハットがあってコード進行があってインプロビゼーションがずーっとあって、ということを念頭に置きながら文章を書くんです。そのせいでしょうか、執筆がワープロというかコンピュータになってから、文章を書くのがすごく楽になりました。

柴田　音楽のキーボードとパソコンのキーボードが同じようなものだという感覚。

村上　同じですね。いまやパソコンがある。いいですよね。昔、ヘミングウェイがタイプライターを持って、戦争で砲弾が飛びかう中で記事を書いていたというのを読んで、羨ましいな、と思っていました。僕らの頃は日本語のタイプライターなんてなかったから。だから僕、『風の歌を聴け』という小説を書いたとき、なんとかタイプライターで書きたかったから、最初英文で書いたの。

柴田　えー、そういうことなんですか！

村上　ただもう、格好から入ったわけです。

柴田　最初英文で書いたのは、既成の文体から脱するため、とか世の中では言ってますけど。

村上　世の中ではいまもそう言ってますけどね。実際はただタイプライターで書きたかっただけで（笑）。

柴田　すごいな、新事実だ。

村上　だからブラザーの英文タイプライターで最初書いたんですよ。で、難しいから途中でやめた（笑）。

I　音楽の話が出たので音楽の話をしたいんですけど、マイルス・デイビスの自叙伝について、村上さんがエッセイで「これは英語で読まないとだめ。絶対に訳せない」と書かれていました。そういう、訳せないと思うような文章に出会うことはけっこうあるのでしょうか。それと、小説以外のジャンルを訳すときは自分の文体とかからのある程度の逸脱が必要なのかどうかということもお訊きしたいです。最後に、都築響一さんが三年前に村上さんにマイケル・ムーアを教えてもらったと書かれていました。僕にはどうしても村上さんとマイケル・ムーアがつながらないんですが、ええと……村上さん、マイケル・ムーアは好きですか？　っていうことが訊きたいんですけど。（一同笑）

柴田　えーと、一点めはなんだっけ？

I　マイルス・デイビス自叙伝の、訳せないなと思う文章のこと。

柴田　二点めは小説以外の翻訳の話だっけ？

I　そうです。村上さんは映画の脚本とかを訳されたこともあって、いまは歌を訳しておられるはずです。

村上　歌、好きなんですよ。歌詞を訳すのはすごく好き。いま「エスクァイア」という雑誌に「村上ソングズ」という題で連載してるんです（2004年9月号より）。自分の好きな歌を訳している。このあいだは、シェリル・クロウの「オール・

アイ・ワナ・ドゥ」をやりました。それから、ビリー・ブラッグが作った、ウディ・ガスリーの一作に歌詞をつけた「イングリッド・バーグマンの歌」とか。けっこう好きなんですよね。とにかく好きな歌を訳すというのは毎月やってます。これはすごくおもしろいね。

あとマイケル・ムーアね。マイケル・ムーアはずっと昔に『ロジャー&ミー』(1989) っていう彼が最初につくった映画を見たんですが、あれはすごく好き。それからのファンです。都築君に教えたのはテレビシリーズですね。*The Awful Truth* (邦題『マイケル・ムーアの恐るべき真実・アホでマヌケなアメリカ白人』) っていう。アメリカのインディペンデント・テレビでやってるのを見ておもしろいよって教えた。その話ですね。

あとマイルス・デイビスね。訳せないと思うような文章……うん、いっぱいあるね (笑)。ねえ、あれは君も日本語に訳すの、難しいと思うでしょう？　うんうん、ものすごく難しいですよ。あれをどんな風に日本語に訳せばいいのか、僕にも見当がつかないですね。まあやれって言われれば、なんとか形にはすると思うけど。

いちばん僕がたいへんだと思うのは詩です。レイモンド・カーヴァーの詩を訳したけど、詩というのはいくらでも訳しようがあるんですよ。だから詩は僕にとって挑戦だから、そのうちまたやるかもしれないですけどね。今は僕、マーク・ストランドっていう、『犬の人生』という小説集を訳したことのある人の詩をぼちぼち訳しています。嫌なことがあると詩をひとつ訳すんですよ。

柴田　はあ。

村上　なんか嫌だなっていうときってあるでしょう。嫌なやつに嫌なこと言われたとか。

Ｉ　それはありますけど……詩は訳さないですよ。(一同笑)

村上　うーん。机に座ってマーク・ストランドの詩集を開けて、どこでもいいからひとつ訳すんです。けっこう貯まるんですよね。詩というのはそういう風にして訳すのがいちばんいいんじゃないかな。個人的な意見だけど。

＊

Ｊ　あの、さっきドストエフスキーの話が出ていたんですが、英米文学以外の翻訳とかでも、昔から読まれていたりとか……もしたとえば自分がどんな言語でもできるとしたら、訳してみたいものとかありますか？　あと、村上さんはヨーロッパとかいろいろなところを旅しておられますが、そのたびにいろいろな言語を勉強しているという話を書かれていて、英語以外の他の言語とのかかわりについてちょっとお話しいただけたらと思います。

村上　僕は旅行するときはそこの国の言葉は一応覚えておくというのが方針なんですね。だからギリシャに行くときはギリシャ語をだいたい覚えていくし、トルコに行くときはトルコ語をだいたい勉強していくし、メキシコ行くときはスペイン語をだいたい勉強していくし。そういうのを通して、基本的なことってけっこう覚えるんですよ。それは翻訳するときにはすごく役に立つんですよね。スペイン語、ギリシャ語、イタリア語、フランス語。それぐらいは基礎的なことはある程度知ってないと、翻訳ってできない部分が多いですね。まあラテン語もね、ある程度必要かもしれないけどそこまではちょっと難しいよね。だから僕は旅行するときに礼儀として勉強していくけど、それはけっこう役に立っています。

僕は大学でドイツ語をやったんだけど、ドイツ語で読んでみたいものはほとんどなかったですね。むしろ大学出てからフランス語を勉強して、それはまあ読めるようになった。フロベールは、フランス語ができるようになったら訳してみたいですね。

この前、僕はアイスランドに行ったんです。アイスランド語はおもしろいですね。そもそも人口からして二十七、八万人しかいないんです。それなのに僕の本が二冊か三冊、アイスランド語に翻訳されてるの。人口二十七万の国で翻訳なんかしたって、採算がとれるわけがないよね。なのにやはり翻訳しちゃう人がいる（笑）。そういう翻訳の力というのが僕は本当にすばらしいと思う。

柴田　うーんと、そうするとここ、文京区ぐらいですかね。いや、もうちょっとあるか。まあでも東京二十三区でいうと新宿区とか、そのぐらいですよね（文京区は十七万人、新宿区は二十六万人）。

村上　だからね、本当に頭が下がるというか、すごくうれしいから、いっぱいサイン会して帰ってきたけど（笑）。アイスランドって夜が長いからみんな本読むんですよ。ノーベル賞作家も出てるし（1955年度ノーベル文学賞＝H・K・ラクスネス〔H. K. Laxness: 1902–98〕作品に『サルカ＝ヴァルカ』『独立の民』『アイスランドの鐘』など）。とにかくそういうこっそりとした小さな国の言語って面白そうだなと思う。

J　柴田先生、すべての言語ができるとしたら訳してみたい作家はだれですか？

柴田　いや、僕のことはどうでもいいよ（笑）。でも……たぶんカフカ。
村上　カフカってドイツ語でしたっけ？
柴田　ドイツ語ですね。チェコの人だけど書いてるのはドイツ語。

＊

K　あのう、僕は『アフターダーク』についてお訊きしたいんです。さっき日本人の作家の名前が出てきたのが実は意図的でないというお話だったんですが、僕が『アフターダーク』でひっかかった部分というのは、デニーズとかマツキヨとか、いままで村上さんの作品には出てこなかったような、わりあいチープな感じの固有名詞が出てきていることです。村上さんのすべての作品を読んでいるわけではないので、僕の認識がまちがっていたら何の意味もない質問になってしまうんですけれども。そういう固有名詞を使われるようになったというのには、何か心境の変化みたいなものはあったんでしょうか？
村上　マクドナルドとかセブンイレブンとかはけっこういままでも出てきてたし、デニーズに関してはとくに僕も違和感ないんだけど、マツキヨは違和感あるかもしれないですね。
　でもそれは地の文じゃなくて会話の中なので、それをしゃべっている人の責任なんですよね、僕じゃなく。それが地の文章であれば僕の責任なんだけど、言葉というのはしゃべってる人の責任なんですよ。だから登場人物の裁量でしゃべってるわけだから僕に訊かれてもわからない（笑）。そういうことです。それがマツキヨを持ち出すタイプの人であれば目然なことだと思う。

音楽がいちばんそうですよね。人によってスクリャービンのピアノ・ソナタ聴く人もいればサザンを聴く人もいるし。それは人によって違ってくるわけで、その登場人物のキャラクターによって出てくるものも違ってくるということ。

ただ、昔だったらそれも書かなかったかもしれない。だから変わってきているのかもしれないです。

K　意図的にやっているというわけではない。

村上　意図的ではないですね。登場人物のキャラクターが立ち上がってくれれば、その人のしゃべる言葉が自然に定まってくる。だから逆に言えば、いろいろなタイプの登場人物を立ち上げられるようになったということなんじゃないかと。やはり僕もね、少しずつ変わってきているんです。それは自分でもそう思いますよ。

柴田　『海辺のカフカ』でもジョニー・ウォーカーやカーネル・サンダーズが象徴的な意味なり役割なりを持っているじゃないですか。だからそういう意味でも今回の『アフターダーク』でもデニーズが現実のデニーズでもあるんだけど、別の拡がりを持ったものとしても出てきている気がするんですよね。大江健三郎だったらそこで出てくるものがブレイクだったり聖書だったりするわけだけれど……。

村上　教養が違う（笑）。

柴田　いや、逆に言えば、村上さんはポップ・カルチャーを使いこなすことができるということです。

村上　うまく言うなあ。でも、そういうポップ・カルチャーを使いこなすんだとしたら、僕なんかより若い作家の方がうまくできるんですよね。だから僕には僕のそういうものの使い方があるし、もっと若い世代の作家はもっと自然に自由に使うだろうし。いろいろな使い方があって構わないと思うし。だけど僕はべつに若い読者に媚びて書いているわけじゃなくて、物語が自然にそういうものを要求してくるから書くわけです。

L　村上さんの小説は現実の日本ではなく、どこかわからないところが舞台に見えたりすることがある。でも、これは僕個人の印象なんですが、逆にどこか現実感があるような気がします。そういうものをあえて日本を舞台とする小説と絡めていくことに特別な意図はあるんですか？

村上　僕は根本的にリアリズムに興味がない。だからリアリズムのある小説を書きたいと思ったことは一度もないんですよね。ただ、一度だけ『ノルウェイの森』という小説を書いて。これは全部リアリズムなんです。なんでそれを書いたかというと、リアリズムも書こうと思えば書けるというのを自分自身に証明したかった。で、一度それをやっちゃうと、自分にもできるんだと思って安心して、また違う方向に行っちゃうわけ（笑）。たしかにあなたのおっしゃるように、ここではない世界というのを書くのは僕の趣味なんです。いや、趣味というかモチーフです。だから、たとえば『アフターダーク』の中ではお姉さんがわけのわかんない部屋に運ばれて行ってしまう。それから主人公の女の子自身も闇の中というか一種の異界の中を行く。それは都会の具体的な夜の街なんだけど、一種の異界ですよね。そういう異なった世界、異界というのは僕にとってはすごく大事なことです。

そして、翻訳もじつは僕にとって一種の異界体験なんです。

柴田　あ、翻訳も？

村上　翻訳も。日常生活とは違うところにすっと行っちゃう。それはすごく楽しいですね。僕は子どもの頃からいわゆるブッキッシュな人間で、本を読むのが何より好きで、だからたとえば翻訳みたいなことでも、人に頼まれなくてもやっちゃう。そういう風に、ここではない世界に逃げちゃうというのがすごく好き。大人になってもそれは変わらないです。すぐあっち側に逃げたくなっちゃう。税金の申告とかね、家庭生活とかね、すぐ逃げたくなっちゃう（笑）。で、逃げてね、それで生活できてるわけだから、それはすばらしいことですよ。

柴田　小説を書くこと自体も逃げることですか？

村上　逃げていなくても、違う世界に行っちゃうんですよ。ここに来ているみなさんも、翻訳教室だから翻訳にすごく興味を持ってると思うんだけど、翻訳のいいところはやっている間は「逃げちゃえる」ということ。こんな楽しいことはないですよ。それでもし生活がうまくできるとなったらね、もう最高の幸せ——ですよね？（と、柴田の顔を見る）

柴田　え……あ、そうですね。はい。（一同爆笑）

村上　僕なんかはね、朝の四時に起きるんですよ。四時に起きてアンプのスイッチを入れてCDだかアナログレコードだかにのせて音楽を小さい音で聴きながら翻訳するんですけども、それがもう至福の時なんですよね。

柴田　翻訳するときはかならず音楽がかかっているんですか？

村上　そうです。自分の小説を書くときはほとんど聴かないのにね。でも翻訳するときは聴く。前の晩から選んでおきます。次の朝起きたらこれを聴こうって。レコードを三、四枚とかCDとか選んでおいて、それを聴きながら訳すんですよ。

柴田　あらかじめ並べておくんですか？

村上　並べておくんです、だいたい。

柴田　へー。どうしてですか？

村上　なんとなくそれはね、遠足の前にいろいろ靴とかお弁当とか置くじゃないですか。あれと同じ。

柴田　なるほど。みんな唖然としてると思うんですけど。

(一同さらに爆笑)

村上　今日はスクリャービン。

柴田　そうですか。

村上　えーとそれで、何を言おうとしてたかというと、そういう違う世界に行っちゃうのがやはり好きだし、そういうのが好きな人じゃないとできないんじゃないかと僕は思うんですよね、ものを書く仕事というのは。朝の四時に起きるためには夜の九時半ぐらいには寝なくちゃいけないんです。夜の九時半ぐらいに寝ちゃうというのは、ある種の人生の部分を放棄することになる。つまりナイトライフがない。もちろんたまにはジャズクラブに行くとかコンサートに行ったりして十一時半ぐらいに寝るときもあるけど、だいたい十時前には寝ちゃいます。

若い人はきっと、なかなか十時前には寝ないよね。というのは、僕もそうだったけど、早く寝ちゃうとなんか人生を損してるような気がする。僕が寝たあとで何かいいことがいっぱい起こってるんじゃないかって（笑）。でも何も起こらないんだよね、普通。（一同爆笑）十中八九つまんないんだよね、何も起こらなくて。まあ、僕も年だからね、ということもあるんだろうけど、早く寝ちゃいます。朝早く起きてひとりで仕事している方が楽しいから。でもそういう人は少ないかもしれない。やはりね、夜中に人と騒いでいるほうが机に向かって仕事しているよりも楽しいという人はあまり翻訳には向かないですよね――と、僕は思います。

柴田　それで僕は思ったんですが……いま、日本で文壇というものがどこまで残っているかよくわからないんですけど、村上さんはほかの作家とあまり社交的な付き合いとかなさらないですよね。

村上　しないですね。

柴田　でも翻訳という形でほかの作家とすごく、もしかしたらいちばん深い形でかかわることはなさっている。たとえば、ほかの作家みたいにサイン会やったりイベントやったりという形ではなさらないけど、『海辺のカフカ』のときのようにメールでかなりの数の読者と対話したりする。そういうところって翻訳という仕事とすごく通じるものがある気がする。表面的に多くの人と浅くかかわるより、ちゃんと一対一で対話する方がいいという姿勢。

村上　僕は作家同士の付き合いはしない。なんでしないかというと、作家というのはだいたい根性が悪いというか性格が悪い（笑）。もちろんいい人もいるけど。それと同時に、たとえば作家同士で付き合うと本が送られてくる。それを読まなきゃいけないから（笑）。それがすごくめんどくさいから付き合わない。

柴田　じゃあ、僕も翻訳送らない方がいいですか？

村上　翻訳はいいんです（笑）。それに柴田さん、僕がいちいち本の感想言わなくても怒らないでしょ？

柴田　全然全然。

村上　小説家は本を送ると、それを読んで反応が返ってこないと不機嫌になる。だから僕もあまり送らない。人に送られるのもおっくうだから、自然に付き合いがなくなってくるんです。もちろん柴田さんの場合のように本のやりとりがそんな苦にならないという相手も少しはいますけど。でも外国の小説家とはよく会いますね。「よく」でもないけどね。会って話す。カーヴァーもジョン・アーヴィングも会って話したし、オブライエンもグレイス・ペイリーも、トム・ウルフもエドナ・オブライエンも、いろいろな人と会ってますね。僕が会っていちばん面白かったのは、あいつ。ええと、ほら……

柴田　トム・ジョーンズですか？

村上　トム・ジョーンズは変なやつで、すごーく面白かった。あとブレット・イーストン・エリス。あの人は面白いですよ。

柴田　『アメリカン・サイコ』(1991) の作家ですね。

村上　翻訳してていいのは、柴田さんも前におっしゃってたけど、原作者がわりに気楽に会って話をしてくれることですね。

柴田　エリスはどういう風に面白かったんですか？

村上　あの人はね、危ない人です。

柴田　壊れてますよね。

村上　あの人の書く小説も壊れてるけど、どうしてあの人の書く小説が壊れているかというと本人が壊れているからですよ。小川高義さんが『アメリカン・サイコ』を訳してますけど、作者がどれくらい壊れているか、たぶん小川さんにもわからないんじゃないかな。

柴田　小川君は壊れてないですから。まっとうな人です。

村上　壊れてないよね。ところがエリス本人に会って話すと、そうか、こういう奴がこういう壊れたものを書くのかというのがすごくわかります（笑）。腑に落ちるというか。

柴田　なるほどねえ。

村上　そういう把握は大事ですよね。だから翻訳をやるのであれば、なるべく原作者には会ったほうがいい。カーヴァーに会って僕がいちばん思ったのは、本当にこの人は真面目ないい人だなということ。それが伝わってくるんです。だからやはりこっちも一生懸命やらなきゃあという気持ちになる。だからみなさんももし翻訳する機会があれば、なるべく原作者に会うかあるいは手紙を出したりした方がいいと思います。僕も、僕の本を訳す人にはすごく親切にしてる。作家にとって翻訳者はものすごく大事なんです。だから、手紙書いたり話をしたりというのは勇気が要ることだと思うんだけど、その勇気を出した方がいいと思います。

柴田　たとえばジェイ・ルービンだけど、彼は日本語で村上さんにコンタクトをとってきたんですか？

村上　そうです。

柴田　ほかの言語、アイスランド語とか東欧の言語とかトルコ語とか、そういう訳者からは何語で手紙が来るんですか？

村上　英語で来ます。英語というのは、いまはインターネットの時代になったけど、もう共通言語ですよね。好むと好まざるとにかかわらず、いわゆるリンガ・フランカ（lingua franca：共通語）。

柴田　場合によっては、英訳から重訳する訳者もいる？

村上　います。たとえばスロヴェニアとかクロアチアとかですね。なかなか日本語から直接訳せる人がいない。英語からの重訳というのが始めは多かった。ただ最近はそれも少なくなってきて、むしろ日本語から直訳のほうが多いですね。それはすごくいいこと。

＊

M　ご自分の作品をご自分で英語に翻訳してみたいと思われたことはないですか？

村上　翻訳というのはネイティブ・タングの人が母国語に訳すのじゃないと、ほとんど不可能だと思う。もちろん天才的な人はいますけどね。コンラッドにしても、ナボコフにしても。でもそんなのは本当の例外だと思う。だって僕の書く英語、ひどいですよ。

柴田　そんなことないですけど（笑）。でも村上さんが自分で英訳してると思っている人、けっこういますよね。

村上　アメリカ人なんかはね、どうしておまえは自分で訳さないんだってよく言うけどね。何もわかってないんだと思うよ（笑）。

柴田　渋谷のブックファーストかどこかで村上さんの英訳が並んでて、若者のカップルが「これ、村上春樹が自分で訳してるのかしら」「そうに決まってるだろ」とか会話してて。よっぽど訂正してやろうかと思ったけど（笑）。

村上　訂正しなくていい（笑）。ただね、僕、英語で訳された自分の本ってよく読むんですよ。自分で書いた日本語の本は絶対読み返せないのに——恥ずかしいから。その代わり、英語に訳されたものは読み出すと、面白いからつい読んじゃうんですよね。

柴田　そういうときは、自分で書いたものとなんか違うなとか、そういうことは気にならない？

村上　ならない。自分の書いたものを全部忘れているから(笑)。だいたいの筋だけしか覚えてないんですよ、僕。自分の書いたものは。だから英語で読んで、違っててもわからない。スッと流れていく。

N　さっきの異界という話に戻るんですが、よろしいでしょうか。これは僕自身の意見なんですが、東京自体も半分異界のように感じます。裏をめくるとですね。自分が生きている現実なんですけど異界感が強い。渋谷とかとくに……。
村上　まあ、渋谷はちょっと別だね。
N　そういうことと関連して、村上さんは都会というものについてどう思われるかということをお聞きしたいのです。
村上　僕は都会って好きなんですよ。というのは、都会にいれば非常に無名の人間になれる。その感じはすごく好きです。家は神奈川県の小さい海辺の街にあるんですけど、そこにいるとね、やはり自分がここに住んでて、村上春樹という人間で、小説を書いて生活していて、ご飯のおかずを買いにいくという生活がある。でも東京にいるとね、まったくそんなこと考えないで生きて行けるんですよ。
　僕が生まれ育ったのは阪神間の西宮とか芦屋のあたりで、そこから東京に出てきたときは本当にうれしかった。自分がまったく別の人間になれたような気がして。実際、別の人間になったんだけどそれは本当にほっとしました。だから僕は十代の頃は関西弁を使っていた。それが東京に来て、言葉もガラッと変わっちゃったんですよね。それは一種の人格の作り替えなんですよね。都会というのはそういうのが可能なわけ。

柴田　そうすると、小説や翻訳で別の世界に行くとおっしゃったけど、都会にいるということもそれと似たようなことなんですか？

村上　似てますね。しょっちゅう引っ越しするし。外国に行って住んだり。わりに環境をどんどん変えていくのが好きです。それで、環境を変えるたびに少しずつ違う人間になる。なれるんですよ、ちゃんと。違う人間に。

柴田　あの、N君の言う「都会が異界だ」というのは、そういう話？　またそれとは別の話？

N　そういうのも含めてなんですが、ちょっと違うかも。

村上　あのね、この前僕は名古屋に行って一週間ぐらいいたけど、ここは異界だなと思った。(一同爆笑)

柴田　それはまた別の意味でしょ（笑)。

村上　別の意味ですね（笑)。

O　あの、カポーティは、「ミリアム」みたいな都会物と、いわゆる「アラバマもの」といわれる土着性が強いものを書いてますよね。村上さんは都会のほうがお好きだということなんですが、カポーティの作品ではどちらのほうがお好きですか？

村上　カポーティねえ。難しいところですね。僕は都会的な、たとえば「無頭の鷹」(『夜の樹』『誕生日の子どもたち』に収録）みたいなものがすごく好きなんですけど、それと同時に例のミス・スックもの（「感謝祭の客」「クリスマスの思い出」「あるクリスマス」のこと。『誕生日の子どもたち』に収録）ね。あれも好きだし……難しい質問です。でも両方あってカポーティですよ。平凡な意見だけどね。

柴田　一冊、本に編まれたのはアラバマものの方中心ですね

(『誕生日の子どもたち』村上春樹訳、2002年)。

村上　そうですね。ただ、カポーティのメインの柱っていうのは一種のゴシック性——ごく日常的な世界で起こる心理的な恐怖などを描くものだから、そういう点でとらえれば田舎のゴシック性も都会のゴシック性も同じなんです、本当は。だからアラバマの闇みたいなもののゴシック性をそのまま都会に持ち込んだのがカポーティの都会ものだ、という風に僕はとらえています。

*

P　あのう、これまでのよりもくだらない質問になっちゃうんですが、漫画とか読まれます？

村上　漫画はね、昔はね、大学生の頃はよく読んでたんだけど、読まなくなりました。というのは、人生の時間というものが限られていることに気づいたからなんです。若いときはいくらでも時間があると思っていたんですが、年をとってくるにつれて時間は非常に限られたものだと実感するようになりました。たとえば僕はいま五十五歳だけど、いつまで長編を書けるのだろうかと。それで逆算すると、あと何冊って決まってきちゃうんですよね。三十代の頃は無限に書けそうな気がするんだけど、やはりある程度年とってくるとカウントダウンになってくる。あと何冊かしか書けない——そうすると時間がすごくもったいないですよね。だから漫画読んでる時間があれば本を読むとか翻訳をするとか。

それから、質問に先回りしちゃうと、ゲームもしないですね。パソコン・ゲームとか。それも時間がもったいないから。その代わり、神宮球場にはしょっちゅう行ってるけどね

(笑)。だから、あまり一貫性はないと思うけど。あと、週刊誌とかそういうのも読まないですね。テレビもまず見ないです。その代わり一日三、四時間、中古レコード屋に入り浸る(笑)。

P　新聞なんかも読まれないですか？

村上　新聞、ほとんど読まないですね。だって僕、地下鉄サリン事件が起こるまで新聞をとってなかったくらい。時間がもったいないから。ただ、地下鉄サリン事件をカバーするためには新聞を読まないとついていけないからとりましたけど、それまではまったく読まなかったです。

あとずいぶん長いあいだテレビも持っていなかった。だからNHKの集金人が来るとね、「いい機会だから部屋に入ってよ。うちにテレビないことがよくわかるから」って自慢する(笑)。

それで昔は新聞の勧誘がくると僕は全部断ってた。「漢字が読めない」って言えばいいんです。毎日とか読売とか朝日とか来るんだけど「僕は漢字が読めないから新聞はとりません」って言うと、もうさっさと帰っちゃう——でも「赤旗」だけは帰らなかった。(一同爆笑)「うちは漫画も載ってるんですよ」って食い下がる。共産党は強いね(笑)。

まあとにかく、話が変な風になっちゃったけど、漫画を読まないというのはやはり、その分の時間を別なことに使いたいからです。漫画に対して否定的なわけではありません。

P　では、外界の情報はどのように仕入れるんですか？

村上　地下鉄に乗って雑誌の吊り広告見ると、だいたい社会の動きってわかるんですよね。「東洋経済」とか「アエラ」とか「週刊女性」とか、何でもいいけど、情報が網羅されてますね。

P　もうひとつだけ。ちょっと違う質問なんですが、いままで生きてきていちばんきつかったことって何ですか？　それからどうやって立ち直ったかということも教えてください。

村上　それはね……うーん、それはちょっとやはり口に出せないから（笑）。立ち直るのは……一生立ち直れないですよ。一生抱えて生きていくしかない。口にできることであればそこまで抱えないし、難しいですね。

＊

Q　『ダンス・ダンス・ダンス』とかさまざまな作品で料理する場面が出てくるじゃないですか。村上さんは料理はされるんですか？

村上　ほとんどしないですね。でも、やろうと思えば何でもできるんですよ。というのは、僕は大学時代にひとりで生活していた。そのとき、とにかく自己完結しようと思ったの。とにかく自分にできないことはないという状態になろうと思ったんですよ。料理から掃除から簡単な裁縫から、全部自分で。だから、うちの奥さんがいまいなくなったとしても僕は何でもできるので、全然不自由を感じない。そのときのために準備しているという説もあるんだけど（笑）。弱みを見せない効果もある。

　とにかく、いつひとりになっても生きていける人になろうと決心したんです、二十歳ぐらいのときに。なかなか難しいけれど。

Q　それはさっき言われていた上京の経験と関係があるんですか？

村上　それとは全然関係ない。僕は一人っ子でわりに甘やかされていて、過保護なところがあったから、これじゃ駄目だとある日突然決意した。自立してやろうと。

別の学生　芦屋に住んでおられたわけですもんね。

村上　そうです。お坊ちゃんというほどのもんじゃないけど。

柴田　お店をなさってたときは、料理は村上さんと奥様のどちらが担当されたんですか？

村上　それは半々でやってました。僕は基本的なところは全部できます。切ったり炒めたり煮たり。

R　あの、この前、作家の川上弘美さんが、夕方洗濯物を畳んでいて子どもの世話もしなきゃいけないというそんな夕方、いきなり物語が浮かんできて、書かなきゃっていう衝動に駆られて仕事をほったらかして書いた、という話を新聞か何かで書いていらしたんです。

　村上さんも創作に関して、書かなきゃ死んじゃうとまではいかないけれども、その種の執筆への衝動を感じるのかということと、それは著作の性質によって——創作と翻訳とで違うのかということを教えていただきたいと思います。

村上　あの、思い出せる限りそういうことってないですね。何かをやっている手をほったらかして、何かを書きたいと思ったことは一度もないです。僕の場合は「何時から何時まで」と時間を決めて書きます。朝の四時に起きて十時まで仕事をすると決めている。

　では、長編を書くときはどういう風にして決めるかというと、もうそろそろ貯まってきたなと思うわけですよ。うっ、このへんまで来てる、と。それでカレンダーを見て、今日は十一月八日だから十二月十六日から始めようと決める。それに合わせて日程を設定しちゃうわけです。それまでにほかの細々した仕事を全部終わらせ、机の上をきれいにし、十二月十六日から始めると設定する。それで十二月十六日の朝の四時に起きてさあ始めようと思って机の前に座って長編を書き始めるわけ。今回は貯まり具合から見てこのくらいの厚さの本だなとかわかっていて書き始めるんですけどね。僕は特殊な方かもしれないけど。

だから、洗濯物を畳むときには洗濯物を畳むことしか考えてないね。関係ないけど、僕、洗濯物畳むの好きですよ(笑)。アイロンがけと洗濯物畳むのけっこう好き。

柴田　で、創作ではなく、翻訳でも同じことがあるかという質問に関しては？

村上　翻訳の場合は小説ほどがちがちに堅くないんです。そろそろこれやりたいなとかで決めちゃう。だから翻訳は気が楽なんですよ。いま僕は次に何をやるか決めてないですけど、何やろうかなと考えるのが楽しいんですよね。

R　今日の冒頭でも言われていましたが、創作と翻訳の関係は『翻訳夜話』に出てきた「雨の日の露天風呂システム」あるいは「チョコレートを食べた後の塩せんべい」ですよね。

村上　そうそう。

S　やはり翻訳と小説で、目指している方向性は村上さんの中では違っていますか？

村上　全然違いますよね。

柴田　それは、自分の人生の残り時間のカウントダウンを考えると、ということを含んでいますか？

村上　うん。僕は最終的には、さっき言ったように総合小説を書きたいという気持ちがある。けれど、そこに行きつくにはまだ少し時間がかかる。だからそのカウントダウンも、最終目標を設定してカウントダウンしているんです。ただ、書こうと思って書きたいものが書けるというものではない。順番があるんです。たとえば『アフターダーク』みたいにわりに短めなものを書き、短編集を書き、長編を書きしてその次に、とか。そのステップを一つひとつこなしていかないといけない。そのためには体力が必要。ものを書くというのは体力がすべてなんですよ……と言うと馬鹿みたいなんだけど。

柴田　いや、そんなことはないと思います。

村上　そうだよね、体力がなければ何もできないですよね。単純な話、いくら能力があったとしても歯が痛かったらものなんて書けない。肩が凝ったり腰が痛かったりしたら机に向かって仕事なんてできない。そういう意味で体力は必須条件なんです。僕はこの二十何年間で二十何回フルマラソンを走っているけれど、みんなは馬鹿だっていうんだよね。でも、僕がずっと思ってきたのは、体力がなければ何もできないということ。というのは、集中力というのは体力なんですよ。若いときは集中力っていくらでもある。五時間机に向かってずっとやれって言ったらできる。体が丈夫だから。でも、それが三十になり四十になり五十になってくると、体力がなければ集中力って続かないです。だから小説家でも若いときにすばらしい作品を書いて、そのあとだんだんパワーが落ちていく人がいますけど、その原因はほとんどの場合体力ですよね。シューベルトとかモーツァルトのように才能がどんどん溢れ出てきて、溢れ出るだけ溢れ出させて、それがとぎれたらおしまい、死んでしまう人もいるわけだけど、ほとんどの人の場合パワーが落ちていくのはすなわち体力が落ちていくこと。だから僕は若いときに決心して、体力だけは維持しようとずっとやってきた。

柴田　体力、落ちてないですか。

村上　たぶんほとんど落ちてないですね。

柴田　そうですか。僕はこの翻訳の授業って、もう十何年やってるんですけど、最初は駒場で百人ぐらい相手にして毎週ひとりで全部レポート読んでたわけです。だんだんそれがきつくなってきて、1999年に本郷に来て、そうすると少し規模は小さくなった。でも四十本ぐらい、毎回読むわけです。

村上　前はもっと多かったですよね。

柴田　ええ。以前、村上さんにおいでいただいたときは百人以上いましたよね。百本読むのはきつくなってきて四十本になって、それもきつくなって、去年からはTAの大学院生たちに手伝ってもらってひとり十本ずつぐらいを四人で読みましょうと。すいません、これは僕が体力が落ちたっていう話なんですけど(笑)。村上さんは落ちてないんですね。

村上　机に向かって仕事することに関しては落ちてないですね。フルマラソンのタイムはちょっとずつ確実に落ちてますが(笑)。

T　三浦雅士さんが村上さんと柴田さんについての本を書かれていたんですが(『村上春樹と柴田元幸のもうひとつのアメリカ』2003年)、その中で、アメリカの文壇というか作家同士の集まりのことを書いている村上さんの文章が非常に自然な表現で気負うところがないという指摘からはじまって、最終的には、村上さんがアメリカというものとじかに接着したのだという論があったんです。そのような表現にかんして村上さんご自身は違和感を覚えますか？　それとも共感するところがありますか？　それから、さっき日本語で日本人の読者のために書いているとおっしゃっていましたが、そのようなこととアメリカとの接着とでは齟齬をきたしていると思うんですが、それはどう思いますか？

村上　さっきも言ったように、僕には創作者・作家としての面と、翻訳者としての面があるんです。だから僕がアメリカの作家と付き合っているとすれば、それは翻訳者としての面が前に出てきているわけですよね。少なくともいろいろな作家と会っていろいろな情報を収集していろいろな人を知りたいというのは翻訳者としての本能なんです。それから、なるべくなら作家同士ではかかわりたくないと思うのは創作者としてのものなんですよね。僕の中でははっきりそれが分かれている。

　具体的に言えば、アメリカに行けばいろいろな人や小説とかかわって話をして情報を仕入れたいと思うし、日本にいればなるべく孤立して自分の仕事に集中したいと思う。だからそれは決して齟齬というわけではなくて、僕にとってはすごく自然なことなんです。

柴田　でも……別に反論するわけじゃないですけど、村上さんの英訳がこれだけ出て、英米の作家も村上さんの作品を読むようになったじゃないですか。そうなると、なかなか一翻訳者として彼らと会うのは難しくないですか？　彼らも村上さんを作家として見るようになっているんじゃないですか。

村上　それはそうかもしれない。ただ、僕はそんなにたくさん会ってるわけじゃない。たまにしか、行ってないです、いまのところは。この前ニューヨークで柴田さんと一緒にいたときに、作家がいっぱい来ていて話をしましたが、ああいうシチュエーションはもう何年かに一回あるかないかですね。そんなにアメリカの文壇とかかわってるというわけではないですよ。あのとき、エリスは来てましたっけ？

柴田　エリスとジェイ・マキナニーが一緒にお寿司食べてました。恐ろしくて近よる気しなかったけど（笑）。

村上　ちょっとラリってましたよね。

柴田　うん。

＊

U　あのう、翻訳者として原作者に会って話してから翻訳をした方がいいというお話でしたが、どうしても最初に作品から入る方が多いですよね。

村上　もちろんそうですね。

U　そういうときに、原作者に会って、あとから書き直したくなったりとか翻訳の文体が変わってしまったりということはないでしょうか？

村上　それは僕の場合はなかったですね。そういう人もいるという話は聞きました。レイモンド・カーヴァーのイタリアの翻訳者でしたっけ。

柴田　フランスですね。

村上　フランスでしたか。翻訳して、本人に会ったらすごく自分の印象が違ったので、それまでのものを全部書き直したと。ただ、僕の場合それはないです。文章をしっかり読めばその文章から人間性は伝わってくるはずだから。たぶんそのフランス人はその段階ではまだ読み方が浅かったんでしょう。

U　今回、この授業で「かえるくん、東京を救う」を翻訳したんですけど、これって英訳題が “Super-Frog Saves Tokyo” だったんです。英訳で読んでいるときは筋とか忘れてしまって違和感なく読むんですけど、ふと気づくと、「かえるくん」と「Super-Frog」ってだいぶ違いますよね。

村上　そうですねえ。

U　キャラクターがもう違ってますよね。「Super-Frog」ってアメリカのスーパーマンみたいな感じ。

柴田　なるほどね。

U　「かえるくん」ていうとすごくやさしい。というかやわらかい感じですよね。そういうキャラクターの違いや話し言葉の違いとか違和感を感じないですか？

村上　うーん。僕がもしこれを訳すとすれば「Mr. Frog」って訳すと思います。ジェイ・ルービンが「Super-Frog」って使ったのは、もっとキャッチーなものを求めてたんじゃないかな。

柴田　少なくともタイトルでは “Super-Frog Saves Tokyo” でぴたりとイメージが定まりますよね。それでジェイがうまいのは、タイトルにしか「Super-Frog」って使ってない。中では Frog で通している。

村上　そうですね。確かに「Mr. Frog」だと、本当にそういう人かもしれないとなっちゃう。個人名なら普通はGが二つだけど、フロッグさんという名前の人かもしれないし、「Super-Frog」と言うことによってそれが一種のフィクション上の話であるということがはっきりするかもしれない。そういえば文章の中では「Super-Frog」って使ってなかったですね。

柴田　使ってないです。タイトルだけ。彼は自分の本でそのことを書いていて、「かえるくん」という日本語からたいていの英訳者は「Froggy」と愛称にすることを考えるんじゃないかと。でもそれは安っぽすぎるし、繰り返されると鼻につくということでFrogで通すことに決めたということでした。

村上　この“Super-Frog Saves Tokyo”を、ニューヨークで朗読したことがあるんです。すごく受けるんですよね。鳴き声が僕、けっこううまいんでね。

柴田　カエルのですか？

村上　そうそう。(一同笑)

柴田　そういえば英訳のところで、蛙が鼻歌を歌いながらお茶を注ぐという最初のシーン。何人かの学生は「蛙の鼻歌だからこれはゲコゲコだ」といって「ゲコゲコ歌いながらお茶を注ぐ」と訳していたんですが、あの鼻歌は村上さん、どんな風にイメージされていましたか？

村上　僕？　何もイメージしていないですね。

柴田　あ……そうですか(笑)。

村上　翻訳でいちばん難しいのはやはり、しゃべり方ですよね。ですます調にするのか、どういうしゃべり方にするのかということです。僕の原文を読んだことがない人なんかがこの英訳から翻訳すると面白いでしょうね。反対に、読んだ人はイメージが頭の中にできちゃってると思うから影響されるでしょう。

柴田　蛙が暴力団員みたいになってる訳もありました(笑)。

村上　面白そうですね。

柴田　たぶん原文を見てない人です。

村上　ふーん。逆に蛙がゲイっぽくてもいいかもしれない

(笑)。

V　あの、エリスが壊れてると思ったと言われていますが、それは作品を読まれてそう思ったのか——それとも話していて壊れてると思ったんですか？

村上　あんまり人のことを壊れてるなんて言うのも問題があるんだけど、たとえばエリスは、小説でブランドネームをいっぱい出してきますよね。それから洋服の描写とか食べ物の描写がやたら詳しいし、繰り返しがしつこい。そういうのって普通、悪文なんですよね。だからそれを悪文ととるか、たとえばジェームズ・ジョイスみたいな意識的な解体ととるかというのはものすごく難しいところなんです。エリスの場合は悪文のほうに近いんじゃないか……(笑)。

柴田　近い(笑)。

村上　意識的な解体じゃないですよね。あの人の神経そのものが、ブランド名の羅列とか繰り返しとかに行ってしまう人なんでしょう。でも、ジョイスだってひょっとしてそうだったかもしれない。それは僕にはよくわからない。ただ僕は、エリスは身体を張って書いてる人だなと思ったわけ。

柴田　なるほど。

村上　僕はエリスって好きなんだけど、みんなだいたい悪く言うんですよ。でもエリスが好きなのは、あの人の文章を読んでいて、ひどい文章だけど何か本当のものがあるという風に感じるわけ。で、本人に会ってみると、そういう風にしか書けないというところで書いているというのがわかった。だから僕があの人を壊れてると言うのはそういう意味なんです。神経系が、文章の神経系と同じ神経系なんですよ。軽薄、浅薄なわけ。shallow なの、作品も本人も。これはいい意味で言ってるんですけどね。だからこそああいう文章が書ける。
V　文章であそこまで羅列するというっていうのは……。
村上　服装でもやはりすごく神経使ってるし、どこに食べに行くかと言ったらレストランの名前をすごくいっぱい知っている。人の服を見ても「それはコム・デ・ギャルソンだろう」とか指摘する。知ったことかと思うけど。

＊

W　村上さんはご自分の作品の評価とか評論とか読まれますか？
村上　読まないですね。少なくとも小説に関しては、まず読みません。翻訳なんかについての評は進んで読むこともありますけど。自分の書いた小説の評論や批評を読まないというのは、じつはものすごく難しいんですよ。つい読んじゃうんです。若いときは読まないようにしようと思っても読んじゃって後悔した。いまはまったく読まないです。だから誰が何書いても関係ない。例えば目の前にそういう書評の本や新聞の書評欄が広げられてても読まない。興味ないもん。
柴田　読者の声は聞かれますか？
村上　インターネットでウェブサイトをやっていたときは全部読みました。僕がそのときに思ったのは、一つひとつの意見は、あるいはまちがっているかもしれないし、偏見に満ちているかもしれないけど、全部まとまると正しいんだなと。僕が批評家の批評を読まないのはそのせいだと思う。というのは、一人ひとりの読者の意見を千も二千も読んでいるとだいたいわかるんですよね。こういう空気があって、その空気が僕のものを読んでくれているんだというのが。悪いものでありいいものであったとしても。で、一つひとつの意見がもし見当違いなものて、僕が反論したくなるようなものだったとしても、それはしょうがないんですよね。

僕は、正しい理解というのは誤解の総体だと思っています。誤解がたくさん集まれば、本当に正しい理解がそこに立ち上がるんですよ。だから、正しい理解ばっかりだったとしたら、本当に正しい理解って立ち上がらない。誤解によって立ち上がるんだと、僕は思う。

柴田　そうすると、その批評家一人の声は読者一人の声と同じものだということですか？　それともまた別のものですか？

村上　たとえばウェブサイトに批評家がメール送ってきたとしますよね。そうするとそこにメールが2000あったら2000分の1ですよね。よく書けている評論かもしれないけど2000分の1。僕がとらえるのもそういうことです。

柴田　たとえばそれが、新聞の書評なんかだと、あたかも一分の一のようにふるまってしまう。そういうことですね。

村上　そういうことです。だから僕がいつも思うのは、インターネットっていうのは本当に直接民主主義なんです。だからその分危険性はあるけれど、僕らにとってはものすごくありがたい。直接民主主義の中で作品を渡して、それが返ってくる。すごくうれしいです。だからインターネットっていうのは僕向けのものなんですよね。こういう機会があればこうして顔をあわせて話ができるわけですが、そんなにしょっちゅう機会があるわけではないし。手紙のやりとりでは重くなりすぎちゃうし。その点インターネットっていうのはすぐ更新できるし、すぐ反応できるし、すごく面白いですね。ただ、やってる間、他のことができなくなっちゃう。そうそう、僕はこのあいだ、三ヵ月で千六百通返事書いたんですよね。

柴田　『海辺のカフカ』のときに？

村上　そう。すごく面白かったです。

＊

村上　あの、ちょっと訊きたいんですけど、ここで、翻訳を職業にしたいと思っている人は何人ぐらいいるんですかね？（数人が挙手）あんまりいないんですね。

柴田　僕が、ふだんから翻訳とはあまり職業になるものじゃないと言ってるからかもしれない。でもとにかく、いまこの授業に残っている人たちは翻訳が好きであることは間違いないし、能力的にもある程度はあることも間違いないですね。

村上　あのね、僕が小説を書くときいちばん役にたった言葉というのはフィッツジェラルドのものなんだけど、彼が娘に宛てた手紙の中で「人と違うことを語りたかったら人と違う言葉を使え」と言っています。だからね、文章を志す人はほかの人とは違う言葉を探さないといけないんですよ。プロになるにはそれはすごく大事なことです。そして僕も、翻訳したり小説を書こうと思ったとき、これまで使われてない言葉を一つか二つ、使おうと思っているわけです。

柴田　意識的にですか？

村上　意識的に。みなさんも辞書を見たら、生まれてから一回も使わなかったなという言葉がけっこうあるでしょう、不思議に。次はこれを使ってみようと思うわけ。

柴田　僕もそういうのありますね。「やみくもに」とかね、去年あたりから使えるようになったな。

村上　「なかんずく」とかね（笑）。
柴田　それはまだだな（笑）。
村上　翻訳でもそういう言葉を使うと楽しいですよ。これまでに使ったことのない言葉を使う。それから、いろいろな文章に目を光らせ、「この言葉、使ってみたい」という言葉を見つけてメモしておく。英語でも同じ。和英辞典を引いたら、使ったことのない言葉ってけっこうありますよね。今度これを使ってみようっていうのが、たとえば presumption（僭越さ）とかね。使ったことない。あとね、今度一回使ってみたいのが once in a blue moon ですね。あれも一度も使ったことないから一回どこかで使ってみたいと思ってるんですけどなかなか機会がなくてね。いや、ところでみんな、once in a blue moon って知ってますか？
柴田　どうかな。みんなには文脈がないと難しいかな。それだけポカッとあっても。文章の中に入ってると勘が働くけど。
村上　「非常に稀に」という意味ですが。
柴田　イギリスの作家のマグナス・ミルズがそのタイトルでこのあいだ本を出しましたね。面白かったです。
村上　とにかく言葉というのはものすごく大事。単語が大事なんですよ。だから、使ったことのない言葉で使いたい言葉を自分の中にストックしておく。僕の場合は比喩がそうなんです。だれも使ったことのない比喩を使ってやろうと思う。
柴田　それは普段から、こういう比喩を使おうとずっと考えているということですか？
村上　いや、普段は考えないですけど。
X　僕は、梶井基次郎の「墨汁をたらしたような後悔」って日本語に感動していて、これぞ自分の中でうまい表現のナンバーワンなんです。村上さんがこれまで書かれてきたなかで、他の人が使ってない表現で、いちばんこれぞ決まった、というものはなんですか？

村上　僕？　そうですね、覚えてないな。わかんないですね。でも正直言ってあんまり「決まった」と思うことはないです。やれやれクリアしたという感覚はあるけど、あとになって「あれはうまいこと思いついたな」なんてことはないです。

柴田　ああ、時間が来てしまった。僕は訊きたいことがまだまだいっぱいあるんですけど、それはまた別の機会にします。

村上　わかりました。いつでもどうぞ。いや、でも今日はなんだかせっかくの講義の時間を無駄にしちゃったみたいで、申し訳ないです。

柴田　とんでもない、すごく面白かったです。お話、どうもありがとうございました。

村上　どうもありがとうございました。(盛大な拍手)

5

Italo Calvino

Invisible Cities
(Le città invisibili)

Translated into English by William Weaver

Cities & the Dead · 2

Never in all my travels had I ventured as far as Adelma. It was dusk when I landed there. On the dock the sailor who caught the rope and tied it to the bollard resembled a man who had soldiered with me and was dead. It was the hour of the wholesale fish market. An old man was loading a basket of sea urchins on a cart; I thought I recognized him; when I turned, he had disappeared down an alley, but I realized that he looked like a fisherman who, already old when I was a child, could no longer be among the living. I was upset by the sight of a fever victim huddled on the ground, a blanket over his head: my father a few days before his death had yellow eyes and a growth of beard like this man. I turned my gaze aside; I no longer dared look anyone in the face.

I thought: "If Adelma is a city I am seeing in a dream, where you encounter only the dead, the dream frightens me. If Adelma is a real city, inhabited by living people, I need only continue looking at them and the resemblances will dissolve, alien faces will appear, bearing anguish. In either case it is best for me not to insist on staring at them."

A vegetable vendor was weighing a cabbage on a scales and put it in a basket dangling on a string a girl lowered from a balcony. The girl was identical with one in my village who had gone mad for love and killed herself. The vegetable vendor raised her face: she was my grandmother.

I thought: "You reach a moment in life when, among the

people you have known, the dead outnumber the living. And the mind refuses to accept more faces, more expressions: on every new face you encounter, it prints the old forms, for each one it finds the most suitable mask."

The stevedores climbed the steps in a line, bent beneath demijohns and barrels; their faces were hidden by sackcloth hoods; "Now they will straighten up and I will recognize them," I thought, with impatience and fear. But I could not take my eyes off them; if I turned my gaze just a little toward the crowd that crammed those narrow streets, I was assailed by unexpected faces, reappearing from far away, staring at me as if demanding recognition, as if to recognize me, as if they had already recognized me. Perhaps, for each of them, I also resembled someone who was dead. I had barely arrived at Adelma and I was already one of them, I had gone over to their side, absorbed in that kaleidoscope of eyes, wrinkles, grimaces.

I thought: "Perhaps Adelma is the city where you arrive dying and where each finds again the people he has known. This means I, too, am dead." And I also thought: "This means the beyond is not happy."

....

柴田　今日の課題はイタロ・カルヴィーノの『見えない都市』からの抜粋です。カルヴィーノは1970～80年代、いま風に言えばポストモダン文学の時代に活躍した作家ですね。その時期に何冊も傑作を書いています。

ポストモダン文学というのをものすごく簡単に言えば、「実験的な小説」くらいのイメージでいいと思います。もう少し気取って言うと、小説を書くということはどういうことなのか、それをつねに意識しつつ書かれる小説と言ってもいい。物語を語ることについての物語、という側面があるということね。あるいは、現実の虚構性とか虚構の現実性とかを前景化して書いていると言ってもいい。

その時期に一番勢いがあったのがラテンアメリカ文学です。で、ラテンアメリカ文学の一連の小説は「物語についての物語」という側面ももちろんあるんだけど、作家によっては、同時にもっと骨太の、本来の意味での物語をどんどん語っていく面もある。といっていわゆるリアリズム小説——現実に起きうる出来事に限定した小説——ではなく、現実から出発してそのまま幻想の世界になだれ込んでいくような小説も多かった。これを世間ではマジック・リアリズムと言うわけですね。ラテンアメリカ文学の作家たちに言わせると、リアリズムから非リアリズム（＝幻想）に流れ込んでいくわけではなく、ラテンアメリカの現実自体が幻想や伝説や神話を含むんだということになるんだけどね。

この時期の最大傑作を二冊挙げるとすれば、一つがコロンビアの小説家ガルシア＝マルケスの『百年の孤独』(1967)ですね。これはとにかくいろいろな人が出てきて、いろいろな出来事が起きて、どんどんストーリーの面白さで引っぱっていくタイプの小説です。一気に読ませます。

もう一冊挙げるとすれば、このカルヴィーノの『見えない都市』(1972)だと思います。みなさんは訳してみたからわかるでしょうが、この小説ではつねに、一つのもの、一つの言葉が、何か別のものや言葉を意味したり指し示したりする。今回訳してもらった「都市と死　2」でも、一人の老人を見るとそれが子どものころ見た老人だったり、熱病病みの人を見るとそれが父親に似ていたりとかね。言葉や物が何か別のものを意味したり指し示したりする描き方ですね。たとえばここにある一本のボールペンだって、それ自体としてただあるだけではなく、これを愛用していた父親の記憶とか、何か別のものを意味したりもしますよね。そういうところに目が行っている小説ですね。その意味で、「言葉と物」の関係、つまりポストモダンの中心的な関心と密接につながっている。

そう言うとすごくつまんなそうに聞こえるんだけど、カルヴィーノの作品は、そこで使われる一つひとつの素材のイメージがとても美しくて、文章も見事です。ただし、ガルシア＝マルケスの『百年の孤独』みたいに、ストーリーでぐんぐん読ませる小説ではないので、読んでいて眠くなります。なかなか一気に通読できません。でも、この小説が誘発する眠気は大変上等な眠気だと思う。枕元に置いて、毎日少しずつ読むと、じわじわ効いてくる。そういう小説ですね。邦訳は長年ハードカバーだけでしたが、最近ようやく河出文庫に入ったので、是非読むことを勧めます。英訳も渋谷のタワーブックスあたりで簡単に手に入ります。

ちなみに『百年の孤独』は残念ながら文庫になっていません。改訂版が最近出たので、まだしばらくは文庫化されないと思います。ふところのさみしい人は図書館でどうぞ。

『見えない都市』の原文はイタリア語です。僕はイタリア語が読めないので、ウィリアム・ウィーヴァーによるこの英訳がいい訳か悪い訳かまったくわかりません。でも、日本で最良のイタリア文学者のひとり和田忠彦さんに訊いたら「まあ、いいんじゃない」と言ってました。ウィリアム・ウィーヴァーと言えば、カルヴィーノやウンベルト・エーコを訳していて、イタリア文学の英訳者としては──少なくとも量的には──第一人者だし、質的にも悪くはないみたいです。なので、重訳ということはひとまず忘れて、これを原文として考えることにしましょう。

> Never in all my travels had I ventured as far as Adelma. It was dusk when I landed there. On the dock the sailor who caught the rope and tied it to the bollard resembled a man who had soldiered with me and was dead.

学生訳1

今まで旅をしてきた中で私はアデルマまで足を延ばしたことはなかった。そこに上陸したら時は日没であった。船着き場で綱を受け止めて船をつなぎ止める柱に結んでいた水夫は私と兵役に就きもう死んだ男にそっくりであった。

A　あの、いきなりの質問で申し訳ないのですが、この学生訳は「である」調ですよね。先生の訳例が「ですます」調で書いてあるのはどういう理由からでしょうか。

柴田　たしかにこの部分を読んだだけでは決まらないですよね。本全体を読まないと「ですます」調は出てこないので、みなさんに強制するつもりはないですが、『見えない都市』

という小説はマルコ・ポーロの『東方見聞録』のパロディなんですね。マルコ・ポーロがフビライ汗に、東方で見てきたことを報告する、という形になっている。そういうわけで、偉いさんに向かって喋っている言葉になるわけ。

B　「兵役」という言葉と「もう死んだ」という言葉の硬さが合わない。

柴田　うん、「私と兵役に就きもう死んだ」というのが、句読点なしでつながってるからよけいに違和感があるね。漢語、日本語のずれであれば「私と兵役に就き、いまはもう」というふうに「いまは」と「、」を補えばそんなに違和感はないかな。もちろん、「私と兵役に就き」のような硬めのトーンで統一するのであれば、「死んだ」を「もういまはこの世にない」などとする手もありますよね。「綱を受け止めて船をつなぎ止める」というのは一つの動作だから読点がぜひ必要というわけでもないんだけど、この「兵役に就く」と「もう死んでいる」というのは、時間の次元が違います。こういうのは、くっつけない方がいいね。

C　そこなんですけど、「受け止めて船をつなぎ止める」というのは「止める」が重複していてわかり辛いんですが。

柴田　たしかに格好悪いな。どうする？

C　「縄をつかんで柱につなぎ止めて」ではどうですか。

柴田　うん、なるほど。

B　あの、この最後の一文がちょっと長い気がするんですけど。

柴田　読点がまったくないからね。

B　主人公の知覚の順番としては、まず船着き場で水夫が何か仕事をしているのを見てから「あ、似てる」と考える、という順番だと思うので……。

柴田　そのとおり。

B　ええと、「船着き場で水夫が船を柱に結んでいたが、彼はそっくりだった」とかではどうですか。

柴田　うん、それでいいけど、できれば「水夫が……していたが、彼は……」という主語の反復を避けたいね。僕自身は、「桟橋で纜《ともづな》を受け取って杭に結わえた船乗りは、かつて私とともに兵役に就き、もう故人となっている男に似ておりました」というふうに処理しました。

D　あの、婉曲的な描写がこの作品の重要な要素じゃないでしょうか。

柴田　さっき言った、言葉が何か別の言葉や物を指し示すこととつながるよね。それを活かすには、ということ？

D　そうですね。日本語が多少変になっても、その順番を活かす方法を選択した方が……あとに出てくる籠と少女のところも、まずキャベツを籠に入れたことに注目してから、それを引き上げた少女を見ないと原文どおりにならないんじゃないかな。ここもそうだと思う。

柴田　うん、だから、「誰かさんが〜していて、その誰それは」というふうに順番どおり訳していくのを基本方針にして、そのなかで、「その誰それは」というような反復感を与える言い方をなるべく避ける、ということになるかね。

　いま二人が言ってくれたことは、この作品の本質に関わることです。でもそれを別にしても、英語というのは描写にはとても便利な言語で、視覚的に重要な要素がわりと文頭に来やすいようにできているわけです。このセンテンスも、On the dock でまず場所が提示されて、the sailor で場の中心人物が出てきて、その人の仕草が出てきて、その人の顔をアップで見ると「ああ、誰かに似てる」となるわけですよね。日本語ではあまりそうはならない。むしろ細部から言いはじめる方が自然な語順になるんですよね。ここはいつも悩むところです。

それから who had soldiered with me and was dead「兵役に就いてもう死んだ」というのを、「私と一緒に兵役に就いて戦死した」と訳した人が多かったけど、それは違います。who had soldiered with me は「かつて一緒に兵隊に行った」ということで、was dead は単に「いま死んでいる」ってことでしょ。だからいつ死んだかは書いてないわけ。さっき言ったこの作品の特徴、一つの物がつねに別の物を指す、一つの時間はつねに別の時間を示す、だからいつの話なのかよくわからない、という特徴を活かすのであれば、was dead は「いまは死んでいる」にして、時間を重層的にするのがいい。つまり単に「もう死んだ」じゃなくて「いまは死んでいる」にすることで、兵隊に一緒に行った時間と、いまの時間、そのあいだにあった彼が死んだ時間が浮かび上がるわけですね。

学生訳1　修正案

今まで旅をしてきた中でアデルマまで足を延ばしたことはなかった。上陸した時は日没であった。船着き場で縄をつかんで柱につなぎ止めていた水夫は、私と戦争に行き今はもう死んでいる男にそっくりであった。

It was the hour of the wholesale fish market. An old man was loading a basket of sea urchins on a cart; I thought I recognized him; when I turned, he had disappeared down an alley, but I realized that he looked like a fisherman who, already old when I was a child, could no longer be among the living.

学生訳 2

ちょうど大きな魚市が立つ時分だった。老人が、ウニの入った籠を荷台に積んでいる。私は彼の顔に見覚えがある気がした。しかし、そう思って振り返った時には、路地を下っていった老人の姿はもう見えなくなっていた。彼は、私が子どもの頃にすでに年寄りだった漁師に、たしかに似ていた、と私は考えた。もはや、未だに生者の間にいるはずはないのだが。

柴田　3行目の turned という言葉が迷うところですね。学生訳では「そう思って振り返った時には」となってるんだけど、実は僕もよくわからないんだよね。その前のところで、I thought I recognized him と言ってるから、彼の方をすでに向いているわけだよね。で、それに続けて when I turned とあるということは、「さらに彼の方を向く」ということか、それとも recognize した瞬間に関してもう一度説明を加えているのか。まあ時間の流れがいまひとつはっきりしないことが身上の小説でもあるので、ある意味で必然的なわからなさなのかもしれないんだけど。

いずれにせよ、turn という言葉は翻訳者泣かせの言葉でありまして。カーヴァーのときにもちょっと言ったけど、日本語ではいちいち言葉にして言わないような状況に使われるんですね。たとえば、僕がいまみなさんの方を向いて立っているわけです。で、僕がいきなりこの部屋を出ていくとする。そうすると、日本語では「いきなり部屋を出ていった」と言えば済むでしょう。ところが英語では、He suddenly turned and walked out the room とか言ったりすることが多い。「向きを変えた」ことをきちんと報告するわけ。そういうときに、turn を使うんです。たいていの場合、turn を無視して訳しちゃってもいいんだけど、そうするとまたリズムが変わって、困ったりする。この場合はとりあえず「振り返る」でいいかなあ。

turn を訳す上で、ちょっと古風な「踵《きびす》をかえす」という言い方があります。それを使えるときもありますが、使えないときの方が多いです。チャールズ・ブコウスキーを訳しているときに turn が出てきたんだけど、ブコウスキーの語り手や登場人物が「踵をかえす」なんて気の利いた日本語を使うわけないよね。ブコウスキーは原則、中学生のボキャブラリーで訳さないとね。

E　学生訳の「路地を下っていった老人の姿はもう見えなくなっていた」というところなんですが、原文では he had disappeared down an alley になっていて、ニュアンスがちょっと変わっているかなと。

柴田　そうですね。どうする？

E　自分の場合は「彼はもう消えてしまっていた」とか。

柴田　そうですね。「そう思って振り返ったときには、老人はもう路地の奥に消えてしまっていた」とかね。

E　he had disappeared down an alley なんですけど、この down ってどういうイメージですか？

柴田　いい質問だね。これは文字どおりの坂道を思い描いてもいいかもしれないですね。あるいは、文字どおりの下り坂じゃなくても、暗い方、穴の底みたいな方に沈んでいくようなイメージを持ってもいいと思う。ただ、一般論を言っておくと、「道を歩く」という意味で walk down the street と言うのはまったく普通の言い方で、この down にはべつに坂道のイメージはない。単に walk along と言うのと同じで、down は単に「を」の意味。でもここでは単なる「を」よりはもう少し色があって、down があることで、なんとなく暗い方に行ったというイメージが強まる。一般論として、walk up the street と言うとなんとなく中心に向かっている感じがして、down というとなんとなく中心から離れていく感じがする。

F　wholesale fish market の wholesale は「大きな」じゃなくて「卸売りの」の方が普通は適当だと思うんですけど。

柴田　うん、普通はね。wholesale の一番基本的な訳は「卸売り」だよね。ただここで、魚を売る市をやっている港に、「卸売り」という言葉が相応しいかどうか。この場合は意訳で「大きな」でもいいかなという気がするんですね。「卸売り」だと問屋街のような印象を与えるので、ここでは文字どおりに訳さない方がイメージはまとまり易いかな。

その次の、「彼は、私が子どもの頃にすでに年寄りだった漁師に、たしかに似ていた、と私は考えた。もはや、未だに生者の間にいるはずはないのだが」。ここはちょっと苦労してるなあ。思考が行ったり来たりしている感じが再現されている、と言えなくもないけど。どうでしょう？

G　細かいことなんですけど、「もはや」と「未だに」というのが重複するような気がするので、どちらか片方でいいと思うんですけど。

柴田　「未だに」を取ればいいですかね。ここはたぶん、本当は原文と同じようにワンセンテンスにして、「もはや、未だに生者の間にいるはずはないのだが」を前の文に組み込みたいんだけど、組み込めないから独立した別のセンテンスにした。そうするとセンテンスの長さのバランスから考えてちょっと短すぎるってことで、やや冗長に訳したんでしょうね。

H　I realized なんですが、ここではあまりロジックを使って考えているわけではないんで「私は考えた。」より「私は思った。」の方が合っているかと思うんですけど。

柴田　うん、思考の上での結論とかではなくて、ぱっとそう思えたってことだもんね。

H　それと I realized が文頭にあったにもかかわらず、最後に来ちゃってる。できたら前に出して「私はこう思った。」で一回切ってから、具体的な内容を後に続けた方がすっきりするような気がするんですけど。

柴田　うん、まず I realized を「私はこう思った」にして、その後につなげて訳していく方が英語の語順どおりになる。だけど、ちょっと息の長さが変わってしまいそうだね。原文は息が短いか長いかっていったら、やっぱり長い。そういう息の長さ、ゆるやかに時が流れていつのまにか別の時空に流れ込んでいるような感じ、それを出すためには、あまり切りたくないという事情もあるよね。なるべくこのままで行こうとするなら、ここは「……に似ていると思えた」とかにすればいいんじゃないかな。
　それとはべつに、ここは「彼は」ではじまって、「彼は〜、私が〜、私は〜」となっていて、代名詞の主語が多すぎると思いませんか。I thought I recognized とか I realized that he looked like ... というふうに主語が並ぶのは英語では自然な言い方だけど、日本語では違和感がある。そのへんも考えて、やや無理してでも一文にまとめて「あれはたしかに、私が子どもの頃にすでに年寄りだった、もはや生者の間にいるはずもないあの漁師に似ていると思えた」とかしたらどうだろう。
Ｉ　あの、ちょっと戻るんですが……I realized のところを、「ふと気付いたのだが」ではじめちゃうのは駄目でしょうか？
柴田　その場合、問題は語尾なんだよね。どうしても「が」になるんだよな。国語審議会みたいな物言いですけど、逆接でない「が」はできるだけ避けたい。「しかし」の意味ではないのに「が」が出てくるというのは、話し言葉を再現するときなんかにはすごくリアルに思えたりするんだけど、地の文ではどうしても文章に張りがないように思えてしまう。
Ｉ　「ふと気付いてみると」はどうですかね。
柴田　うん、それはアリだな。直後に「彼は」を入れて、「ふと気付いてみると彼は、私が子どもの頃すでに年寄りだった漁師に似ていた」だね。なるほど。

学生訳２　修正案

　ちょうど大きな魚市が立つ時分だった。老人が一人、ウ二の入った籠を荷台に積んでいる。私は彼の顔に見覚えがある気がした。しかし、そう思って振り返ったときには、老人はもう路地の奥に消えてしまっていた。ふと気がついてみると彼は、私が子どもの頃にすでに年寄りだった、もはや生者の間にいるはずもないあの漁師に似ていた。

I was upset by the sight of a fever victim huddled on the ground, a blanket over his head: my father a few days before his death had yellow eyes and a growth of beard like this man. I turned my gaze aside; I no longer dared look anyone in the face.

学生訳 3

熱病の犠牲者が地面に体を丸められ頭を毛布で丸められているのを見て、私はうろたえた。私の父が死ぬ二日前も、この男のように目が黄色くなり髭が長くなっていた。目をそらした。怖くてもうまともに人を見ることができなかった。

柴田　1行目の「地面に体を丸められ」というのはちょっと変ですね。huddled on the ground だから、これは単に「地面に体を丸めて」です。「地面に体を丸めて」……「横たわり」くらい入れちゃいますか。「頭を毛布で丸められ……」も変だな。「地面に体を丸めて横たわり頭に毛布をかぶっている」。「かぶっている」だと主体的にやっているみたいでよくないか。「毛布をかけられて」にすればいいですね。

J　髭は「長くなる」と言うとなんか違う。

柴田　山羊みたいに何センチも髭があるような感じがしちゃう？

J　「伸びた」でいいんじゃないかな。

柴田　その方が普通だね。「髭が伸びていた」。

K　ここの文章の「私の父が」という主語がちょっとわかりにくい感じがして。「私の父も」と訳せば、主語がはっきりしてわかりやすい。

柴田　うん、「みんなも〜だけど私の父も〜」というニュアンスの「も」ですね。「が」を「も」にして、そうするとここの「父が死ぬ二日前も」の「も」が重なるから、この「も」は取るか、「に」か「は」にすればいいね。「私の父も死ぬ二日前」。

C　ここは話がどんどん飛ぶような感じで、わかりにくかったです。

柴田　そうなんですね。「私の父が死ぬ二日前も」でも間違いではないんです。ただ、そう書くと、語り手の頭の中で自分の父親の存在がいつも浮かんでいるような感じ、あるいはこの時もはじめから父親のことを考えているような感じがしてしまう。それを「私の父も……」とすることで、あくまでも全然知らない他人を見て、「そういえば自分の父も……」というふうに思いが広がっていく感じがするんですね。

C　あと「二日前」とはべつに書いてないんですが。

柴田　ああ、そうかそうか。a few days beforeか。ここは説明しましょう。a fewというのは中学校では「2、3」というふうに習う。でも実は、そうじゃないことがとても多いです。むしろ4から6くらいに考えていた方がいいくらい。とにかく「2、3」というふうに決まってるわけでは全然ない。

場合によっては50だって a few です。なんで学校で a few を「2、3」と教えるのか、よくわかりません。もちろん一般に、several よりは少ない感じがしますが、2か3に決まっているわけでは全然ないんです。

C　あと戻ると「熱病の犠牲者」って書いてあるんですけど、英文はべつに死んでるとは書いてないですよね。

柴田　そうなんだよ。victim というのは難しい。この場合、死んでるか死んでないかもよくわからないところがミソ。

C　じゃあ、ここは訳すとすれば「患者」とかの方がいいのかなって。

柴田　ただ「患者」だと今度は死んでないことが確定しちゃう。僕も「犠牲者」という言葉を使いましたけど、「犠牲者なのか」と、なんとなくぼかしています。あるいは「熱病にかかった人が」でもいいかもしれない。そのへんは文章のリズム次第ですね。「誰かが熱病にかかって地面に体を丸めて横たわり」なんて手もアリですよね。

*

L　最後のところは dare になっているので、「見ることができない」というよりは「見る気が起こらなかった」とか「見る気がしなくなった」というふうにした方がよくないですか？

柴田　うん、この I no longer dared look って言い方ね。「怖くてもうまともに人を見ることができなかった」にするか。

L　うんざりしてしまったという気持ちがあると思う。

柴田　原文に？　そうかな。no longer dared はなんていうか、誰を見ても自分の知ってる死人を思い出しちゃうから怖いということを言いたいんじゃないかな。この訳文ではその感じが、「怖くてもう」のところに出ているから、これはこれでいいと思います。

ただ、この「人」をちょっと変えたいね。「まともに人を見ることができなかった」というところ。look anyone in the face だから、「怖くてもう誰の顔も見る気がしなかった」とした方がいい。

M　その前の gaze という言葉なんですけど、単に「目」でいいのかな。

柴田　「目をそらした」のところね。「目」だけではたしかにちょっと弱い。どうする？

M　「凝らしていた目を」。

柴田　ああ、なるほどね。

M　ちょっと説明的すぎるんですけど。

柴田　そうねえ、それまですごく積極的に見ていたような感じが加わっちゃうかなあ。どうですか、ほかの方。

N　「視線」ならどうです？

柴田　うん、「視線をそらした」とか「まなざしをそらした」とかね。「目」ではなく、「視線」が一番いいですかね。そこを変えるのは手だと思います。特にこの前の行で、「目」という字を使っていて、こういう繰り返しはできるだけ避けた方がいいからね。

学生訳3　修正案

　誰かが熱病にかかって地面に体を丸めて横たわり、毛布をかけられているのを見て、私はうろたえた。私の父も死ぬ何日か前、この男のように目が黄色くなり髭が伸びていたのだ。私は視線をそらした。怖くてもうまともに誰の顔も見る気がしなかった。

I thought: "If Adelma is a city I am seeing in a dream, where you encounter only the dead, the dream frightens me. If Adelma is a real city, inhabited by living people, I need only continue looking at them and the resemblances will dissolve, alien faces will appear, bearing anguish. In either case it is best for me not to insist on staring at them."

学生訳4

　私は思った。「もしアデルマが夢の中の都市で、死者とだけしか出会わないとしたら、その夢はおそろしい。もしアデルマが現実の都市で、生者が住んでいるのなら、私はただ彼らを見続け、誰かに似ているその顔はしだいに消え行き、苦悶に満ちた知らない顔が浮かび上がるだろう。いずれにせよ無理に彼らを見つめないのがいちばんだ」

柴田　ここはややこしいよね。はい、どうぞ。

O　最初の「死者とだけしか出会わないとしたら、その夢はおそろしい」。「その夢はおそろしい」って、ちょっと冗長になっているので、「アデルマが夢の中の都市で、死者としか出会わないのだとしたら、それはまさに悪夢だ」。

柴田　ああ、なるほどね。それはアリかな。ほかの人はどうですか。

P　学生訳ではI am seeingの訳が抜け落ちているのでそれ

を補足すると、「もしアデルマが夢の中の都市で、死者とだけしか出会わないとしたら、私はおそろしい夢を見ているのだ」とか。

柴田　それも手だな。ただどちらにしても、「もしアデルマが夢の中の都市で……」と言ってしまうと、夢の中であれアデルマが一般的に存在するような響きがしちゃうんですね。元は If Adelma is a city I am seeing in a dream だから、「もしアデルマが、私が夢の中で見ている都市ならば」。この都市は一人の夢の中にしかないかもしれない、という淡さが原文にはあるんですよね。こういうカルヴィーノらしさ、『見えない都市』らしさは、ぜひ残したい。

　それから、O君が言ってくれたように「これはまさに悪夢だ」というのは、日本語としてはすごく通りがいい。そして通りが良すぎるところが、もしかしたらあだかもしれない。というのは、the dream frightens me って、ちょっと不思議な言い方なんですよね。It's a terrible dream とか this is a frightening dream と言わないで、あえてやや違和感のある言い方をしているんです。となれば日本語訳も「まさに悪夢だ」とばしっと決めるよりは、少しとまどわせるくらいの言い方でいい気もするんですね。これはかなり迷うところ。

C　最後の In either case it is best for me not to insist on staring at them のところなんですけど、よく見たら知らない顔だってわかるんだったら、べつに見たっていいんじゃないですか？

柴田　でもさ、直前に bearing anguish とあるよね。知り合いとは違う顔だとわかっても、その顔はその顔で、それ独自の苦悩をたたえているんだよ。そういう顔を見るのは辛いでしょ？

C　そうかなあ。僕はべつに……だって怖くないですよ。

柴田　怖くはないかもしれないが、リアルな苦悩を見せられることになるので、それはそれで辛い気持ちになる。

C　え？　このanguishというのは、自分をじっと見られることに話者が苛ついている表現なんじゃないんですか？

柴田　ううん、そうじゃなくて。anguishは「苛つき」よりもっと意味が強い。ほとんど日本語の「苦悩」にあたる言葉です。まず、パッと見て死者とだぶっちゃう。それは嫌であると。でもっとよく見ると、死者ではないことがわかるのであるが、生者は生者で現実の苦悩を抱えているのが見えて、それを見るのはまた別の嫌な感じだろう、という流れです。

Q　「私はただ彼らを見続け」以降、文のつながりとして変だと思います。

柴田　この「ただ」に呼応するところがうしろにないんですね。たとえば「ただ彼らを見続けていれば」とすればいいんじゃないかね。

こういう難解な文章の中に、「もしアデルマが現実の都市で、生者が住んでいるのなら」と「もしアデルマが夢の中の都市で、死者とだけしか出会わないとしたら」という反復がある。それをこの学生訳は、「もし現実の……で〜としたら／もし夢の……で〜なら」という反復によってわかりやすくしている。そこがいいですね。

Q　dissolveって映画用語じゃないですか。画面をディゾルブさせると言いますよね。

柴田　言いますね。

Q　さっきの the dream frightens me が違和感のある言い方だとおっしゃっていたように、これも普通はあまり使わない特殊な表現なんですか？

柴田　そこまで特殊ではないです。resemblance が dissolve するというのは、わりと自然。すうっと消えていく感じ。そんなに「あれ？」と思うような言い方ではないですね。ただ学生訳のように、「顔」が「消え行く」というのは少し変えすぎかな。

学生訳 4　修正案

私は思った。「もしアデルマが私が夢の中で見ている都市で、死者とだけしか出会わないとしたら、その夢はおそろしい。もしアデルマが現実の都市で、生者が住んでいるのなら、ただ彼らを見続けていれば、その類似はしだいに消え行き、苦悶に満ちた知らない顔が浮かび上がるだろう。いずれにせよ無理に彼らを見つめないのがいちばんだ」

> A vegetable vendor was weighing a cabbage on a scales and put it in a basket dangling on a string a girl lowered from a balcony. The girl was identical with one in my village who had gone mad for love and killed herself. The vegetable vendor raised her face: she was my grandmother.

学生訳 5

野菜売りがキャベツを一つ秤にのせてから、娘が出窓から紐でぶらさげているカゴにいれていました。その娘は、恋に狂って自殺した私の村の娘と瓜二つでした。野菜売りが顔をあげると、それは私の祖母でした。

柴田　ここで identical という言葉が出てくるわけだけど、same と similar だったら same の方が「同じ」な度合いは強いですよね。そして same と identical だったら identical の方がもっと強い。「まったく同じ」というニュアンスですね。ここまでの文章を見てみると、最初のうちは resemble とかいった言葉を使って、「私の父もこうだった」というような類似で来ているわけだけど、このへんになると、identical とか she *was* my grandmother という表現になってきている。「似ている」からどんどん「イコール」になっていく類似の強め方が効果的ですね。

R　The vegetable vendor raised her face: のコロン「:」は、原則的にどう訳せばいい、とかの決まりってあるんですか？

柴田　原則はないです。僕はわりあい「—」(ダッシュ) を使いますが、編集者にはあまり喜ばれないですね。日本語ではあまり「—」を使わないからでしょう。

まず、英語における「:」(コロン) と「;」(セミコロン) の基本的な違いは覚えてくださいね。最初の段落の終わりに I turned my gaze aside; I no longer dared look anyone in the face のセミコロンがありますよね。ここからわかるように、セミコロンというのは、カンマとピリオドの間くらいだと思えばいいですね。ちょっと一呼吸あける感じ。

それに対してコロンというのは、「すなわち」「具体的には」というはっきりした意味があります。この場合、顔をあげた結果、具体的にどういうことがわかったかというと、「まさに私の祖母だった」という事実。この学生訳の「顔をあげると、それは私の祖母でした」というのは、ほぼベストじゃないですかね。The vegetable vendor raised her face: の「:」で読み手は一瞬、息を止めるんですね。話の流れが一瞬止まって、「どうなるんだろう」と思う。ドラマチックなことが明かされるような雰囲気があるんだけど、「顔をあげると、それは私の祖母でした」の「、」はそういう流れをとてもうまく伝えているんじゃないか。とにかく日本語には「:」も「;」もないので、その場その場で処理していくしかありません。

S あの、つなぎ方がわからなかったんで、「〜だ」「〜だ」という形で語尾を切って訳していったんです。そしてこの最後の部分では「:」の感じを出すために「八百屋のおばさんは顔をあげた。私の祖母だった」というふうに「。」で区切ったんですけど、この場合「私の祖母だった」の前に、「それは」と入れた方がいいですか？

柴田 うーん、その流れなら入れなくてもいいような気がするな。ちょっとその前から読んでくれる？

S 「その女の子は恋のせいで頭がおかしくなってしまい、自ら命を絶ってしまった私の村の女の子にそっくりだった。八百屋のおばさんも顔をあげた。私の祖母だった。」

柴田 難しいなあ。そのセンテンスの流れから行くと、「それは」があった方が流れがいい気もするな。長いセンテンスがあって、その後ろにすごく短いセンテンスが来たときに、どういう効果が生まれるかですね。インパクトがあるか、それとも妙に短く感じられて、尻切れとんぼに思えてしまうか。

何度か読み返して、どっちが流れとして効果的かを考えるしかない。

S 「。」で切ってしまうというのは、翻訳としては問題ないんですか？

柴田 問題ないですね。ただ、あんまりやりすぎると、カルヴィーノの息の長めの文章が、来週やるヘミングウェイの文章みたいになってしまう恐れがある。

というわけで、ほとんど直すところないけど、「娘が」がやや唐突なので、

学生訳5　修正案

野菜売りがキャベツを一つ秤にのせてから、どこかの娘が家の出窓から紐でぶらさげているカゴに入れていました。その娘は、恋に狂って自殺した私の村の娘と瓜二つでした。野菜売りが顔をあげると、それは私の祖母でした。

I thought: "You reach a moment in life when, among the people you have known, the dead outnumber the living. And the mind refuses to accept more faces, more expressions: on every new face you encounter, it prints the old forms, for each one it finds the most suitable mask."

学生訳6－1

私はこう考えました。「知っている人のなかで死者が生きている者より多くなるという、人生の転換点に到達しているのだ。記憶はより多くの顔、より多くの表情を受け入

れることを拒み、新たに出会うすべての顔の上に古い型を焼きつけ、それぞれにあった仮面を見つけ出すのだ」

学生訳6－2

私は思った。「お前は人生におけるひとつの時期に達したのだ。その時期とは、お前が知ることとなってきた人々のうち、死者の数が生者の数を上回る時期だ。そして心はより多くの顔、より多く表情を受け入れることを拒むのだ。お前が新たに出会うすべての顔に、昔の型が押し付けられる。それぞれの顔に、最も適した仮面が適用されるのだ」

柴田　ここは面白いと思ったので、学生訳を二つ選びました。

T　ここのYouが6－1と先生の訳では「私を含む人々」というニュアンスで訳されているのはなぜですか？

柴田　Youが、私を含めた、もしくは私を中心とする人一般を指すというのは、現代英語の一般的ルール。場合によっては「私は」とさえ訳してしまってもいいくらい。ただここは、やっぱりI have reached a momentとは違うわけで、You reach a momentと一般論として言っているんだから、そのニュアンスは残した方がいい。

T　6－2のように「お前は」でもいいかなと思ったんですけど、reachの訳がおかしくなりませんか。

柴田　うん、「達する」という一般論が「達した」という個別論に化けてるね。ここではYou reachと現在形になっていることで、「お前をはじめ、人はみなそうなるものなのだ」というニュアンスですね。

6－1のように「私」も「お前」もないと、そのあたりがちょっと伝わりにくいな。僕だったら「人はみな」と入れますかね。「人はみな、知っている人のなかで……」。すると「人」が続くから、後ろの方は「者」にしましょう。あと「生きている者」のところは、「死者」という言葉が出てきているから「生者」の方がずっといいよね。「より多くなるという」のコントラストがはっきりします。「人生の転換点に到達している」は「……到達する」ですね。

学生訳6－1　途中経過

私はこう考えました。「人はみな、知っている者のなかで死者が生者より多くなるという、人生の転換点に到達する。記憶はより多くの顔、より多くの表情を受け入れることを拒み、新たに出会うすべての顔の上に古い型を焼きつけ、それぞれにあった仮面を見つけ出すのだ」

B　You reach a moment in life という言い方は、「人はみな～」というよりもむしろ「生きていればやがてこういう段階を超えるんだよ」というニュアンスじゃないですか。

柴田　そうだね。「生きていればやがて」を入れるか。

C　この訳をぱーっと見たら、漢語が多すぎる気がしたんです。たしかに語りにすごく雰囲気があるというか、説教めいた語り手だとは思うんですけど、「死者が生者より多くなるという、人生の転換点に到達しているのだ」って、一文の中に漢語が五個も入っている。

柴田　「到達」の「到」を取ろう。これで漢語が一つ減った。「死者」、「生者」はまあいいよな。「人生の転換点に達する」でだいぶイメージが変わるし。

この文章は引用符で囲まれていますが、話したのではなく考えたことを述べているから、いわゆる喋り言葉ではない。頭の中で喋っている感じではなく、頭の中ですでに思いが完成されているような、ほとんど書き言葉のような趣がありますね。特に And the mind refuses to accept more faces, more expressions──このあたりには喋っている感じはほとんどない。だから改まった感じがしていいんです。とはいえ、あまり漢語があると、ごつごつした感じになっちゃいますよね。

U　「転換点に到達」というのは硬すぎると思ったんです。原文が You reach a moment なので「転換点」というのとはちょっと違うような気がするんですけど……。

柴田　なるほど、そうだよね。B君が言ってくれたみたいに「生きていればやがて」ではじめて、「多くなる瞬間」だけにする手はありますね──「生きていればやがて、知っている者の中で死者が生者より多くなる瞬間に達するのだ」。「も」を入れて「達するものだ」の方がいいかもしれないな。それは前後による。

＊

V　mind が学生訳では「記憶」になってるんですけど、先生が訳例で「心」にしているのはなぜですか？

柴田　それはとてもいい質問ですね。まず mind の反対は何か、を考えると……何だと思いますか？　mind という言葉の反対語。まず body だよね。精神と身体。これは誰でも思いつく。もう一つは、heart。これも mind の反対語なんですね。mind は「頭」で、heart は「心」です。つまり mind というのは、頭の中でもわりと理知的な部分を指すんですね。

情の部分ではなくて、知の部分。

だから僕の訳の「心」というのは、mind 本来の意味から少しずれている。「頭」とか「脳」とやるのも一つの手なんだけども、この文章全体が非常に優雅なので「頭」とか「脳」という言い方がどうも合わない。それで「心」にしたわけ。一番無難な訳は「精神」なんだけど、「精神」という言葉はいかにも翻訳調で貧しく響きますよね。ここでは情の部分か知の部分かはあまり問題ではないだろうと思い、苦肉の策で「心」にしているわけです。

学生訳も苦肉の策で、頭の働きのなかで、わりと記憶の部分の話だろうってことで「記憶」というふうに限定しているわけだ。どっちも意訳だけど、「精神」という、正しいけど焦点を結ばない訳語は避けたいという理由から言葉を選んでいるという意味では同じだね。

C　学生訳は引用符を「　」で訳しているじゃないですか。でも、僕は一個も「　」を入れずに訳したんです。考えていることに「　」を使うのは違和感がある。日本語に訳す場合、あえて括弧を使うなら丸括弧（　）だと思うんですけど。

柴田　うーん。でもたとえばさ、第3回の課題でカーヴァーの小説をやった。あれは会話にも引用符がないじゃない？あれは引用符がないことである種、雨で汚れたガラスの向こうで起きていることみたいな感じが生まれている。直接的な生々しさではなくて、ちょっと距離があるような、曇ったような曖昧さがありますよね。

ここではそれと逆のことが起きていて、思考が妙に整理されて論理的なんです。最初の引用符で囲まれているところでは “If Adelma is a city ... If Adelma is a real city ...” というふうに「Aであるならば〜、Bであるならば〜」という論理を展開していて、それこそ書き言葉みたいなわけ。ここでも“You reach a moment ...”と一般論を展開していて、すごく理屈っぽいんですね。その理屈っぽさ、ほとんど思考の結果を朗読しているような感じが面白いので、ここは引用符を残した方がいいだろうと思う。考えている内容に「　」を使うのは抵抗がある、というのは個人の趣味の問題であって、まずは原文に合わせることが翻訳者の義務だしさ。

つまり、ここだけが浮かび上がっているんだよね。ほかはどこもいまひとつ焦点を結ばないような文章の中で、ここだけすごく論理的に整理されている。色が変わって、トーンが違っている感じがするんですね。その違いを生み出すための一つの道具として引用符があるので、これはやっぱり残したいですね。

学生訳6−1　修正案

私はこう考えました。「生きていればやがて人はみな、知っている者のなかで死者が生者より多くなる瞬間に達するものだ。記憶はより多くの顔、より多くの表情を受け入れることを拒み、新たに出会うすべての顔の上に古い型を焼きつけ、それぞれにあった仮面を見つけ出すのだ」

柴田　6−2についてですが、僕が面白いと思ったのは、非常に論理的に整理された感じを受けたんですね。「その時期とは」という言い方とか、「〜のだ」「達したのだ」「時期だ」のあたり。整理されていて、実にわかりやすく、すんなり頭に入ってくる。強いて難点を言えば、整理しているから文章がぶつぶつ切れる。5つのセンテンスになっているんですが、原文は2センテンスなので、そのへんやや違和感がなくはない。ですが、こういうのも一つの手だなと思ってみんなにも見せました。じゃあ次です。

> The stevedores climbed the steps in a line, bent beneath demijohns and barrels; their faces were hidden by sackcloth hoods; "Now they will straighten up and I will recognize them," I thought, with impatience and fear. But I could not take my eyes off them; if I turned my gaze just a little toward the crowd that crammed those narrow streets, I was assailed by unexpected faces, reappearing from far away, staring at me as if demanding recognition, as if to recognize me, as if they had already recognized me.

学生訳7

湾岸労働者が一列になって階段を登っていた。二、三十リットルの大瓶や樽を前かがみになって担いでいた。顔は麻のフードに隠れていた。「いまに身体を起こすだろう。すると誰が誰だか判るだろう」期待と不安が入り交じった。だが目をそらすことができなかった。狭い通りに詰めかけている群衆に、少しでも目を向けたなら、どこか遠くから再び現れた、思いがけない顔に不意打ちされるだろうからだ。それらの顔は、自分のことを思い出してほしいとでもいうように、私のことを思い出そうとするように、あるいはすでに私のことを思い出したかのように、こちらをじっ

▍と見るだろう。

柴田　この訳はいいんだけど、bent beneath demijohns and barrelsをほとんどの人は「瓶や樽を背負って体を曲げた」というふうに誤訳していたな。これは、重たい物を担いで背が曲がっているというイメージです。bentを自動詞として読んだ人が多かったけど、そうではなくて過去分詞ですね。動作ではなく、状態。「折れ曲がっていた」ということね。
　学生訳の「二、三十リットル」のところ、こうやって具体的にするのも「重さ」が伝わっていいんだけど、やや唐突な感じはするんで、「大瓶」とかそれだけでもいいかもしれないですね。
W　次の“I will recognize them”のところ、「誰が誰だか判るだろう」と訳してあるけど、そうはっきり「誰だか判る」ということを言っているわけじゃないと思います。はっきり言い過ぎじゃないでしょうか？
柴田　そうですね。そうするとどう言えばいいかね？
X　先生の訳例みたいに「見覚えのある顔を見せるぞ」くらいかな。
柴田　まあ「見覚えのある」とか言うのが一番無難だと思いますね。「いまに身体を起こすだろう。すると見覚えのある顔が見えることだろう」「〜現れるだろう」あたりにするのがいいかなと思います。
Y　そのあとのimpatienceの訳は「期待」というより、「いらだち」とか「もどかしさ」じゃないかな。ここは怖さが盛り上がっていくような感じなのに、「期待」って書くとすごく楽しそうな感じがしちゃうんですけど。

柴田　そのとおりなんだけど……fear というのは文字どおり「恐怖」「不安」で、見たくないってことじゃない？　それに対して impatience というのは、早く見たいわけ。だからこの二つの言葉がコントラストになっている感じは欲しいのね。「いらだち」もそんなもの見たくないよ、って感じに聞こえちゃう。僕は「もどかしい、恐れの入り交じった気持ち」と訳してる。「もどかしさ」ってのは一つの手ですかね。とにかく、早く見たいという思いと、見たくないという思いが混ざってる感じが欲しいです。「はやる思い」とかね。

その次が But I could not take my eyes off them、と But ではじまってるのは、英語の語順ではそのすぐ前に fear があるから「怖いけど、それでも」ということなんですよね。学生訳のように「期待と不安が入り交じった」と訳すと、次の「だが目をそらすことができなかった」の「だが」がやや唐突なんですね。僕の訳ではそのへんを、やや冗長にぼかして「それでもなお」にして、論理がちぐはぐにならないようにしています。

次はけっこうわかりにくいんだよなあ。厳密に言うと、学生訳のように「不意打ちされるだろう」と、「予想」している感じで訳すのは間違い。原文は I was assailed by ... と、I would be じゃなくて I was と言っているわけだから。こっちを見ていて、目をそらしてあっちを見ても、また別の物が見えるというふうに、視線が揺れ動いてる感じが欲しいですね。「だろう」を取って、「不意打ちされるからだ」にすればいいですね。

C　一行前の crammed という言葉の訳し方なんですけど、学生訳では「詰めかけている」と書いてあるんですが、そうすると、行き止まりにたくさんの人がぎゅうぎゅう詰まっていく様子が浮かぶんです。でも人がいっぱいいるけれど、べつに立ち止まっているわけではないですよね。だから「ひしめいている」くらいだと思う。

柴田　「ひしめく」、いいね。「詰めかけている」と言うと、そこへ「来る」ことにポイントが行っちゃう。そこに「いる」ことにポイントがあるわけだから、「狭い通りにひしめいている」ですね。

C　その後の reappearing from far away のところ、学生訳の「遠くから」を自分は「遠い過去から」って訳したんですが。「過去」をつけたら間違いなんですか？

柴田　この far away は少なくとも、字義的には過去ではないです。もちろん、「遠い過去」というシンボリックな意味はあるけど、時間的な過去も空間的な過去もごっちゃになった感じがポイントなので、「過去」という時間に限定しない方がいいですね。

この学生訳の最後の、「私のことを思い出そうとするように、あるいはすでに私のことを……」のあたりですが、「私のことを」の反復は要らないかな。なくても十分に「私のこと」だとわかりますから。「自分のことを……私のことを……私のことを……」というのは反復感がありすぎますね。英語では単純に最初は demanding recognition だから代名詞はない。その次は recognize me ... recognized me とはあるけど、その繰り返しと、日本語で「私のことを思い出そうとする」「私のことを思い出した」というのが繰り返されるのとでは、重さが違うからね。このくらいがいいんじゃないかと思います。

学生訳7　修正案

湾岸労働者が一列になって階段を登っていた。大きな瓶や樽を前かがみになって担いでいた。顔は麻のフードに隠れていた。「いまに身体を起こすだろう。すると見覚えのある顔が現れることだろう」。はやる思いに、不安が入り交じった。でもやはり、目をそらすことはできなかった。狭い通りにひしめく群衆に少しでも目を向けたなら、どこか遠くから再び現れた、思いがけぬ顔に不意打ちされるからだ。それらの顔は、自分のことを思い出してほしいとでもいうように、あるいは私のことを思い出そうとするように、すでに思い出したかのように、こちらをじっと見るだろう。

Perhaps, for each of them, I also resembled someone who was dead. I had barely arrived at Adelma and I was already one of them, I had gone over to their side, absorbed in that kaleidoscope of eyes, wrinkles, grimaces.

学生訳8

おそらく彼ら一人一人には、私ももう死んでしまった誰かと似て見えたことでしょう。私はやっとのことでアデルマにたどり着きましたが、もうすでに彼らの一員になって、瞳や、皺や、しかめ面の万華鏡に呑み込まれていたのです。

柴田　リズムがとてもいいですが、一つ誤訳があります。ほとんどの人がそう誤訳していたが、ここでのbarelyには

「やっとのこと」という意味はありません。単に「アデルマにたどり着いていくらも経たないというのに」ということね。ほかの言葉で言えば、I had hardly arrived at Adelma and I was already ... と言ってもいい。「たどり着いて間もないというのに」ということです。ほかはいいかな。じゃあ次に行こう。

I thought: "Perhaps Adelma is the city where you arrive dying and where each finds again the people he has known. This means I, too, am dead." And I also thought: "This means the beyond is not happy."

学生訳 9

私は考えた。「おそらくアデルマは人が死にかけて辿り着く場所で、互いに知人に再会する場所なんだ。これはつまり、私も、死んでいるという事だ」。そしてこうも考えた。「これはつまり、あの世は幸せな世界ではないって事だな」

M えーと、いいですか。ここってまだ「死にかけ」の街じゃないですか。まだ死にきってないのに、なんであの世が幸せじゃないってわかるんですか？

柴田 Adelma is the city where you arrive dying だから、「死にながら辿り着く街」だよね。ということは、辿り着いたときにはもう死者になっているという含みがあると考えていい。だから、死にかけでアデルマに辿り着き、アデルマで死者の仲間入りを果たす、ということで論理的におかしくはないです。

ただ、いま自分がいるところを the beyond「あの世」と言っていることには、不思議なずれ、おかしさがあります。これはたぶん意図的ですね。beyond というのは、「彼方」であって「ここ」じゃないところだからね。

C 最初の Perhaps は「ひょっとすると」程度のニュアンスだと思うので、「おそらく」はちょっと強すぎる気がするんですけど。

柴田 それは迷うところですね。辞書を引くと、probably というのは実現の程度が70パーセントくらいの確率だ、perhaps は30パーセントくらいだ、というふうに書いてあるんですね。原則はそうなんです。たしかに、probably と言って実は30パーセントくらいしか可能性がないということはあまりない。でも perhaps という言葉は、けっこう確信があるときでも使う。いわゆる understatement――あえて控えめに言って、かえって説得力を強めるってことはあるんですね。

ここについても、「おそらく」より「もしや」「かもしれない」と言った方が、より淡い感じになっていいかなという気はする。とにかく、まず原則論は覚えておいてください。原則としては、perhaps はほとんど maybe くらいの弱い意味である。ただし、それが understatement であって、実はほとんど確信しているという場合もある。ここは、そのどっちとも考えられるが、淡さを出すんだったら「かもしれぬ」とかがいいかな。

Z 「互いに知人に再会する」って言葉なんですけど、「再会する」と言ってしまうと「よう久しぶり。元気だった？」みたいな気がしてしまう。
柴田　原文は each *finds* again ...「見出す」だしね。
Z　find をけっこう事務的に訳して「自分の知る顔を見つける」くらいにとどめておいた方がよくないですか？
柴田　「見つける」とか「見出す」とかがいいでしょうね。あるいは「一人一人が自分の知る顔を目にする」とか。
　あまりみんなは問題にしていないのかもしれないんだけど、最後のセンテンスの、「これはつまり、あの世は幸せな世界ではないって事だな」というこのトーン。口語的な、くだけたトーンでしょ。言ってる内容は、生と死の問題で重いわけだよね。そこはみなさん、違和感ないですか？　これはこれで統一感があればそれでいいけど、原文のトーンはもう少しフォーマルな感じがする。
M　ここを重く言って終わりたいなら、作者は And I also thought って余計なことを書かなくてもいいんじゃないですか？「私も死んでいるということだ」で終わった方が重いじゃないですか。ここはやっぱり軽く流して正解じゃないのかな。
柴田　というよりも、自分が死んでいるという根源的な発見に行き当たったにもかかわらず、"This means the beyond is not happy." と一歩引いて一般化して語ってしまっていることの面白さなんだよ。クールか、熱くなっているかで言えば、とてもクールな言い方なわけだ。でもインフォーマルってわけじゃないんだよ。
M　「あの世」というのは言葉としてはインフォーマルな気がしたんで、自分は「来世」にして、落ち着かせようとしたんですけど。

柴田　それはいいね。「あの世」は特にくだけた言葉ではないと思いますが、たしかに the beyond という言葉に対応するのは「あの世」よりもはるかに「来世」ですね。つまり the beyond なんて普通言わない。heaven とか言うのが一般的。もちろんここで heaven と言ったら全部ぶちこわしだよね。

学生訳9　修正案

　私は考えた。「おそらくアデルマは人が死にかけて辿り着く場所で、一人一人が自分の知る顔を目にする場所なんだ。これはつまり、私も、死んでいるということだ」。そしてこうも考えた。「これはつまり、あの世は幸せな世界ではないということだな」

はい、では今日はここまで。

教師訳例

都市と死者２　イタロ・カルヴィーノ

　これまで多くの旅をしてまいりましたが、アデルマまで足を伸ばしたのは初めてでございました。船を降りたときは日暮れも迫っておりました。桟橋で纜《ともづな》を受け取って杭に結わえた船乗りは、かつて私とともに兵役に就き、もう故人となっている男に似ておりました。折しも、卸しの魚市の開く時間でした。老人が一人、籠一杯のウニを荷車に積んでおります。この人にも見覚えがある気がいたしました。そちらを向いてみますと、相手はもう路地に消えておりましたが、その姿が、私が幼かったころ既に老いていた、もはやこの世にいるはずもない漁師に似ていることに気がつきました。と、熱病の犠牲者なのか、地べたに縮こまり毛布を頭からかぶっている者の姿に私は心をかき乱されました。私の父親もやはり、亡くなる何日か前はこの男と同じように目が黄色くなって髭も伸び放題だったのでございます。私は視線をそらしました。もはや、誰の顔もまともに見る気になれませんでした。

私は思いました。「もしアデルマが、いま私が夢に見ている、死者のみに出会う街ならば、この夢は恐ろしい。もしアデルマが現実の、生者が暮らす街なら、彼らを見つづけていれば、やがて類似は消えるだろうが、今度は見慣れぬ顔が苦悶を携えて現れるだろう。どちらにせよ、彼らをまじまじ見ぬ方が身のためだ」

野菜売りが天秤でキャベツの重さを量って、一人の少女がバルコニーから紐で下ろした籠に入れました。少女は私の故郷の村で恋ゆえに発狂し自殺した娘と瓜二つでした。野菜売りが顔を上げると、私の祖母でした。

私は思いました。「生きているといずれ、これまで知ってきた人々のうち、死者が生者より多くなる時が訪れるものだ。そして人の心は、もうそれ以上の顔、それ以上の表情を受け付けなくなる。新しい顔に出会うたび、心がそこに、古い姿かたちを刷り込んでしまう。新たな顔一つひとつに、もっとも相応しい仮面を見つけてきてしまうのだ」

沖仲仕たちが、籠にくるんだ大瓶やら、樽やらを背負って腰を屈め、一列になって踏み段を昇ってきます。みな顔は麻布《あさぬの》の頭巾で隠されています。「さあ、みんないまにも背筋を伸ばして、見覚えのある顔を見せるぞ」と私はもどかしい、恐れの入り交じった気持ちで思いました。それでもなお、彼らから目を離すことができません。もし、狭い街路を埋め尽くす人混みの方に少しでもまなざしを向けたなら、思いもよらぬ顔たちがたちまち襲いかかってくるのです。はるか遠くから、それらの顔はふたたび姿を現します——誰なのか思い出せと迫るかのように、私が誰なのか思い出そうとするかのように、すでに思い出したかのように。きっと彼ら一人ひとりにとって、私もまた誰か死者に似ているのでしょう。アデルマに着いてまだいくらも経たぬのに、私はもう彼らの仲間なのでした。すでに彼らの一員となって、無数の目や、皺や、歪んだ表情の織りなす万華鏡のなかに呑み込まれていたのです。

私は思いました。「もしやアデルマとは、死にゆくときにたどり着く街なのかもしれぬ。そしてめいめいが、かつて見知った人々とそこで出会うのだ。ということはつまり、私ももう死んでいるということだ」。そして私はこうも思いました。「ということはつまり、あの世は幸福ではないということだ」

6

Ernest Hemingway

In Our Time

Chapter V

They shot the six cabinet ministers at half-past six in the morning against the wall of a hospital. There were pools of water in the courtyard. There were wet dead leaves on the paving of the courtyard. It rained hard. All the shutters of the hospital were nailed shut. One of the ministers was sick with typhoid. Two soldiers carried him downstairs and out into the rain. They tried to hold him up against the wall but he sat down in a puddle of water. The other five stood very quietly against the wall. Finally the officer told the soldiers it was no good trying to make him stand up. When they fired the first volley he was sitting down in the water with his head on his knees.

Chapter VII

While the bombardment was knocking the trench to pieces at Fossalta, he lay very flat and sweated and prayed oh Jesus christ get me out of here. Dear jesus please get me out. Christ please please please christ. If you'll only keep me from getting killed I'll do anything you say. I believe in you and I'll tell every one in the world that you are the only one that matters. Please please dear jesus. The shelling moved further up the line. We went to work on the trench and in the morning the sun came up and the day was hot and muggy and cheerful and quiet. The next night back at Mestre he did not tell the girl he went upstairs with at the Villa Rossa about Jesus. And he never told anybody.

柴田　今回課題に使ったヘミングウェイの *In Our Time* という本はなかなか不思議な出版経緯があって、まず1924年、ここで二つ訳してもらったような、短い文章だけが並んでいる薄い本がパリで出ました。タイトルはすべて小文字で *in our time*。で、その翌年に、この超短篇を各章の冒頭に全文イタリクスにして掲げ、あとにそれぞれもう少し長いまとまった短篇小説を置いて、超短篇と短篇を合わせて一章にした。超短篇→短篇、超短篇→短篇という繰り返しで構成された本になったわけです。こっちはタイトルも大文字を使って *In Our Time*。一般に知られているのは、この大文字の方で、その中に "Indian Camp" とか "The Battler" とか、いかにもヘミングウェイらしい有名な短篇が入っているわけです。ここで引用したイタリクス超短篇の部分にはだいたい戦争中のことが書いてあって、その後の長い短篇は戦後の虚脱感のようなものをテーマにしたのが多い。ヘミングウェイはその後何冊も長篇を書いて、有名作家になって、ノーベル賞も受賞するわけですが、やっぱり一番初期の、この *In Our Time* と、最初の長篇『日はまた昇る』が一番いいと言う人が多い。僕は実は『日はまた昇る』のよささえわからないのですが、この *In Our Time* は素晴らしいと思います。特にこの *in our time* だった超短篇の部分ね。

　ヘミングウェイの文章は一見易しいけれど訳してみると案外難しい、というような話をよく聞くけど、どうでしたか？易しいとは言わないけど、今回はみんなよくできていて、ただ単に日本語に直すだけでなく、それぞれ訳を工夫する余地がわりと持てたかなという印象を持ちました。今回の学生訳は、二人の訳を採り上げました。だから学生訳のAはずっと同じ人、Bもそうです。ではまず第5章を見てみましょう。

> They shot the six cabinet ministers at half-past six in the morning against the wall of a hospital.

学生訳1
A　彼らは午前六時半、六人の閣僚を病院の壁の前に立たせて銃殺した。
B　その日の朝六時三十分、六人の閣僚が、病院の壁に押しつけられて、撃たれた。

A　このagainstは状況によって向きが変わると理解していいんでしょうか。壁との距離の違いで、「もたれる」と訳したり、壁の方を向いたりという訳もありうるんですか？
柴田　それはないですね。まず銃殺と言ったら、壁を背にして立たせるものと決まっています。それに銃殺ということを抜きにしても、againstは「〜を背にして」という意味だからね。「壁に向かって」ならagainst the wallじゃなくてfacing the wallですね。このagainstは間違いなく壁が背です。それと、どのくらい壁にくっついているか、離れているかという問題は、たしかに必ずしもぴったりくっついてなくてもいいけど、かなり近い感じはある。あまり離れていると、もうagainstとは言えない。これがagainst the skyなら空にぴったりくっついているのではなくて「空を背景にして」くらいですが、まあ空にはそもそもくっつくことができないわけで(笑)、壁のようにくっつきうるものだったら、かなりくっついていると考えるのが妥当です。

学生訳Aのように能動態で訳すか、Bのように受動態で訳すかは微妙だね。They に較べて「彼らは」という言葉は重たいから、Bのように訳した方が、状況の非人間性のようなものは浮かび上がるかもしれない。反面、状況に縛られている「彼ら」の視点とは別に、全体を見通す余裕のある匿名の語り手の存在がなんとなく感じられてしまうという難があります。これはほんとに一長一短だな。

> There were pools of water in the courtyard. There were wet dead leaves on the paving of the courtyard.

学生訳 2

A　中庭には水溜まりがいくつかできていた。中庭の舗道には、湿った枯れ葉が落ちていた。

B　中庭に水たまりができている。舗道には濡れた枯葉が落ちている。

柴田　paving は「舗道」と訳した人が多かったけど、ここは中庭だから、要するに「敷石」ですよね。

Bのように現在形で訳すのは、情景を生き生きと浮かび上がらせる意味では効果的ですね。反面、さっきの話と同じで、原文にはない語り手の声の生々しさのようなものが、なんとなく出現してしまう気がする。

とかなんとか言ってると、ヘミングウェイってほんとに余計なことは何もせずに、とにかく極力淡々と訳すのがいいのかなあ、という気がしてくるね。

It rained hard. All the shutters of the hospital were nailed shut.

学生訳3

A　雨が激しく降っていた。病院のシャッターは全て釘で打ちつけられて閉まっていた。

B　雨が激しい。病院の鎧戸はすべて閉ざされ、くぎづけにされている。

柴田　shutterは「鎧戸」くらいに訳すのがいいと思いますね。「シャッター」だと金属っぽくて釘を打てる感じがしない。「雨戸」だとちょっと日本的すぎるので、単純に「鎧戸」がいい。

One of the ministers was sick with typhoid. Two soldiers carried him downstairs and out into the rain. They tried to hold him up against the wall but he sat down in a puddle of water.

学生訳4

A　閣僚の一人は腸チフスを患っていた。二人の兵士がそれを運び、雨の中外へ連れ出した。兵士は壁に立たせようとしたが、彼は水溜まりの中に座ってしまった。

B　閣僚の一人は腸チフスをわずらっていた。兵士が二人してその男を階下へ運び、雨のなかに連れ出した。兵士は壁に凭《もた》せかけようとしたが、彼は水たまりに尻を落としてしまった。

柴田　Aは真ん中あたりの「雨の中外へ連れ出した」と、「中」「外」が漢字で並ぶのがカッコ悪い。原文が out into the rain となっているので、これを模倣したのかもしれないけど、out into は「中」「外」とつながるのとは違って、不自然な言い方ではない。「連れ出した」で out は訳せているので、「外」は要らない。「雨の中へ連れ出した」でいい。

どちらの訳も、ふたつ目のセンテンスの They を「兵士」と訳しているけど、そうすると次の「彼」が一瞬兵士のことかと思えてしまうし、やっぱり「兵士」では一人を思い描いてしまう。つまり、兵士のうちの一方がそうしたのかなと思ってしまう。だから、「兵士たち」がいいと思う。

あと、sat down を「座ったままだった」と訳した人が多かったけど、sit down は状態ではなく動作を表わすから、腰を下ろす、座り込むということ。「座っていた」だったら単に sat か、あるいはこの章最後のセンテンスにあるように he was sitting down ですよね。よくある間違いなので気をつけてください。

The other five stood very quietly against the wall.

学生訳5

A　他の五人の閣僚は実に静かに壁の前に立っていた。

B　他の閣僚五人は、極めて従順に壁にもたれて立っている。

柴田　この very quietly はいかにもヘミングウェイらしい言い方ですね。ここをどう訳すかが、ちょっとしたポイントです。学生訳二つでは、「実に静かに」「極めて従順に」、僕の訳は「ほかの五人はひどく静かに壁を背にして立っていた」。新潮文庫の訳は「他の五人の閣僚は泰然と壁際に立っていた」。ここ、どう思う？

B　ぼくも「ひどく」にしたんですけど。この very にちょっと否定的なというか、異常な光景が感じられたので。この状況でこんなに静かにしているっていう。

柴田　その「異常」って、この人たち頭がおかしいとかいうことじゃないよね。

B　ええ。状況が異常であって、静かにしているのはネガティブな批判の意志が表われているんだと思います。

柴田　うん、それいいね。ほかの方々どうですか？

C　逆に、この情景を思い浮かべてみると異常さというより情感を感じます。「実に静かに」とかは、変にネガティブじゃなくていい。

柴田　二人の言っていることは一見逆に思えるけど、実はそんなに変わらない気がしますね。その静かさがとにかく目を惹く、そこから状況に目を向けて異常さを感じとるか、それとも人に目を向けてある種の潔さを感じとるか。「助けてくれ」とか「殺さないでくれ」とかいっさい言わないで、じっと黙っている、それがどういうことなのかを読み手も考えざるをえない。そこにこの人たちの「もう何をしても無駄だ」「もう死ぬんだな」という諦念みたいなものを読むか、その人たちがどう思っているかは問題にせず、状況の極限さを重視するか、その違いですね。

後者はレイモンド・カーヴァー経由のヘミングウェイ読みという感じがする。カーヴァーもこういう書き方をします。たとえばどうして登場人物がここでひどく黙るのか、読者にはよくわからない。何か必然性があるにちがいないっていう気にはさせられるんだけどね。カーヴァーの場合、登場人物本人にも実はよくわかっていないんじゃないか。みんな自己像が希薄な人たちだからね。それに対して、ヘミングウェイの方は、どうしてそうするのかが読者にわかるとは限らないけれど、少なくとも本人たちの思いは、本人にとってはある程度明らかなんだろうなという気がする。

だからヘミングウェイの場合は、この人たちはどういう思いで静かにしているのかを考えれば、読み手もある程度答えが出せる。そういうふうに読むことを文章が誘っているんです。で、この一節に諦念、静かな絶望のようなものを読むのは、すごく正統的な読みだと思いますね。そうなると「泰然と壁際に立っていた」という訳は賛成できない。これは男らしさの美学にのっとった読みだね。いまにも撃たれるっていう人間が「泰然と」しているのはカッコいいからね。でも少なくともこの時期のヘミングウェイは、そういう謳い上げ方はしない。

もちろん、どういう点が作家のポイントだと考えるかは、読み手によって違います。ヘミングウェイは iceberg theory（氷山の理論）ということを自分でも言っていて、語らないで伝えるというのが彼の文章の最大の特徴だと僕は思います。だから訳す上で、何をやってもたいてい、小さな親切大きなお世話になっちゃうのね。

Finally the officer told the soldiers it was no good trying to make him stand up.

学生訳6

A　ついに士官は、閣僚を立たせるのは無駄なことだと兵士に言った。

B　終いに将校が、病人を無理に立たせるのはよくない、と言った。

柴田　ここは不満な訳がけっこう多かった。no goodは「そんなことしてもしょうがない」という意味であって、「そういうことするのは間違っている」とか「人道的によくない」ということではない。

D　ここは唯一、話し言葉っていう、音が出てる場面ですよね。その感じで余計に、不気味な静かさがあるかなと思って、僕はあえて声になるように直接話法でカギ括弧でくくって「そいつを立たせようとしても無駄だ」と訳したんですが。

柴田　いかにも将校が喋っているような言い方にしたわけね。狙いはいいけど、ちょっとそこだけ突出しすぎて、あざとく見えないか不安。ここだけ唯一音が出ていると言っても、原文はその音に間接話法のフィルターを通しているわけだし。

C　新潮文庫訳は「とうとう将校が、彼を立たせようとしても無駄だ、と兵士たちに告げた」となってますね。

柴田　うん。「彼を立たせようとしても無駄だ」の前と後に「、」があることで、その部分が直接話法に見える。もしこうするんだったら、本当に将校が使ったと思える言葉にするのがスジだと思う。「彼を」ではなくて「そいつを」とかだと思う。そこは学生訳Aの「ついに士官は、閣僚を立たせるのは無駄なことだと兵士に言った。」も微妙なところですね。「そいつを立たせようとしても無駄だ」とする方が間違いないし、生きますね。

When they fired the first volley he was sitting down in the water with his head on his knees.

学生訳7
A　彼らが一回目の一斉射撃をした時、彼は膝に頭をのせて水溜まりの中に座っていた。
B　第一回目の一斉射撃の瞬間、病人は水のなかにすわりこみ、ひざにあたまをあずけていた。

E　his head on his knees の head はどこからどこまでなんですか?
柴田　てっぺんからおでこのへんまででしょうね。たとえば顎あたりを膝に載せていたら、his head on his knees とは言いづらい。もし顎を載せているとしたら、his head とは言わずに his chin だろうね。顎以外を載せるとなると、せいぜいほっぺたかおでこだよね。
E　ぼけーっと、前を何も焦点もなしに見てるわけじゃなくて、下を見てるんですよね。
柴田　うん。おでこを膝に載せて、かつ前を見るのは無理だろうな（笑）。彼はいまにも銃殺されようとしているわけだけど、朦朧としていて、もうそんなこともどうでもよくなっていて、もう下を向いちゃってる。そういう、恐怖も絶望も通り越しちゃったようなシラーッとした感じが実によく出ていますね。

では5章を一通り読み終えたところで、質問はありますか？

F　5章全体に関してですけど、このヘミングウェイの文章は淡々と続いていくんですが、Aの訳では全部「～した」と、過去形でそのまま全部続けていってるのに対して、Bの方は現在形に変えていたりする。

柴田　そうですね。Bは前半はほとんど現在形になっていますよね。

F　それはどっちの方がニュアンスが出るんでしょうか。

柴田　そこはほかの方々、どうですか？

G　たぶんBの訳は、銃殺された時点と、六人の閣僚を連行してきた時点が逆順に語られていることを考えてそうしたんじゃないですか。

柴田　なるほどね。最初がThey shot the six cabinet ministersで、むしろ事件の終わりからはじまっているわけだよね。そのあとがThere were pools of water in the courtyard以下、4～5行読むまで、その銃殺が終わった後の情景を書いているのか、それとも銃殺の前の情景を書いているのかがわからない。で、5行目でOne of the ministers was sick with typhoid. Two soldiers carried him ... となっていて、ああそうか時間を戻していたのか、とわかる。その感じをはっきり出すためにBの訳は「中庭に水たまりができている。枯葉が落ちている。雨が激しい。」と、時間が戻ったところの情景描写は現在形で書いているわけ。それが、時間の流れがはっきりわかるからいい、という見方もありうるし、G君がいま言ってくれたように、原文も見えにくいから、その見えにくいままがいい、という見方もありうる。ほかにどうですか？

H　僕も過去形のままで訳す方がいいと思うんですが、先生の訳は流れるようで、見え易すぎる気がするんです。ヘミングウェイの原文ってもっと読みにくさというか淡々としている感があるんです。

柴田　え、僕の、そんなに読み易いかな？

H　読点が一個もない。

柴田　それはもう意図的。ほとんどカンマがない原文の、張りつめた感じを出すためです。意識のなかで言葉がずーっと張りつめたままつながっているような感じを出すには、読点なしがいい。だから逆に、読点がないからけっこう読みにくくもあると思うんだよね。僕の訳ではたとえば、「彼らは大臣を壁を背にして立たせようとしたが大臣は水たまりに座りこんだ」——普通だったら絶対に点を打つところでもいっさい打っていない。原文以上に読み易いとは思わないけどなあ。

I　現在形と過去形の話に戻るんですが、現在形にすると語り手がその場にいるというイメージがあるんですが、この章の原文を見ると、いないように思える。ほかの章には we とかも出てくるんですけど。だから過去形で通した方がいいかなと思います。

柴田　そうだね。迷うところだなあ。要するにBの訳の「できている」「枯葉が落ちている」「雨が激しい」とかが、なまじうまく行っているから迷うわけですよね。結局のところ、どっちでもいいというと語弊があるけど、全部過去形で並べようが過去現在を混ぜようが、リズムが悪ければ駄目だし、リズムが良ければどちらもそれぞれいい。ただまあ、Bのように「〜いる」「〜いる」にするのはたしかに、見ている人の息づかいみたいなものが入ってしまう気がして、原文に感じられる回想の距離感のようなものとは違う気もする。ただリズムがあまりにもいいので、これはこれで読んでいてすんなり情景が入ってくるんだよね。結局、このくらい微妙な問題だと、どっちにもプラスマイナスがあって、にわかには決めがたい。

J　水たまりや雨の描写の部分は、六人が連れられてくる前の描写なんですか？

柴田　理屈の上での決定的な決め手はないですね。ただ、六人が撃たれたあとの描写だとすると、水たまりが撃たれた血を連想させたり、あるいはその濡れた落ち葉（dead leaves）が死体を連想させたりして、ちょっとシンボリズムとして安っぽい。だから、その前と考えた方がキレイだと思うので、ここで時間が戻ると考えたい。

K　AとBどちらも「湿った枯れ葉」「濡れた枯葉」ってありますよね。でも僕はここでは「落ち葉」を使いたいんです。

柴田　同感だね。

K　でも「落ち葉が落ちていた」は変だから、困った末に「散らばっていた」としたらちょっと補いすぎでしょうか。それに「枯葉」って濡れちゃったら枯葉じゃないと思うんですが。

柴田　たしかに枯葉は「か」の音からはじまっていることもあって、乾いている感じがするよね。やっぱり濡れたら落ち葉だろうと僕も思う。この場合の wet は「湿った」というよりは「濡れた」くらいですね。wet は場合によっては a wet day で雨の日という意味になるとか、単に湿り気がある以上の意味にも使うわけだから。僕の「濡れた落ち葉があった」という訳だと、落ち葉がどれくらいの量あるのかがわからないというマイナスがあるけど、「中庭のあちこちに水たまりがあった。中庭の敷石に濡れた落ち葉があった」という反復感を出したくて、もう複数形はあきらめています。原文も There were pools of water in the courtyard. There were wet dead leaves on the paving of the courtyard. と、どちらの文も There were からはじまって the courtyard で終わる繰り返し。これはもう、それまでの文学的な文章作法からは考えられないことで、小学生の作文みたいな書き方です。そのまったく機械的な反復をヘミングウェイはあえてすごく練り上げて、それまでの文学的文章にはない緊迫感を生み出したわけです。

L　AとBの訳文を見ると、Bの方が、漢字にできるところをひらがなにしてあるような部分が多いなと思ったんですけど。
柴田　最後がすごく印象的ですよね。「ひざにあたまをあずけていた」とかね。
L　僕ははじめ、できるところはほとんど全部漢字にしたんですけど、ヘミングウェイの文章はさっきも言われたようにすごく単純だから、ひらがなだったらそういう単純な感じが出て面白いのかもしれないと考え直したんです。
柴田　そうねえ。みなさんどう思いますか？
M　ヘミングウェイには変な硬さがある。そういう硬さは逆に漢字で書いた方が表われやすいんじゃないかな。ひらがなだと、日本語がどうしても丸くなっちゃう印象があるので。

柴田　なるほど。たしかに柔らかくなるよね。

K　ヘミングウェイは新聞記者だったこともあるから、そういう硬さみたいなのが残っているのかなと思いました。で、漢字の方がいいかと。

柴田　うん。漢字派が多いね。やっぱりそうかなあ。漢字かひらがなかよりも、漢語を使うか大和言葉を使うかという違いが大きいかもしれない。もっともこれも一概には言えないんだけど。たとえば「銃殺する」と書くか、「撃つ」と書くか。基本的にはヘミングウェイの文章は「撃つ」の方が似合う気がする。いつも言いますけど、英語はアングロサクソン語、つまり土着の言葉と、それからラテン語起源の外来語から成っている。それはだいたい日本語の大和言葉と漢語に対応する。だから cabinet ministers なんかは外来語、ラテン語系の言葉だから、日本語でも「閣僚」と漢語になる。逆に shoot は「撃つ」に近い。ただ、それもあくまで一般論、大原則であって、Aの訳文「六人の閣僚を病院の壁の前に立たせて銃殺した」の流れの中だと「銃殺した」って言葉はすごく生きてますよね。緊迫感があります。だから一概に言えないけど、でも基本的にはなるべく簡単な言葉を選ぶ方がいいでしょうね。漢字、ひらがなについては、いちばん普通の使い方をするのがよさそうです。特にひらがなを増やしても、ヘミングウェイらしくなるわけじゃないけど、Bの「水のなかにすわりこみ、ひざにあたまをあずけていた」と最後が全部ひらがなになっているのは、翻訳ということを抜きにするととても印象的ですね。まあ「水のなかに」はさすがに無理があって

「水たまりに」でしょうけれども、こういう選び方をほかでもどれくらい通せるかはちょっと興味深い。これだけだとなんとも決められない。

ほかになければ、次の第7章に行きましょう。

While the bombardment was knocking the trench to pieces at Fossalta, he lay very flat and sweated and prayed oh jesus christ get me out of here. Dear jesus please get me out. Christ please please please christ. If you'll only keep me from getting killed I'll do anything you say. I believe in you and I'll tell every one in the world that you are the only one that matters.

学生訳8

A　砲撃がフォサルタで塹壕を粉々に破壊している間、彼は体を真っ平らに伏せ、汗をかきながら祈った。ああ、イエス・キリスト様！　俺をここから出してくれ。お願いだ、キリスト様。キリスト様、どうか、どうか、どうか、キリスト様。俺を殺さないでくれるなら、あんたの言うことなんだってするよ。あんたを信じてる。世界中の人に、大切なのはあんただけだって言うよ。

B　フォッサルタで砲撃により塹壕が粉々に打ち砕かれている間、彼は地面に身を平たくして横たわり汗をかいて祈った。ああかみさまぼくをここからにがしてください。かみさまどうかぼくをたすけて。かみさまおねがいおねがいおねがいかみさま。もしあなたがぼくを殺されないようにしてくれたらぼくはあなたの言うことを何でもききます。あなたの存在を信じ、世界中のみんなにあなただけが価値あるものなんだって伝えます。

柴田　ええと、まずこの5行目のI believe in youが難しいですね。みなさんの訳にはかなり赤字を入れました。I believe in youという言い方をどう訳すか。I believe youとI believe in youはどう違うか。中学レベルの基本的な話だけど、I believe youは単に「君の言っていることを信じる」「嘘じゃないと思う」という意味しかなくて、相手が言ったことに対して「うん、そうだろうね」っていうこと。I believe in youはもっとずっと意味が大きい。つまり「君という人を信じている」「君という人間の力を信じている」ということです。それと、「存在を信じる」もbelieve in。「神の存在を信じるか」はDo you believe God?ではなく、Do you believe in God?なわけです。これがまず基本。ここでイエスに向かってI believe in youと言っているのは、あなたというお方の力を信じる、ということでしょうね。

N　believe inを先生は「あなたの御力を信じて」とされてますが、力だけに限定したくなくて、神様が頂点に立つ宗教を信じるくらいの意味にしたい。I believe in youのあとにI'll tell every one in the world that you are the only one that mattersとあるので、そっちで宗教的な力を信じる言い回しを出せばいいから、とりあえず私はbelieveは「信じる」とだけ訳して、one that mattersを「我々に意味を与えてくれる存在」と補って訳したんですが。

柴田　それは知的に操作しすぎじゃないかな。この登場人物、そんなに頭よくないから。「我々に意味を与えてくれる存在」という訳の知的レベルと、you are the only one that matters という原文の知的レベルはだいぶ違う。matters は「意味を与えてくれる」よりも、単に大事っていうこと、大事なのはあなただけ、ほかのものはどうでもいいっていうことです。「あなた以外はどうでもいい」を「我々の生活に意味を与えてくれるのはあなただけ」とするのは、小学生の言い方を大学生がパラフレーズした感じになって、訳しすぎだと思う。ただ僕の訳でも、「俺はあなたの御力を信じています」は「あなたを信じています」でもいいのかなという気はする。でも「あなたを信じています」だとやっぱり、すがっている感じがない。ちょっと余裕を感じちゃうんだよね。

O　日本語で自分の意志を表現するときにいちばん強い表現って現在形だと思うんです。この人が祈るときに I'll do とか I'll tell というふうに will が入ってますよね。
柴田　はいはい。
O　それでワンクッション置かれているのかなと考えて、「あなたのおっしゃることはなんでもしましょう」と訳したんですけど、学生訳も先生の訳もすべて「なんだってする」と現在形になっていますね。ここの I'll は will がないのと同じくらい強い意味を持っているんですか？
柴田　いやむしろ、will があるからこそ、意志を感じさせるんです。いまOさんが最初に言った、自分の意志をいちばんはっきり表わすのは日本語では現在形だという、まさにそれ。英語ではそれを、will を使ってやるわけ。政治家の公約って、当選すると誰も守らないけど、公約するときは「〜いたします」って言うよね。「いたしましょう」とは言わない。それが英語では will なんだよ。だからこの will も、未来を表わすのではなく約束しているわけで、「世界中言ってまわります」と訳すのがむしろ正攻法。

O　たとえばその前の I believe in you には will が入っていないですよね。

柴田　だからこれは約束ではないんです。ここをたとえば学生訳Bのように「あなたの存在を信じ、世界中のみんなにあなただけが価値あるものなんだって伝えます」とやると、信じることもこれからする約束に含まれてしまう。これはまずいわけ。で、Aのように「あんたを信じてる」とした方が、ここは約束じゃなくて、いますでに信じてるんだってことがわかる。少なくとも口ではそう言ってることが。

それから、Bの訳の最初で、たぶん「砲撃で」と書きたいのに、その前に「フォッサルタで」があるから、「で」の反復を避けるために「砲撃により」にしている。これは単純に「フォッサルタで塹壕が砲撃されて」とやれば、「により」というあまり美しくない日本語を使わなくて済みますね。

P　B は jesus とか christ とかを「かみさま」と訳してますが、Christ イコール God なんですか？

柴田　いや、そうではないです。ただ、jesus christ を「かみさま」と訳すのは直訳としては間違っていても、翻訳としては正解になりうると思いますね。要するに、切羽詰まったとき真っ先に祈る対象ってことでさ。

P　日本語でイエスとかキリストとか呼び分けると二人いるみたいに思えるので、どっちかを「神様」にした方がいいかと思って、僕は「キリスト」の方を神様にしたんです。

柴田　でもさあ、「イエス」と「神様」にしたら、もっと別々になっちゃうじゃない？

P　まあ、イエスを神様とも呼ぶかな、と。

柴田　なるほど。でもやっぱりイエスはあくまでも神の子だからさ。

P　でもこういう場合では、イエスも神様もそんなに違わないのかなって。

柴田　違わない。たしかにそのとおり。でもそれだったら素直に「イエス」と「キリスト」でもいいんじゃないかな。最初に「イエスキリスト様」と言っているので、山田太郎みたいに姓と名を一緒につなげて言ったあとで「山田君」「太郎君」と言うみたいなもので、「イエス」と「キリスト」にばらして言っても大丈夫じゃないだろうか。

Q　普通は大文字になるところがここではjesus christって小文字になっていて、イエス・キリストが日本人の「神様仏様」みたいに安っぽく出されている。その感じをどう出すかをいろいろ考えたんです。jesusだったりchristだったり、変えているのもこの安っぽさの一つだと思うので、イエスとキリストはそのまま出して、あと先生の訳と同じにイエス・キリスト様の間に「・」を入れないで「イエスキリスト様」にすることで安っぽさを出していく方が、神様とかを使うよりいいんじゃないかと思ったんです。

柴田　なるほど。「イエスキリスト様」っていうのは、なんか祈り慣れてない感じがして、いいよね。「イエス様」は言うけど、「キリスト様」とはあんまり言わないわけで。日本語としてわざとぎこちない方が、すごく場当たり的に祈りの言葉が出ている感じが伝わりますよね。

学生訳Bはここが面白いから選んだんです。「ああかみさまぼくをここからにがしてください。かみさまどうかぼくをたすけて。かみさまおねがいおねがいおねがいかみさま」、すごく幼児化しているわけ。これをどう考えるか。つまり、原文は特に幼児化している感じはしない。じゃあこの訳はまずいのかっていうと、それと似たような問題でこのあいだちょっと面白いことがあったんです。

友達の作家ロジャー・パルバースの文章を訳していて、ロジャーは日本語も完璧なので、訳文を見てもらっていろいろ相談したりしていた。嵐が来て船がいつ沈むかわからないという状態で船乗りたちが「助けて」「助けて」「助けて」と叫ぶ、というところで、三つ目だけ “Save ME!” と me が大文字になっている。僕は単純にこれを全部「助けて」と訳して、三つ目の「助けて」だけ太文字にしたら、ロジャーは、このME が大文字になっているのは、どんどん切羽詰まってきて、ほかの奴はどうでもいいからこの俺を助けてくれという意味だから、「俺を助けて」と訳したらどうかと言うわけ。で、英語に即して考えればまったくそのとおりなんだけど、日本語ではこういう切羽詰まった状況でそういう発想はたぶん出てこない。英語は “Save ME!” と純粋に利己主義を出しやすい言語になっているけれども、日本語でははじめから「助けて」とそもそも me が出てこないからね。で、日本語を話す人間だったらこういう状況のときには、表現としては、ただひたすら幼児化するだろうと思うんです。利己主義化するんじゃなくて。だから、結局この三つ目はひらがなで「たすけてぇ」と訳すということでロジャーも納得してくれたんです。

このことが頭にあったので、学生訳Bの「ああかみさまぼくをここからにがしてください」も、普段と違う彼が出ていることを表わすのにけっこう効果的かなと思った。この路線で行くなら、イエス様とかキリスト様にするんじゃなくて、ひたすら「かみさまかみさま」ばっかりの方が効果的です。

Please please dear jesus. The shelling moved further up the line. We went to work on the trench and in the morning the sun came up and the day was hot and muggy and cheerful and quiet. The next night back at Mestre he did not tell the girl he went upstairs with at the Villa Rossa about Jesus. And he never told anybody.

学生訳9

A　だからお願いだ、お願いだ、キリスト様。甲殻部隊はさらに戦列を進めた。我々は塹壕に取り組み続けた。朝になり、太陽が昇った。暑くて、蒸し蒸しとして、明るくて、静かな日だった。次の日の夜メストレにもどった彼は、ビラ・ロッサで一緒に階上に上がった女の子にイエスの話をしなかった。そして彼がその話をすることは決してなかった。

B　どうかおねがいですかみさま。砲撃は戦線の遠くへと去った。私たちは塹壕で働き続け、朝には太陽が昇り日中は暑くてむしむしして陽気で静かだった。その次の夜メストレに戻ったが、彼はヴィラロッサで一緒に二階へ上がった女の子に神様のことは言わなかった。その後も決して誰にも話すことはなかった。

柴田　ここの原文のまん中あたりはかなり不思議です。前半から一応確認しておくと、The shelling moved further up the line――要するに砲撃がさらに up the line 前線の方に進んでいった、ということですね。その次の We went to work on the trench の、この work on は「〜について作業する」ってことで、砲撃がもっと前の方に行ったから破壊された塹壕を修理しに行ったという意味だと思います。そのあとがいちばん訳しにくい。ヘミングウェイ以前の小説の文章からは考えられないことに、A and B and C and D と形容詞が四つ、全部アホみたいに and でつないで並べられている。これだけでも普通じゃないのに加えて、muggy と cheerful とか、たがいに両立しそうにない形容詞が並んでいます。しかも、両立しないのをことさら目立たせるのではなく、ただ平然と並べている。これをどう訳すかは難しい。

あと、the girl he went upstairs with「二階に一緒に行った娘」という言い方から、この女の子が娼婦であることは、文脈を考えれば見当がつきます。

第7章全体についてでも構いません。何かありますか？

N　学生訳Aは意図的に読点をいっぱい使ってますよね。

柴田　うん。意図的かどうかはわからないけど、そうだね。「暑くて、蒸し蒸しとして、明るくて、静かな日」あたりは特に。

N　学生訳Bとか先生の訳みたいに点がない方が、その場当たり的な感じが出る気がします。もう一つ、先生の訳の初めの方で「祈った」は文章の最後に来ているんですが、ここに入ると原文ではだらだら続いてるこの呟きが一回切れてしまうのが少し僕は嫌だったんで、「汗をかきながらこう祈っていた、ああイエスキリスト様……」としたんですけれども。
柴田　なるほど。それは一理あるな。それだったら僕の訳はセンテンスを二つに分けて「汗をかきながら祈った。ああイエスキリスト様どうか俺をここから出してください」としてもいいね。たしかにこの「祈って」はちょっと遠すぎるな。「ああイエスキリスト様」でたぶん祈っているんだろうなってわかるにしてもそのとおりですね。どうもありがとう。
K　いちばん最後の And he never told anybody のところで、学生訳Aの「そして」はあまりにも直訳すぎるかなと思うんですけど。
柴田　「そして彼がその話をすることは決してなかった」のところね。
K　学生訳Bと、先生の訳や新潮文庫訳では「その後」とか「そのあと」になっています。それは偶然なのか、それともそのように訳すべきなのか。
柴田　これは偶然ではないでしょうね。この And ははっきり「しかも」「そのうえ」というニュアンスがある。この場合は「その後も」とまで訳し込んでいい気がする。

R　and のことで、ちょっと戻るんですけど、I believe in you and I'll tell every one を、柴田先生はこの二つの意志がこもったひと続きを別々の文にわけて訳されてますけど、そこの believe in you というわりと信仰的で一般的なフレーズと、I'll tell everyone っていう稚拙な感じもする文はつなげて訳せないんですか？
柴田　いや、もちろんつなげるならつなぐんだけど、I believe in you を正しく訳して、かつつないでいる人はみんな「俺はあなたの御力を信じているし、」になっている。僕は「〜るし」がすごく嫌だったのね。「信じていて」でもおかしいし「信じていますから」とか「信じていますので」とかするのもそぐわない。ここをつなぐ言葉がないんです。

R　「〜るし」はそんなに変ですか？

柴田　うん、「彼は頭がいいし、そのうえお金もある」みたいに、同次元の理由が上乗せされるようなときに使うのはいいんだけど、ここはそうじゃないよね。それと、前にも言ったけど、英語の文章で「彼は〜して、私は〜した」のように前半と後半で主語が違う場合、日本語でそれをそのまま一つのセンテンスに訳すとしっくり来ないことが多いので、センテンスを分けちゃった方がいい場合も多い。この場合はどっちもIが主語だから、それとは違うとも言えるんだけど、I believe in you and I'll tell every one と片方が現在形で片方が未来形だから、厳密には主語のありようは違う。ほとんど主語が変わっているに等しいんです。「俺は（現在）あなたを信じていて、（今後）〜します」とつなぐのはやっぱりどうもしっくり来ない。

S　地の文だと不可能ですけど、会話文のなかを、読点でつなぐことはできますか？　終止形読点という形で。

柴田　「俺はあなたを信じています、みんなに言って回ります……」とかですね。それはたまにやります。でもそういうのって、小説のクライマックスとかで読者が乗っているときじゃないと、どうしても浮きますね。使うタイミングは相当考えなくちゃいけない。

T　短篇ってやっぱり最後が大事だと思うので、この文章でも最後の And he never told anybody がぽつんと置かれている感じが好きなんですけど、これをうまく出すにはどうすればいいんでしょうか。先生だったらたとえば「そのあと誰にも言わなかった」で終わっている。never を訳さずに最後に軽い否定形を出して、それですっと終わってる感が出てると思うんですが、学生訳では never をはっきり訳したせいでぽつんとしてない感がある。自分のは「誰にもそんなことは話さなかった」ってぽつん感を出したつもりなんですけど、うまく行かなくて。

柴田　「そんなことは」を取ればだいぶ良くなりそうですね。あと、never を「決して」と訳すとつまずくね。学生訳は二つともいいんだけど、「決して誰にも話すことはなかった」「彼がその話をすることは決してなかった」は原文の簡単な言い方に較べると重いよね。一般論から言っても、never と「決して」は全然違います。never を「決して」と訳すことは実はほとんどない。どう訳したらいいか難しいことがけっこうあります。たとえば We waited and waited a long time, but he never came というふうに、さんざん待ったのに来なかったという場合に日本語では「決して来なかった」とも「絶対来なかった」とも言わない。never は not ever だから、その場合は「いつまで経っても」くらいの意味。

で、いまの文章では「いつまで経っても言わなかった」ではなくて、「最後まで」とか「死ぬまで」とか、でもまあここで死ぬまでと言ったら変だから単純に「誰にも言わなかった」でしょうか。それこそ「誰にも言うなよ」ってときに "Never tell anyone!" とも言える。これを「決して誰にも言うな」とは訳さないですよね。単純に「誰にも言うな」か「絶対誰にも言うな」です。ただそういう場合には "Don't tell anyone!" の方が普通だろうけどね。で、話を戻すと、never は「決して」と訳したくなったらまずその気持ちを抑えて、なるべく文章の中に盛り込むような形で訳すのがいい。

U　さっきの独白というか祈っているところで感じたのは、やっぱり登場人物と読者とのあいだの距離感の問題なんです。学生訳8のこの独白の部分は、登場人物に読者が感情移入しすぎる感じがします。登場人物の心情にちょっと読者がシンクロしすぎる。たとえば学生訳Aだったらエクスクラメーションマークが入っていたりして、登場人物が自分の言葉で語っているかのような感じがしすぎるし、Bの幼児化した方は、やっぱり登場人物の個性が見えてしまってそのぶん距離感が近くなってしまう。

柴田　そうすると、どうすればいい？

U　僕は先生の訳がいちばんよかったなあと思ったんですが。

柴田　ええと、何がいいわけ？

U　先生の訳だと、「キリスト様お願いですどうかお願いですキリスト様。」と、最後に「。」を入れて終わっているわけです。文だけ見ると本人が語っているように見えるんですが、最後の「。」の時点でちょっと客観的に距離を置かれているような感覚がある。

柴田　はー、微妙だなあ。なるほど。

U　なんていうか、ある種ドキュメンタリー番組を見ているような距離感。

柴田　うんうん。でもそれを言えば、Bの幼児化したやつも「かみさまおねがいおねがいおねがいかみさま」となってるあたりで、必ずしも読み手が没入できないようになっている気もするんだよね。

U　やっぱり、幼児化されると近く感じてしまう。
柴田　なるほど。生の声になっちゃうってことね。
V　Aは、たとえば「どうか、どうか、どうか」と三回繰り返すところを「、」で一個一個切ってしまっているのは、距離感を空けすぎな気がする。そこはやっぱりAとBの中間くらいのところ、ひらがなになるくらい近過ぎでもなく、遠過ぎでもなく、先生の訳し方が。
柴田　いや、二人にそう言っていただけるのはありがたいけど、でも二人は逆のこと言ってるよね？　U君は、Aは「！」があったりして息づかいが聞こえるから読み手が「俺」に近づきすぎるって言ってる。Vさんは逆に読点なんかがあると離れちゃうって言ってるわけね？
V　読んでるって意識が出てくる。
柴田　ああ、そうか。そう言われてみると……これはわかんないな。一般論としては、切羽詰まっている人間の頭の中の物言いを直接伝えるなら、あんまり読点はない方がいいんじゃないかな。パニック状態って、なんていうか、きちんと読点で整理された感じじゃないよね。ただ、Aがいいと思ったのは、この訳の「俺」っていうのは、神様に対する口のききかたを知らないわけです。その知らなさがきちんと声になっている。神様やキリストに向かって「ここから出してくれ」とか、「あんたの言うことならなんだってする」とか普通は言わない。もっと敬語使うよね。そういう、祈り慣れてない人間の声が聞こえるのはいいと思ったわけです。ここのところの声の統一はみんなけっこう苦労してました。Bみたいに完全に幼児化した声でびしっと決めるのも一つの手だし、Aみたいに生まれて初めて祈るみたいな感じでもいい。声の統一がないのがいちばんまずい。

あとは、いちばん迷うのは学生訳9の the day was hot and muggy and cheerful and quiet のところでしょうね。これは僕も、訳してたら毎日変えそうです。学生訳A「暑くて、蒸し蒸しとして、明るくて、静かな日だった」のように、イメージが違う形容詞が並んでいるときに、読点を多く打つのは一つの手なんですね。英語だと形容詞と形容詞とのあいだにある and がクッションになるんだけど、日本語にはそれがないからね。学生訳Bは「日中は暑くてむしむしして陽気で静かだった」と読点をなくしていて、これはこれで一つのやり方で、僕も基本的にはそうしています。一貫性のない形容詞が四つも並べばちゃんと読んでくれる人の目は引ける、と考えると、読点でことさらに気を惹かなくてもいいのかもしれない。

僕の訳は「昼間は暑く蒸して朗らかで静かだった」だけど、「朗らか」なんてまたもう一度訳したら変わりそうです。それくらいここは迷う。

W　このセンテンスは英語として特殊な書かれ方をしていると思うので、文法はある程度無視して、この the day was のあとはなんとなく時間が経過しているような書き方だから、and を全部「そして」と訳したんですけど。

柴田　そうすると訳文はどうなりますか？

W「朝が来て、太陽が顔を出し、日中は暑くそして蒸し、そして心地よく、そして静かな日になった」

柴田　狙いはわかるな。でも、原文を見てさんざん考えた我々はそういう訳し方にある程度共感するだろうけど、英文を見ていない読者が読むと、「なんでこんなに『そして』が多いんだ？」と思うだろうね。and と「そして」は重さが一緒じゃないから。「そして」は and so と同じくらいの重さで、and はほとんど「と」だよね。たとえば he と「彼」は同じじゃない。これぐらいの長さの英文で he が五回出てきてもそんなにおかしくないけど、日本語で「彼」が五回出てきたらすごくおかしい。それと同じで、and が A and B and C and D と三回出てくるのも、まあかなりおかしいけど、その and が三回出てくる目立ち方と「そして」が三回出てくる目立ち方はかなり違う。

P　「そして」の代わりに「なる」とかの動詞を使って時間の経過を表わしてもいいんでしょうか。

柴田　いや、そうとも言えないでしょうね。最初は暑くて、蒸して、それがだんだん陽気になって、やがて静かになっていった、と読んじゃうと、やっぱりちょっとずれるだろうね。あくまで全部ひとまとまりの出来事として書いてあるから。普通だったらもちろん、hot and muggy *but* cheerful and quiet と書くところでしょうね。ネガティブな形容詞二つ、それからポジティブな形容詞二つ。but でつなげば、蒸し暑いけどけっこう気持ちよかったという感じに割り切れてしまう。だけどこの割り切れなさがこの一文のポイントなんだよ。

学生訳Bの「暑くてむしむしして陽気で静かだった」みたいに「暑くて」「むしむしして」「陽気で」と、「て」「で」のエの音が並んでるのはいいよね。僕の訳では、「暑く蒸して朗らかで静か」と、「暑」「蒸」「朗」「静」という漢字がぱっと目に入るようにして同じ効果を狙っています。学生訳Aも「暑くて、蒸し蒸しとして、明るくて、静か」というふうに四つを分離させることで、結局やろうとしてることは同じなんだよね。とにかく普通だったら一緒にできないはずのものが一緒に並んでいるという、その強引なイメージを伝えたいということ。

X　７章はずっと「彼」について述べているのに、この文だけ最初が *We* went to work で、視点が「僕たち」にずれる。それからまた「彼」に戻りますよね。We の前も後も、彼が何を喋っているのかとか、彼が娼婦と二階に上がって何を言わなかったとか、彼の視点で書いている。明らかに、ここだけ視点がぶれてますよね。

柴田　それは鋭いですね。つまり文字どおりには「僕ら」は「彼」の思いを知れるはずがないよね。だけど、それがつながっているというのは、「彼」という形で言ってはいるけれども、実はみんなこういうことをやって、こんなことを思っているんだってことをほのめかしている気もする。「彼」というふうに、「僕ら」とは一見関係ないように書いてあるけれども、実は「僕ら」の誰もがこんな思いを抱いて、怖くなったときにはみんな幼児化したり、恥ずかしいことを娼婦の前では絶対言わなかったりする。怖い瞬間が済むと、なんか蒸し暑くて陽気でとか、わりとのんきなことを言っている。そう考えると、「彼」一人をみっともない存在にすることで、語り手は自分のみっともなさを隠蔽してるわけで、「彼」が娼婦の前ではみっともなさを隠すのと同じことを読者に対してやっているとも言える。もちろんそういうことが読んですぐわかるわけじゃなくて、なんか We が急に出てきて変だなと思って、また he に戻って、これはなんだろうと考えると見えてくる。こういうところが、ヘミングウェイの深さですね。

教師訳例

第5章

朝六時半に大臣六人が病院の壁を背にして射殺された。中庭のあちこちに水たまりがあった。中庭の敷石に濡れた落ち葉があった。雨が強く降っていた。病院の鎧戸は残らず釘を打ちつけてあった。大臣の一人はチフスにかかっていた。兵士二人が大臣を抱えて階段を降りさせ雨のなかに連れ出した。彼らは大臣を壁を背にして立たせようとしたが大臣は水たまりに座りこんだ。ほかの五人はひどく静かに壁を背にして立っていた。とうとう将校がそいつを立たせようとしても無駄だと兵士たちに言った。最初の一斉射撃が行われたとき大臣は水たまりに座りこんで頭を両膝に載せていた。

第7章

フォッサルタで砲弾が塹壕を粉々に破壊している最中に彼はべったり伏せて汗をかきながらああイエスキリスト様どうか俺をここから出してくださいと祈った。イエス様お願いですここから出してください。キリスト様お願いですどうかお願いですキリスト様。死なずに済むようにしてくださったら何でもおっしゃるとおりにします。俺はあなたの御力を信じています。世界中みんなに大切なのはあなただけだと言います。お願いですお願いですイエス様。砲撃は戦線のさらに前方へ動いていった。僕らは塹壕の修復に取りかかり朝になると陽がのぼってきて昼間は暑く蒸して朗らかで静かだった。次の夜メストレに戻ると彼はヴィラ・ロッサで一緒に二階へのぼった娘にイエスのことは言わなかった。そのあと誰にも言わなかった。

7

Lawrence Weschler

Inhaling the Spore

Megaloponera foetens (the Cameroonian stink ant)
with forehead rampant

Deep in the Cameroonian rain forests of west-central Africa there lives a floor-dwelling ant known as *Megaloponera foetens,* or more commonly, the stink ant. This large ant — indeed, one of the very few capable of emitting a cry audible to the human ear — survives by foraging for food among the fallen leaves and undergrowth of the extraordinarily rich rain-forest floor.

On occasion, while thus foraging, one of these ants will become infected by inhaling the microscopic spore of a fungus from the genus *Tomentella,* millions of which rain down upon the forest floor from somewhere in the canopy above. Upon being inhaled, the spore lodges itself inside the ant's tiny brain and immediately begins to grow, quickly fomenting bizarre behavioral changes in its ant host. The creature appears troubled and confused, and presently, for the first time in its life, it leaves the forest floor and begins an arduous climb up the stalks of vines and ferns.

Driven on and on by the still-growing fungus, the ant finally achieves a seemingly prescribed height whereupon, utterly spent, it impales the plant with its mandibles and, thus affixed, waits to die. Ants that have met their doom in this fashion are quite a common sight in certain sections of the rain forest.

The fungus, for its part, lives on: it continues to consume the brain, moving on through the rest of the nervous system and, eventually, through all the soft tissue that remains of the ant. After approximately two weeks, a spikelike protrusion erupts from out of what had once been the ant's head. Growing to a length of about an inch and a half, the spike features a bright orange tip , heavy-laden with spores, which now begin to rain down onto the forest floor for other unsuspecting ants to inhale.

....

柴田　最初に、今回採り上げた文章が収められている本について説明しておきます。ローレンス・ウェシュラーというジャーナリストが書いた、*Mr. Wilson's Cabinet of Wonder* というすごく面白い本です。『ウィルソン氏の驚異の陳列室』という題でみすず書房から邦訳も出ています。

このCabinet of Wonderという言い方は、cabinet of curiositiesと言うことも多くて、一時期ドイツで流行ったので*Wunderkammer*とドイツ語で言ったりもします。「驚異の部屋」という意味で、珍しい文物を展示した小部屋のことです。アラン・カーズワイルという作家にも*A Case of Curiosities*という長篇小説があって、やっぱりそういう珍しい物を集めた古い箱の話からはじまっています。これもなかなか面白かったな。その後、『驚異の発明家《エンジニア》の形見函』というタイトルで邦訳も出ました。

大航海時代がはじまって、ヨーロッパの人間が世界中へ航海に出るようになる。で、世界各地からいろいろ珍しいものを持ってくるわけですね。それが時代下って18世紀あたりになると、そういうのがきちんと分類されてしまう。植物学ではリンネの分類学が成立するのが18世紀で、18世紀はとにかく世界のいろんなものを科学的に分類し整理した時代です。だから、秩序とか理性とかに信頼が置かれる。18世紀のことを The Age of Reason（理性の時代）と言ったりしますよね。ある面では現代もその延長線上にある。

それに較べて17世紀の西洋では、まだ系統だった形で世界が整理されていない。わーっといろんなものが西洋に入ってきて、それが未整理のまま混沌としていた時代、というふうに考えていいだろうと思います。科学者がきちっといろんなものを系統立てて研究するよりも、金持ちが道楽で珍奇なものをごちゃごちゃ収集したりした。そういうコレクションを並べたのが cabinet of curiosities というわけです。

配ったプリントの絵では、天井にワニが張りついています。

ここはイタリア・ナポリのフェランテ・インペラート博物館で、『ナポリ人フェランテ・インペラートの自然の歴史について』(1599) という本にあった絵です。

世界各地の珍しいものを集めて、ある種ごちゃごちゃに物を並べる。そういう部屋をヨーロッパ人はよく作っていたんですね。

今回の課題の著者ローレンス・ウェシュラーという人は非常に面白いジャーナリストで、風変わりな漫画家ベン・カッチャーなども、ウェシュラーが『ニューヨーカー』に記事を書いて一躍注目されたんだけど、その人がこういう cabinet of curiosities の現代版のようなものを見つけた。ロサンゼルス郊外で、デイヴィッド・ウィルソンという人が非常に奇妙な博物館をやっていて、「ジュラシック・テクノロジー博物館」というんですが、そこでは今回のテキストで言及されている蟻が展示されていたり、その隣にノアの箱船のかけらがあったりして、どこまで本物で、どこからがガセネタ、いんちきなのかよくわからないんですね。行ったことないけど、すごく面白そうです。

訳してもらったこの変な蟻の話は、ウェシュラーの本の冒頭に出てきます。ジャーナリストの書いた文章だから基本的には淡々としているんだけど、やっぱり対象が変な話だし、ウェシュラーの文章も味があるので、全体にユーモアが漂っていますね。派手な見え透いたユーモアに対して、無表情で人を笑わせるユーモアのことを deadpan と言いますけど、この文章も全体に deadpan humor が漂っている。書き手は可笑しくもなんともないような顔をしているんだけど、読んでいるとそれが妙に可笑しいっていうトーンですね。みなさんの訳を見たら、そのへんがなかなかよく再現されているんじゃないかと思いました。添削していて非常に、なんというか、精神衛生に良かったです。

ちょっと前置きが長くなりましたが、じゃあ中身に入りましょう。

Deep in the Cameroonian rain forests of west-central Africa there lives a floor-dwelling ant known as *Megaloponera foetens*, or more commonly, the stink ant. This large ant — indeed, one of the very few capable of emitting a cry audible to the human ear — survives by foraging for food among the fallen leaves and undergrowth of the extraordinarily rich rain-forest floor.

学生訳1

西中央アフリカ・カメルーンの熱帯雨林奥深くに、メガロポネラ・フォーテンス、より一般的には悪臭アリとして知られている土着の蟻がいます。この大きな蟻は、実は人が聞き取れるほどの音を出すことが出来る数少ない種類のうちの一種で、熱帯雨林のとても栄養のある地面に生えた草や落ち葉の間にある食べ物を探して生きています。

柴田　英語的に迷うのが、最後のところね。the fallen leaves and undergrowth of the extraordinarily rich rain-forest floor. 皆さんの訳が分かれました。the fallen leaves でひとまとまりと考え、その後の undergrowth 以下文の最後までをもうひとまとまりと考え、the fallen leaves と undergrowth 以下全部とが同格と考えた人。もう一つは the fallen leaves と undergrowth が同格と考えて、of the extraordinarily rich rain-forest floor はその両方にかかると考えた人も多かった。結論から言うと、たぶん後者の方が正しい。the fallen leaves と undergrowth of the extraordinarily rich rain-forest floor

が同格であれば、fallen leaves に the を付けたら undergrowth にも the を付けるべきなんですね。the が fallen leaves の前にあって undergrowth の前にないっていうのは、これでセットだという感じなんだよね。なので、of 以下は the *fallen leaves* and *undergrowth* 両方にかかると考えて下さい。

学生訳は基本的にいいと思うんですが、「土着」というのは単純な誤訳だね。floor-dwelling というのは要するに、木の上とかに住んでいるんじゃなくて地面、地表で暮らしているっていうこと。だからこの「土着の」というのは単純に……どう直すかな。まあ「地表に生息している」かな。

A　学生訳の最後は非常に一文が長いですよね。「実は人が聞き取れるほどの音を出す」っていうのは、英文でもダッシュを引っぱって書いてあるし、僕は括弧を使って「この大きな蟻（実際、人の耳に聞こえるほどの音を放つことのできる数少ない種の一つである）は……」としたんですが。

柴田　それでもいいね。ちょっと括弧の中が長いけどね。とにかくダッシュの中が大きさの説明になってるってところがポイントなわけだよね。

このindeed なんだけど、この学生訳だと「実は……」となってるけど、「実は」って言うと、いままで出てきた話とはほんとは逆だとか、違う話が出てきますよって感じだよね。でもこれはそうじゃない。逆接じゃなくて順接。ほとんど「それどころか」に近いです、この indeed は。「単に大きいどころか」という感じ。何しろ人間の耳に聞こえるくらい大きいんですよっていう。audible を「可聴範囲」、要するに周波数的に人間にも聞こえる音だって考えた人が何人かいたけど、そうじゃないですね。それだと indeed の意味が通らない。

そういうわけなので、A君が言っていたみたいに括弧を使ってわかり易くするという手はあるでしょう。ただ、学生訳についても狙いはわかるんです。これ、全部ですます調で訳してあってすごくわかり易い。たぶん、子供向けの図鑑とか科学の本みたいな感じを狙って訳したんだろうね。そういう本にはあまりダッシュとか括弧とか使わないんで、このスタイルだとこのままの方がいい気がする。

ただその場合にも、「実は」以下のところは変える必要があって……たとえばそうだな、僕の訳にもあるけど、「数少ない種類のうちの一種で」じゃなく「珍しい蟻で」くらいにするのはどうでしょうね。「～種類のうちの一種で」というふうに、「種類」「一種」と〈種〉が二つあるので余計もたついて見えるから。たとえば「世界で最も有名な科学者の一人」とかね、そういう表現は、日本語にはいまひとつなじまない。この場合、「数少ないもののうちの一種」というのは要するに「珍しい」ってことなので、「珍しい蟻」でいいんじゃないか。ほかもそんなふうに、厳密さよりも平易さを目ざしていじってみたい。extraordinarily rich ... が「とても栄養のある地面」っていうのは変だね。「地面」に「栄養」とは言わない。「豊饒な」に直せばいいかもしれませんが、字が面倒くさいので（笑）「肥沃」にしましょう。

学生訳１　修正案

中央アフリカ中西部、カメルーンの熱帯雨林奥深くに、メガロポネラ・フォーテンス、一般には悪臭アリという名で知られている、地表に生息している蟻がいます。この大きな蟻は、人が聞き取れるほどの音を出すことができる珍しい蟻で、熱帯雨林の、きわめて肥沃な地面に生えた草や落ち葉のなかにある食べ物を漁って生きています。

B　さっき先生が言っていたdeadpanっていうのを考えると、全体的に専門用語を使った方が面白いんじゃないですか。原文も専門用語っぽいところがあるし、それが日本語にも反映される方が面白いんじゃないかと。
柴田　うん、でもこのパラグラフでは、*Megaloponera foetens*という学名は出てるけど、それ以外は特に専門用語というようなものはないね。emitにしてもそんなに特別な言葉じゃないし、forageはまったく普通の「漁る」って意味の言葉だし……。
B　そうかもしれませんが、文章全体としてはそういう方向に見えるんですけど。
柴田　たしかにひたすら通りよく、すっきりさせようとしてる文章ではないです。訳の方も「通称ニオイアリなる蟻が」とかいったようにやや固めにしたり、どこかでも「宿主たる」とかね、そういう工夫はした方がいいかもしれない。そういうトーンで統一するのは手だよね。じゃあ、次のパラグラフに行こうか。

On occasion, while thus foraging, one of these ants will become infected by inhaling the microscopic spore of a fungus from the genus *Tomentella*, millions of which rain down upon the forest floor from somewhere in the canopy above.

学生訳2

時おりその食料漁りの最中に、トメンテラという種の菌の微小な胞子を吸い込んで病気になるアリがいる。何百万という数のその胞子が熱帯雨林の上層の木々の繁りから地面へと降り注ぐのだ。

柴田　どうでしょうか？「その食料漁りの最中に、〜になるアリがいる」という言い方をすることで、one of these ants を「これら蟻のうちの一匹」と訳さずに済んでいるわけですね。そこはとてもいいね。

それからもう一つは、続く will become infected の will ですね。これは未来形ではありません。文法的に言うと、現在の習慣を表わす will。過去の習慣を表わす would というのはよく聞くでしょ。たとえば He would often say ...「彼はよく〜と言ったものだ」。こういうのは中学で習うわけだよね。その現在形版。それほど多くは使われないし、話し言葉ではほとんど使われないけど、書き言葉ではこういう will がときどきあります。なんでそんなに使わないかというと、単純に現在形で書いても大して変わらないからでしょうね。ここもべつに becomes infected でもいいんだけど、なんていうか、日本語で言うと「感染することになる」とかにちょっと近いですね。「〜することになる」というのは、「〜する」と意味的にはほとんど変わらないですよね。

C　先生の訳に読点がすごく多いのは、何か理由があるのですか？

柴田　ええ、「時おり、〜最中に、〜なかで、……」としてる。うん、ここはね、話の肝というか、一番のポイントなので、わりとゆっくり読んでしっかり頭に入れてくださいねという意思表示ですね。特にそういう意思がなければ……ああ、でもあんまり変わらないな。せいぜい「微小な胞子を吸って」のあとの「、」は取ってもいいかもしれないけど、ほかはあんまり変わらないかな。「時おり」のあとの「、」も取れるかな。というくらいですね。

前回の授業でも言ったけど、形容詞の並べ方が異様なとき、当たり前に同じような形容詞が並んでいるんじゃなくてちょっと組み合わせが異様なときは、ゆっくり見てほしいってことで「、」を多く使ったりするね。ここはべつに並べ方が異様じゃないけど、内容が異様なので、ゆっくり読んでもらってしっかり頭に入れてもらおうというわけですね。

D　学生訳の「熱帯雨林の上層の木々の繁り」っていうところなんですけど、「の」が三つ以上重なると――

柴田　そうだね。単純に「熱帯雨林の頭上の繁り」で十分。canopy ですよね、原文は。canopy はでかい英和辞典だと「林冠」という訳語があると思いますけど、ここではそういう専門用語ではなく、「天幕」ってことだよね。熱帯雨林で木々がすごく繁ってるから、上を見たって、空がばーっと広く見えたりはしない。頭上にも葉むらが広がってるわけだ。そういう感じで訳せばいいだろうと思います。

E　生物学用語はよくわからないんですけど、「胞子を吸い込んで病気になる」という表現は、「胞子」の方を主語にして、「胞子が蟻に吸い込まれて体内に侵入する」というふうにしたらどうでしょう。

柴田　うん、体内に侵入するとか、変な物が入って蟻がおかしくなるとかいうような感じが出るといいよね。「病気」だとたしかに、おどろおどろしい感じがやや弱いですね。「感染する」「冒される」と訳した人が多くて、僕も「冒される」としたけど、それだと「それに感染する」「それに冒される」とか、どうしても「それに」を加えないといけない。胞子の方を主語にすれば、それも解消できるね。

学生訳2　修正案

時おりアリが食料漁りをしている最中に、トメンテラという種の菌の微小な胞子がアリに吸い込まれて、体内に侵入することがある。何百万という数のその胞子が、熱帯雨林の頭上の繁りから地面へと降り注ぐのだ。

Upon being inhaled, the spore lodges itself inside the ant's tiny brain and immediately begins to grow, quickly fomenting bizarre behavioral changes in its ant host.

学生訳3

吸い込まれたらすぐにその胞子はアリの小さな脳の中に寄生し、またたく間に成長する。そしてすぐに宿主であるアリに奇妙な習性の変化を引き起こすのだ。

F　「すぐに」「またたく間に」「すぐに」っていう繰り返しがちょっと気になるかな。

柴田　そうだね。「すぐ」という言葉が二つあるので、そのどちらかは変えたい。どっちかの表現を変えれば全然違ってきます。最初のところを「吸い込まれるやいなや」などにすればだいぶいい。「吸い込まれるやいなや、その胞子はアリの小さな脳の中に寄生し、またたく間に成長する」。次の文の頭の「すぐに」は quickly の訳なわけだけど、「たちまち」とかいう言葉の方がこの文章だとリズムがいいと思います。「脳の中」のところは、例の怪しげな本のおかげで「脳内」という言葉がすっかり定着したので、それを使えばいいかなと。

学生訳3　修正案

吸い込まれるやいなや、その胞子はアリの小さな脳内に寄生し、またたく間に成長する。そしてたちまち、宿主たるアリに、奇妙な習性の変化を引き起こすのだ。

The creature appears troubled and confused, and presently, for the first time in its life, it leaves the forest floor and begins an arduous climb up the stalks of vines and ferns.

学生訳4

アリは目に見えて苦しんだり混乱し、ほどなくして生まれて初めて地面を離れ、四苦八苦しながらブドウやシダの木の幹を登り始める。

G　creature は「蟻」と言い換えてもいいのでしょうか。
柴田　The *creature* appears troubled and confused ですね。こういう creature は「生き物」と訳す方が間違い。the ant が繰り返されるのを避けるために言い換えているだけなので、こういうときは「蟻」で通した方がいい。たとえば the poor creature とかになっていても、「憐れな生物は」じゃなくて

「憐れな蟻は」「憐れ蟻は」ですね。vines はブドウとは限らないので、ツタとかツルとかにしよう。僕はなんて訳したかな。「ツルやシダ」か。「ツルやシダ」だと「〜の木」はない方がいいな。
「目に見えて苦しんだり混乱し」は、appear troubled and confused に較べてちょっと強いと言えば強いかな。「目に見えて」っていうと obviously という感じですよね。appears はそれより少し意味が弱いんですね。

ついでに言っておきますけど、apparently っていう言葉ね。appear の副詞形ということになるのかな。この言葉は、現代英語では「どうやら」くらいの意味になる場合がほとんどで、「明らかに」とか「見るからに」という意味にはあまりなりません。理屈からすると、どっちともなり得るんだけどね。文字どおりには「appearance からすると」って意味だから、「見るからに」にもなりそうだし、「見かけ上は」にもなりうる。でも現代英語ではだいたい「見かけ上は」の方ですね。

学生訳4　修正案

アリは苦しげに混乱した様子を呈し、ほどなくして生まれて初めて地面を離れ、四苦八苦しながらツルやシダの茎を登り始める。

じゃあ次に行きましょう。

Driven on and on by the still-growing fungus, the ant finally achieves a seemingly prescribed height whereupon, utterly spent, it impales the plant with its mandibles and, thus affixed, waits to die. Ants that have met their doom in this fashion are quite a common sight in certain sections of the rain forest.

学生訳 5

増殖し続ける胞子に操られるまま、蟻は遂に、まるで予め定められたかのように見える高さまで到達すると、ぐったり力尽きたような様子で、下顎を植物に突き刺して体を固定し、死を待つのだ。このような非業の死を遂げる蟻は、熱帯雨林のある地域にあっては、かなり一般的に見られる。

柴田　この finally っていうのがいつも訳すときに困る言葉で……。「ついに」よりは弱いんだけど、「結局」よりは強いんですよね。あと、たとえば天気予報なんかで、「〜地方は〜で、〜地方は雨で、おしまいに〜地方」というときにも finally を使ったりします。ほかの場合でも「しまいには」などと訳すといいことも多い。でもまあここは「遂に」でいいか。

F　ちょっと細かいことかもしれないですけど、a seemingly prescribed height っていうのが「予め定められたかのように見える」と訳されているんですけど、「かのように見える」っていうのは、ちょっと違うかなと思うんです。「定められたかのような」ならわかるんですけど、「見える」というのはちょっと違いませんか？

柴田　「思える」ならいい？

F　はい。

柴田　「予め定められたかのように思える高さ」にしよう。

それと、すぐあとで「ぐったり力尽きたような様子で」とあって、「ような」が二度続いてしまうので、二つ目は単純に削除して、「ぐったり力尽きた様子で」。

あと、最後の「かなり一般的に見られる」は quite a common sight に較べてちょっと弱い。「ごくありふれた情景である」とかがいい。

学生訳5　修正案

増殖し続ける胞子に操られるまま、蟻は遂に、まるで予め定められたかのように思える高さまで到達すると、ぐったり力尽きた様子で、下顎を植物に突き刺して体を固定し、死を待つのだ。このような非業の死を遂げる蟻の姿は、熱帯雨林のある地域にあってはごくありふれた情景である。

では次。

The fungus, for its part, lives on: it continues to consume the brain, moving on through the rest of the nervous system and, eventually, through all the soft tissue that remains of the ant. After approximately two weeks, a spikelike protrusion erupts from out of what had once been the ant's head. Growing to a length of about an inch and a half, the spike features a bright orange tip, heavy-laden with spores, which now begin to rain down onto the forest floor for other unsuspecting ants to inhale.

学生訳6

菌の方は生きつづける。脳を利用し尽くし他の神経細胞へ、そして最後には残ったすべての軟部組織へと広がっていく。およそ二週間後、釘のような突起物が、かつてアリの頭であった部分を破って出てくる。1.5インチ程の長さまで伸びると、その釘の先端は胞子をたっぷりとかかえて、明るいオレンジに色付く。そして、その胞子はそれを吸い込むなどつゆ疑わぬアリたちの生きる地表へと降り注ぐのだ。

H　訳語で1.5インチとなっているのは、いつも自分で読んでいてわかりにくいっていうか……私は訳すときもいちいち調べないとわからないんですよ。それで訳のときはいちおうセンチに直して書くんですけど、インチのままでもいいものなんですか？

柴田　一概には言えませんが、その長さが実際にどのくらいなのかをわかってもらうのがポイントだとしたら、直した方がいいと思いますね。

反面、長さが具体的にどれくらいかよりも、その数字の感じが大事な場合もあるじゃない。たとえばなんだろうな、『500マイル』っていう有名なフォークソングがありますよね。「ふるさとから500マイル離れて〜」っていうのはとにかく遠く離れてるってことが問題なわけでさ、「800キロ離れて〜」では歌にならない（笑）。

でもここは、角みたいなものがどのくらい伸びるのか、ぜひ具体的に分かってほしいよね。だから「４センチ」とか、「４センチ近く」とかにした方がいいと思いますね。

雑学としてインチがどれくらいか程度は、英文や西洋近代の人はみんな知っておいてくださいね。1マイルが1.6キロ、それから重さ1ポンドが0.45キロ、1インチが2.5センチ、それくらいは覚えておいてほしい。1ヤードは1メートルとそんなに変わらないと覚えておけば十分。あとは単位としては、そうですね……。

I　エーカーとかも直した方がいいですか？

柴田　エーカーは僕も全然実感ないね。ええと、エーカーは何に直せば実感あるわけ？

I　アール……？

柴田　アールとかヘクタールとか言われても、僕はやっぱり全然わからない（笑)。わかるのは平方メートルくらいだよな。坪とか（笑)。

O　3行目の「かつてアリの頭であった部分を破って」っていうところなんですけど、出てくるのは「釘のような突起物」なので、「破って」より「突き破って」とかの方がいいんじゃないかと。

柴田　なるほどなるほど。erupts だからね。

生徒　この段落の一番最初の行の continues が訳で抜けているような気がします。

柴田　continues to consume the brain ね。ええと訳例では「脳を利用し尽くし」、うん、そうだな。「利用」も少しずれる気がするので、たとえば「相変わらず脳を喰らいつづけ」でどうだろう。

J　前の段落に戻っちゃうんですけど、meet one' s doom っていうのが学生訳だとおかしいなと思ったんです。「死んだ」っていう普通の表現じゃなく、「自身の運命を終えた」

とかにした方がいい。

柴田　ええとね、「自身の運命を終えた」っていうと大往生みたいじゃないですか？　meet their doom っていうのはむしろ大往生ではなく、この訳のように「非業の死を遂げる」みたいな訳し方が正しい。だから「終える」っていうふうに綺麗に天寿を全うしたような感じに訳すとちょっとずれる。

doom という言葉は、fate や destiny と同じで「運命」と訳されますが、ニュアンスはそれぞれ違っていて、destiny、fate、doom……あとになるほど暗くなる感じ。だから doom は「運命」と訳さず「破滅」と訳した方がいい場合もあります。普通の意味での「さだめられたもの」は destiny。これだとポジティブでもネガティブでもないですね。昔のポピュラーソングで“You Are My Destiny”っていうのがあって、『君は我が運命《さだめ》』と訳されていたけども、あれが“You Are My Doom”だったら『君はわが破滅』(笑)。あと、fate はそうだな、「宿命」くらいの日本語がいい。「宿命」っていうのもわりと暗い響きがあるよね。doom になると、さっきも「破滅」と言ったけど場合によっては「呪い」と訳してもいいくらいですね。たとえば The project was doomed from the beginning.「そのプロジェクトは最初から呪われていた」「……挫折する運命にあった」ということね。

じゃ、戻って最後のところ、「そして、その胞子はそれを吸い込むなどつゆ疑わぬアリたちの生きる地表へと降り注ぐのだ」。リズムがいいからこれでもいいんだが、やや説明しすぎかなという気もする。unsuspecting 一語が「それを吸い込むなどつゆ疑わぬ」になっているわけで、ちょっと長いと言えば長いけど、これで十分いいからあんまりいじらなくてもいいかなあ。まあ単純に、「何も知らない」くらいでもいい気がするけどね。

それから、これは僕も最近やっとわかったことですが、other ... とか the rest とかいうのはあんまり訳さなくてもいい。単に「何も知らぬアリたち」くらいでいい。日本語では「ほかのアリたち」って言わなくても同じ蟻じゃないことはわかりますよね。それで充分だと思います。場合によっては「仲間」とかね。

K　そうすると、to inhale はどこへ行くんですか、最後の。私は文法用語で言うと結果の to だと思って「降り注いで、吸い込まれるのだ」ってB級ホラーっぽく終わらせたんですけど。

柴田　ええと、これは結果ではなくてやっぱり目的ですね。for ... to〜で「…が〜するように」ですね。

たしかに、直した結果「吸い込む」がなくなっちゃったな。そうするとだんだん自分の訳に引きつけちゃうんですけど、「アリたちに吸われるべく」とかでどうだろう。あと、前も言ったと思いますけど、翻訳するとなぜか「〜へ」や「〜に」と言えばいいところを「〜へと」になりがちなんですね。でも、いつもは避けるべき「へと」も、こういう文章には合う。やや衒学的というか、ちょっと改まった感じになっていて、それが静かなユーモアになっているから。今日はまだ時間が余ってるけど、たまには早く終わりましょうか。

学生訳6　修正案

菌の方は生きつづける。相変わらず脳を喰らいつづけて、他の神経細胞へ、そして最後には残ったすべての軟部組織へと広がっていく。およそ二週間後、釘のような突起物が、かつてアリの頭であった部分を突き破って出てくる。四センチ近くの長さまで伸びると、その釘の先端は胞子をたっぷりとかかえて、明るいオレンジに色付く。そして胞子は、何も知らぬアリたちに吸われるべく地表へと降り注ぐのだ。

教師訳例

「胞子を吸って」 ローレンス・ウェシュラー

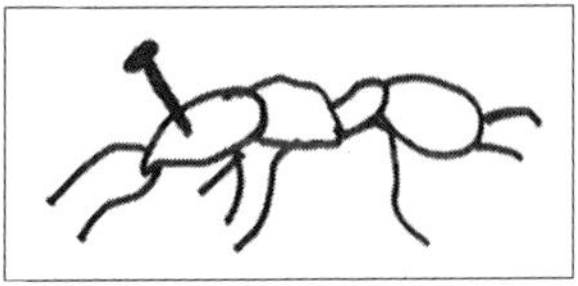

額に角の生えたメガロポネラ・フォエテンス（カメルーン・ニオイアリ）

中央アフリカ西部、カメルーンの熱帯雨林の奥深くに、学名メガロポネラ・フォエテンス、通称ニオイアリなる蟻が、地表に生息している。この大きな蟻は――実際この蟻、人間の耳にも聞こえる叫び声を発する珍しい種類の蟻なのだが――熱帯雨林のきわめて豊饒な地面で、落ち葉や下生えに隠れた食べ物を漁って生きている。

時おり、そうやって餌を漁っている最中に、こうした蟻のなかで、トメンテルラ属の菌類の微小な胞子を吸って、その菌に冒される者が出てくる。これらの胞子は、頭上の葉むらから地面に何百万と降ってくるのである。吸われると、胞子は蟻の小さな脳味噌のなかに居座り、すぐさま成長をはじめて、たちまちのうちに、宿主たる蟻の行動に奇怪な変化を引き起こす。蟻は何かとまどったような、混乱した様子を見せて、まもなく、生まれてはじめて林の地面を去り、ツルやシダの茎を苦労して登りはじめるのである。

なおも成長をつづける菌類にぐんぐん突き動かされて、蟻はやがて、あらかじめ定められていると思《おぼ》しき高さまで到達する。そこまで来ると、疲れ果てた身で、下顎を枝に突き刺し、いわば体をはりつけにして、死を待つ。このような最期を迎えた蟻の姿は、熱帯雨林のいくつかの地域ではごく日常的に見られる光景である。

一方、菌はなおも生きつづける。依然として脳を食い進み、さらに神経系を貫いて、やがては、残された柔組織を食べ尽くしてしまう。およそ二週間後、かつて蟻の頭だったものから、釘のような突起物が出てくる。最後にはほぼ四センチの長さに成長するこの突起は、先端が明るいオレンジ色になっていて、そこに胞子が詰まっている。これがまた林の地面に降って、何も知らぬ蟻たちに吸われるのを待つのである。

8

Richard Brautigan

Pacific Radio Fire

The largest ocean in the world starts or ends at Monterey, California. It depends on what language you are speaking. My friend's wife had just left him. She walked right out the door and didn't even say good-bye. We went and got two fifths of port and headed for the Pacific.

It's an old song that's been played on all the jukeboxes in America. The song has been around so long that it's been recorded on the very dust of America and it has settled on everything and changed chairs and cars and toys and lamps and windows into billions of phonographs to play that song back into the ear of our broken heart.

We sat down on a small corner-like beach surrounded by big granite rocks and the hugeness of the Pacific Ocean with all its vocabularies.

We were listening to rock and roll on his transistor radio and somberly drinking port. We were both in despair. I didn't know what he was going to do with the rest of his life either.

I took another sip of port. The Beach Boys were singing a song about California girls on the radio. They liked them.

His eyes were wet wounded rugs.

Like some kind of strange vacuum cleaner I tried to console him. I recited the same old litanies that you say to people when you try to help their broken hearts, but words can't help at all.

It's just the sound of another human voice that makes the

only difference. There's nothing you're ever going to say that's going to make anybody happy when they're feeling shitty about losing somebody that they love.

Finally he set fire to the radio. He piled some paper around it. He struck a match to the paper. We sat there watching it. I had never seen anybody set fire to a radio before.

As the radio gently burned away, the flames began to affect the songs that we were listening to. A record that was #1 on the Top-40 suddenly dropped to #13 inside of itself. A song that was #9 became #27 in the middle of a chorus about loving somebody. They tumbled in popularity like broken birds. Then it was too late for all of them.

....

柴田　今回は翻訳の話をはじめる前に、リチャード・ブローティガンについて少しお話しします。

アカデミズムではあまり取りあげられませんけど、実は20世紀後半のけっこう重要というか、少なくとも分岐点を作った作家だと思います。アメリカでは1960年代から70年代にかけて非常に人気がありました。特に西海岸では、カート・ヴォネガットと並んで、ヒッピーのアイドルみたいな作家でした。

この作品を読めばおわかりのように、けっこうシュールな内容ですよね。いわゆるリアリズムからはかけ離れた——ラジオが燃えていくなかでトップ40の曲がどんどん変容していくとか——現実的に説明できるような現象ではない。にもかかわらず、実験的とか前衛的とかそういう感じはしない。当時はまだそういう言い方はなかったけど、要するにポップなんだよね。ポップな非リアリズム。そういうのは、この人あたりからはじまっています。

もうちょっと知的でエレガントな同時代の作家に、ドナルド・バーセルミという人がいます。この人は文学史の授業なんかでも、ポストモダニズムの時代の60〜70年代を語るときには必ず取りあげられる作家です。大学を出てからずっとニューヨークに住んで、主に『ニューヨーカー』誌に寄稿する短篇作家として活躍しました。今日扱うブローティガンの作品の中で言及されるのはビーチ・ボーイズだったりするけれど、バーセルミは美術館で仕事をしていたりして現代美術に詳しいこともあって、ニューヨークのアートシーンなんかへの言及が多い。少しハイブラウな感じがするんですね。勢い、バーセルミのほうが評価されがちです。

もちろんバーセルミもすごくいいんだけど、最近はブローティガンのポップなシュールさというのも、その後の流れを見ると重要と思えるようになってきた。というか、それ自体のよさが見直されてきた。特に日本では、村上春樹さんの活躍という要素が大きいでしょうね。前にも言ったかもしれませんけど、村上さんは自分の文章は何人かの作家から影響を受けているけど、その一人がブローティガンだとご自分でもおっしゃっていますね。今日村上さんの作品が世界中で読まれていることを考えると、ブローティガンの意義も、単にアメリカの一作家というだけじゃなくなってくるかもしれない。

それにブローティガンは、日本の翻訳史上でも大きな存在だと思います。ブローティガン作品の中で一番有名な *Trout Fishing in America*、『アメリカの鱒釣り』という、藤本和子さんが訳された本です。これは翻訳史において実に大きな影響を与えた作品です。僕もこれを買ったのは、ちょうどみなさんくらいの歳かな、1975年だから20歳のときですね、これを買って読んでみた。すごいなあ、と思いましたね。

当時はそういうふうに言葉にはできなかったけど、まずポップでシュールな内容が新鮮だったということが衝撃の一つ。アメリカで釣り文学というと、当然ヘミングウェイとかがあるわけだけど、『アメリカの鱒釣り』というタイトルからしてヘミングウェイあたりのパロディだろうとわかる。ヘミングウェイのマッチョなヒーロー像みたいなものを、漫画的に崩している。すごく新鮮でしたね。

それともう一つの衝撃は、翻訳の素晴らしさですね。この藤本さんの翻訳がすごかった。とにかく翻訳でこんな活きた言葉があるのかと思いました。このあとに出てきたアメリカ文学の翻訳者というと、青山南さん、斎藤英治さん、岸本佐知子さん、それからもちろん村上春樹さんなどになると思います。そういった人たちがみんな、藤本さんの訳文の影響下にあると言って間違いないですね。今回の作品の藤本訳を見てもらえば、素晴らしさがわかると思う。僕の訳も恒例ということでいちおう並べておきましたけど、これはもうジャンケンのあと出しみたいなもので、藤本訳にべったり依存しています。

もう一回アメリカ文学の文脈に戻ります。ブローティガンは60〜70年代はカルトヒーロー的な、いや、カルトと言うよりは実際よく売れていたな。とにかくヒッピー世代のヒーロー的な存在だったんですね。60年代の申し子という雰囲気があった。その後、60年代の熱さが急激に冷めていくと、ブローティガンも一気に過去の人みたいになっちゃった。そういう意味でとても損をしました。あいにく本人の新作も質が落ちていったとか、まあいろんな事情があるんですけど。

それが、二年前に、『アメリカの鱒釣り』を訳した藤本和子さんが、『リチャード・ブローティガン』（新潮社）という、そのものずばりのタイトルの本を出した。研究書とエッセイ集の中間のような素晴らしい本ですけれども、それを藤本さんがお書きになったことが契機になったのか、絶版だったブローティガン作品が復刊されたりして、最近また読まれるようになってきました。いま読み直してみると、*The Revenge of the Lawn*（『芝生の復讐』）という短篇集から採ったこの "Pacific Radio Fire" という作品でもわかるように、傷ついている人や壊れている人に共感している書き手だということが、昔よりはっきり見える気がします。

で、同じようなことをやった作家は誰だったかということを考えると、やっぱりレイモンド・カーヴァーだよね。彼が70〜80年代、ブローティガンより10年か15年くらいあとに、やっぱり西海岸を舞台にして、同じように世の中の隅っこにいる、傷ついた人たちに目を向けた小説を書いたわけです。カーヴァーの場合にはもっとずっとリアリズム志向で、そんなに幻想的な話は——晩年はちょっとありますけど——書かない。だから順番としては逆なんだけど、なんだかまるで、カーヴァーが小説を書きはじめる前に、ブローティガンがカーヴァーのパロディを書いているような感じがするわけです。

パロディといってもカーヴァーをからかっているわけじゃなくて、カーヴァーと同じようにそういう人に共感の目を向けているんだけど、カーヴァーはわりとストレートにリアリズムで書く一方、ブローティガンはこういうポップなデザインでくるんで差し出しているという、そういう違いですね。普通だったらカーヴァー的な直球がまず来て、その次にこういう変化球が来るんだけどね。

それはある程度、時代の差でもある。60年代は枠から外れることに対して文化や人々が寛容だったというか、外れることを怖がらなかった。70～80年代というのはいろんな意味で保守的な時代ですよね。まず政治的なことからはじまって、小説なんかもフォームとしては保守的なものが主流に戻った感がある。あくまでフォームとしてはであって、内容まで政治と同じに保守的になったわけじゃないんだけど。とにかくブローティガンの小説は、現実に即してものを言わなくていいんだ、という空気のなかで書かれた小説だと言えます。まあそもそもそういう空気を作ったうちの一人がブローティガンだ、とも言えるかもしれないんだけど。

この作品にみなさんがつけたタイトルにも、今回は無限のバリエーションがあって面白かったです。三題ばなしみたいな感じがあるというコメントをくれた人もいたし、「太平洋とラジオと火」とか「太平洋・ラジオ・炎」とか、名詞を三つ並べている人もいて、それも一理あるなと思いましたね。それからセンテンスみたいにして「太平洋でラジオを燃やしたこと」というような書き方も、この作品のちょっと奇妙な感じには合ってるなと思いました。それから全部いっそカタカナで書いちゃうというのもありえるかなと思った。「パシフィック・ラジオ・ファイヤー」ね。ま、カタカナでいっそ書くなら「パシフィック・レイディオ・ファイヤー」だね。レイディオヘッドのこと、「ラジオヘッド」とは誰も言わないでしょ。

さ、じゃあ今回も行ってみましょうか。

> The largest ocean in the world starts or ends at Monterey, California. It depends on what language you are speaking. My friend's wife had just left him. She walked right out the door and didn't even say good-bye. We went and got two fifths of port and headed for the Pacific.

学生訳１

カリフォルニアのモントレーは世界一ひろい海がはじまる場所、もしくは終わる場所だ。そのひとが何語をしゃべってるかで決まる。ぼくの友人の奥さんが出ていってしまった。ドアを開けて一直線、さよならも言わずに。まいったぼくらはポートワインを五分の二あけて、そのあと太平洋へ向かった。

柴田　最後のポートワインのところは誤訳ですね。got two fifths of port は「ポートワインを二本買って」で十分かな。このあたりは、学問的な話ではなく、英語圏の日常的な常識を知っているか知らないかの話。日本酒にも一升瓶ってありますよね。同じように英語圏では、わりとこの fifth というのが——五分の一ガロンのことですけど——ひと瓶の大きさなんですね。特にウイスキーについて言います。だいたい750ミリリットルね。だからここの got two fifths of port も、ポートワインの五分の一ガロン瓶を二本買ったということ。「五分の一ガロン瓶を二本」って訳してもいいんだけど、まったく当たり前の大きさなんでね、ほとんどtwo bottlesと言っているのと同じなので、単に「二本買って」でもいい。「二本買って」に変えて、「そのあと」も要らないな。

最初のセンテンス、「はじまる場所、もしくは終わる場所」という訳し方はすごくうまいですよね。次の「そのひとが何語をしゃべってるかで決まる」には「それは」を入れた方がわかり易い気がしますね。そうすると「それはそのひとが〜」というふうに「そ」が重なるから嫌だったんだろうけど、「その」は取ってもいいだろう。「それはひとが何語をしゃべるかで決まる」でいいんじゃないですかね。

それから、My friend's wife had just left himのleft himを単に「出ていってしまった」に訳しているのは、正解ですね。カップルがいて、どっちかがどっちかを捨てて出ていくこと、それのいちばん一般的な言い方がleave〜なんですね。

ちょっと話がそれるけど、同じことをHis wife walked out on himと言ったりしますね。このへんはちょっと英語の勉強の話ですけど、知らなかったら大事なので知っておいてほしい。こういうonの使い方ね。「〜の不利になるように」という意味。だからwalk outというのは、単に出ていくことですけど、出ていくことによって誰かが不利を被る、本当は出ていかれては困るのに出ていく。「見捨てて出ていく」とか、そんなふうに訳したりするわけです。"Please, don't die on me here"——「頼むよ、こんなところで死なないでくれよ」とか。

この場合にwalkを「歩く」と訳すのはまったく意味がなくて、これはもう「出ていく」ということなんですね。この場合にはwent outとは言わないわけ。went outだと単に

「出かけた」になっちゃうね。

その次のセンテンス、She walked right out the door and didn't even say good-bye――このdoorというのはいつも訳すときに困りますね。もちろん、「ドア」と訳してもいいんだけど、「玄関」と訳してもいい場合が多い。家の中にドアはいっぱいあるわけですけど、the doorと言ったら普通は玄関のドアのことです。藤本さんの訳でも「ドア」とは訳していないし、こういうときは訳さないのが一番自然ですね。それからこの軽い強調のright、これはすごく日常的な使い方ですから覚えてください。

A　あの、「奥さん」という言葉の響きが合わない気がするんですけど。

柴田　何がいい？

A　普通に「妻」というのが。

柴田　「妻」にした人がやっぱり一番多かったですかね。このwifeの訳し方についてはどう思います？　僕も「妻」と訳しました。藤本さんは「女房」ですね。

ただ、さっき言ったような文脈――つまりヘミングウェイ的なマッチョな男性像じゃなくてもっと壊れやすいとか、壊れているような人たちを描いている、ということを考えると、案外女々しい響きでもいいのかなという気もする。そうすると、「奥さん」もありかも。人目を引きすぎるかどうかが問題ですが、ことさらに人目を引くほど特異な言葉でもないしね。

学生訳1　修正案

カリフォルニアのモントレーは世界一ひろい海がはじま

る場所、もしくは終わる場所だ。それはひとが何語をしゃべるかで決まる。ぼくの友人の奥さんが出ていってしまった。ドアを開けて一直線、さよならも言わずに。まいったぼくらはポートワインを二本買って太平洋へ向かった。

It's an old song that's been played on all the jukeboxes in America. The song has been around so long that it's been recorded on the very dust of America and it has settled on everything and changed chairs and cars and toys and lamps and windows into billions of phonographs to play that song back into the ear of our broken heart.

学生訳 2

アメリカ中のジュークボックスでかけられていた古い曲がある。長いことそこかしこで流れていたから、その曲はアメリカの塵ゴミにすら録音されていた。あらゆるものに取り付いて、イスや車やおもちゃやランプや窓を、俺たちの傷心にその曲を聴かせてくれる無数のレコードプレーヤーに変えた。

柴田　最初の It が何を示すかは書かれてない。具体的に何なのか、すぐにはわからないですよね。学生訳は「……古い曲がある」と処理しているけど、まあ正攻法はやっぱり「それは〜古い曲だ」かな。その後の話の流れで、our broken heart という言葉などからして、その It が、アメリカ中に漂っている悲しみのようなものだと——明らかとは言えないけどね

—— 考えるとしっくり来ますね。

settle というのは埃なんかによく使う言葉です。Dust had settled everywhere.「そこら中に埃が積もっていた」「降りていた」というような言い方です。ここでは歌が埃にたとえられている。翻訳でもこの比喩は活かしたいですね。埃がレコードになって、レコードとしての埃が椅子や車やおもちゃやランプや窓に積もる。そうするとレコードが必要とするのはレコードプレーヤー、蓄音機だから、その椅子や車が蓄音機に変わって、埃のレコードを奏でる。そういう幻想的なイメージですね。

で、その settle on が学生訳で「取り付いて」となっているのは、かなりいいけど、やっぱりちょっとずれるかな。「取り付く」というと「埃」「塵」にはややそぐわない。ここは「降り積もって」とか訳すといいんじゃないかな。

B　「俺たち」というのが、ちょっとこの文章にそぐわない気がします。「私たち」とか「僕ら」とか。

柴田　さっきの話と同じで、「奥さん」だと女々しすぎて浮くかもしれないけど、逆に「俺たち」はマッチョすぎるということ？　なるほど。基本的には僕もそのとおりだと思いますね。「私たち」「僕ら」とかいう、ややタフじゃない感じの方がいい。ただ、文章全体から、「俺たち」と言ってるわりにはこいつらもろいな、ってことが自然に浮かび上がれば、それはそれでいいんじゃないか。一種の賭けではあるけどね。

あまり男性、女性というふうに言っちゃよくないんだろうけど、藤本和子さんが訳しているからか、日本語訳のブローティガンって、どこか中性的な響きがありますね。僕もそれがすり込まれているというか、とにかく藤本和子は唯一、僕が原書を読む必要を感じない訳者で、すごく影響されているんで、あまり客観的に見られないのかもしれないけど、「俺たち」という訳し方を藤本さんはしないだろうと思う。でもいま言ったように、強がり的な言い方が逆に弱さを浮かび上がらせないとも限らないんで、どこまでそれを意図的に活かして全文を工夫するかだよね。ここだけではちょっとなんとも言えませんが、面白いポイントですね。

C　最後の一文なんですけど、英語の語順どおりに、「あらゆるものに取り付いて、イスや車やおもちゃやランプや窓を無数のレコードプレーヤーに変えて、聴かせてくれた」というふうに日本語の方の順序も変えた方がいいと思います。

柴田　そうですね。その方がわかりやすいだろうな。その場合どうしようか迷うのは、「俺たちの傷心」。ここ、the ear of our broken heart「俺たちの傷心の耳」というふうに、わざわざ「耳」がついているんですね。これは省けないよね。ふつう心に耳は想定しないもの。

play that song back into the ear ... というのは、街中でがんがん鳴っているというよりは、空気の中になんとなく漂っていて、それが耳の中まで自然に入りこんでくる感じだよね。「俺たちの傷心の耳」というのはちょっと翻訳調だし、「の」の反復が嫌なので、「俺たちの傷ついた心の耳」とかにすればどうだろうか。僕はそうしているわけだけど。「傷ついた心の耳」というと、なんとなくイメージとしてまとまる気がする。ただし、「傷ついた」がどこにかかるのか曖昧になっちゃうけどね。むしろそれが狙いみたいなところもありますけど。あと、「聴かせてくれた」はどうしようかな。play that song back into の back も活かしたいしなあ。いっそ「プレイバック」にしちゃうか。

D　そもそも「傷心」という言い方に、なんかしっくり来ないものがあるんですけど。broken heart というのは絶対に「失恋」に限るんですか？

柴田　限らないね。He died of broken heart で「失意のうちに死んでいった」とか言うときは、商売に失敗して大損してでもいいです。そうか、「失意」という手はあるな。いや、しかし……「失意の耳」というのもちょっと翻訳調かなあ。とにかく broken と heart だから「傷」「心」はまさにストレートな訳なんだけど、翻訳でしかお目にかからない言葉って感じがちょっとするよね。

E　「傷ついた」じゃなくて、「いかれた心の耳」とかは？

柴田　「いかれた」なあ……。「いかれた」ってさ、やっぱり一般的には悪い意味だよな。僕なんかむしろ、「いかれた」って聞くと肯定的に思っちゃうけどさ（笑）。でもそういうのって世代差があるからなあ。「俺たちのいかれた心の耳に」という感じね。もしかしたら、君たちと僕とではだいぶ「いかれた」って言葉の受け取り方が違うのかもしれないんだけど、「俺たちのいかれた心」というと僕にはむしろ、世の中からドロップアウトして、それでいいんだって開き直ってるような感じが少しするんだよね。そういう自信は、ブローティガン・ピープルにはないと思う。その方向で行くんだったら、「壊れた」はどうかな。「壊れた心」というのも一つの手かなと思います。E君のスピリットを生かして僕が言葉を選ぶとしたら、ここは「壊れた」だな。

F　戻って It が何を示すかは書いてない、ということなんですけど……直前のパラグラフを指すと考えられないですか？

柴田　それが一番妥当な考え方だよね。直前のパラグラフを指すということは、奥さんが出ていって、友達同士で酒を買ってとりあえず嘆いてるという「そういう事態」がItだってことだね。奥さんが出ていって云々というシチュエーションはアメリカ中で古来ずっと起きていたことなんだ、ということね。僕はさっき、もっとそれを一般化して、「悲しみのようなもの」とか言っちゃったわけだけど、その具体例がちゃんとその前のパラグラフにある。

そういう方向で話を進めて、F君の言ったことを踏まえれば、It's an ... を「それは〜だ」と訳さずに、この学生訳みたいに「古い曲がある」にするというのは正解だと思う？　Itの内容は見えにくくなるよね？

F　Itが何かしらを指しているのであれば、示すべきだと思います。

柴田　そうすると「アメリカ中のジュークボックスでかけられていた古い曲がある」じゃなくて、「それはアメリカ中のジュークボックスでかけられていた古い曲だ」にすべきだということですね。

藤本訳はさすがです。「それは」とも書かずに「〜されてきた、古い歌だ」とやって、前の部分を受けているような響きを持たせている。このあたりがすごく巧みですね。

ただ学生訳も、「古い曲がある」というような、「ちょっと話を変えるけどさあ」みたいな感じではじめていても、だんだん文章が進んでいくうちに「あ、同じことをずっと言ってるんだな」というのが見えてくる気がするので、これはこれでいいかなとも思う。

あと、「それは」というのはどうしても一種翻訳調であって、It's an old song のこの It's の自然さと、「それは」ではじまるのとでは、やっぱり調子が違う。僕も自分の訳例で「それは」って書いておいてアレなんだけど、その違いは頭に入れておいてほしい。

F　「そんな」じゃ駄目ですか。「そんな昔の歌だ」とか。

柴田　「そんな昔の歌だ」か。なるほどな。「昔からの歌だ」の方がいいかもね。

G　ちょっと異議ありです。It にそこまで具体的な意味を持たせちゃうと、「それがアメリカの塵ゴミにまで録音されている」がしっくり来なくなる。やっぱり「悲しみのようなもの」、いわば雰囲気が録音されているって解釈した方が文脈からして自然ですよ。

柴田　なるほどね。第一段落で言っている「それ」はあくまで一例にすぎないということね。もっといろんなシチュエーションがあってもいいかもね。そうすると、この学生訳みたいなやり方もアリということになる。「それは」と言ってしまうと、失恋とか、女房に出ていかれて男たちが落ち込んでいるという状況だけになってしまうか。

ところでこの学生訳の「塵ゴミにすら」ってところだけど、「塵」ひと言だと不安だったのか「ゴミ」ってついてますが、「塵芥《ちりあくた》」とは言うけど「塵ゴミ」とは言わない。「塵に」だけにしよう。それと、この「すら」もない方がいい。

H　え？　very がついているのに？

柴田　そうか、じゃあ「塵そのものにまで」にしよう。

I　そこなんですけど、the very dust of America って「アメリカのベスト盤」みたいなもののパロディじゃないですか？

柴田　the very best of America ね。それはほかの人も訳文に添えてコメントしていたね。まあたしかに、recorded on the very best of America というフレーズが意味をなせば、それもアリかもしれないんだけど……。でもね、たしかに the very best of ... という言い方はあるけど、recorded on という言い方とは特になじまないからさ。

J　いや、ちょっと聞いてください。この文章で「アメリカ」って言葉をアメリカ人が二回立て続けに言っているのが気になったんです。普通 the States とか言うのかなあと思って。だから the very dust of America というのが、変なふうに響くのは、やっぱり the very best of America を連想させるから、あえて「アメリカ二連発」なのかなあと思ったんですけど。

柴田　まず第一に、たしかに会話では the States と言ってアメリカ人はあまり America って言わないですよね。だけども、小説なんかでアメリカのことをちょっと一歩引いて論じるみたいなときには、わりと America って言葉を使うんだよ。なにしろブローティガンだって、出世作は *Trout Fishing in America* ってタイトルだからね。「アメリカとは何か」にけっこうこだわる作家なの。そういうことを考えると、この人の文脈ではそんなに不自然ではない。

いや、僕が孤軍奮闘してるんだけど（笑）。つまり dust と best って韻も踏まないしさ、母音まで一緒だったら、また話は違うんだけれども。ってことでいいかな？　よくないかもしれないけど（笑）、とりあえずまとめてみよう。

学生訳 2　修正案

アメリカ中のジュークボックスで、昔からかけられてきた曲がある。あまりに長いこと、そこかしこで流れていたから、アメリカの塵そのものにまで録音されて、あらゆるものに降り積もり、イスや車やおもちゃやランプや窓を無数のレコードプレーヤーに変えて、俺たちの傷ついた心の耳にその曲をプレイバックしてきた。

We sat down on a small corner-like beach surrounded by big granite rocks and the hugeness of the Pacific Ocean with all its vocabularies.

学生訳 3

大きな花崗岩の岩やすべての言葉を内包した大きな太平洋に囲まれている小さく形のよい浜辺に私たちは座り込んだ。

柴田　上の学生訳は、この箇所だけ出すのはちょっとフェアじゃないと思ったんだけどね。いや、要するにすごく個性的な訳文なんです。こういう思いきったトーンで全体をきちんと統一していると思ってください。

この原文の with all its vocabularies がわかりにくいね。まずこれ、どういう意味だと思いますか。僕がまず考えたのは、海だから波の音とか風の音とかいろいろありますよね。海がいろんな波の音、風の音を抱えているというか、携えている。

それに加えて、書き出しで、ここが始まりか終わりかはどの言語を喋るかによる、とありますよね。いろんな言語がそこには混じっている。vocabularies と複数になっているのはそのことにつながるのかなと。

K　自分は埃にも歌が録音されてると言ってるんだから、その歌のことかなと。

柴田　「悲しみ」の歌みたいなもの？

K　「悲しみ」にもいろんなものがそれぞれにあるじゃないですか。ということで vocabularies って書いたのかなと。

柴田　でも特に悲しみに限定する根拠はないと思うな。ここでは the Pacific Ocean *with all its* vocabularies と言っている。all ってことは言語がたくさんあるって響きだよね。ポイントはあくまで、太平洋が豊富で多様な言葉を抱え込んでいるという響き。そういうふうに捉えるとしたら、その点は再現したいですね。

えーと、みんないまひとつピンと来てないみたいだけど、この all の響き、わかりますよね？　たとえばこれが with its own special vocabulary だったら「独特の語彙を備えた」ってことになるし、with its scant vocabulary だったら「すごく言葉が貧しい」。with all its vocabularies は「いろんな言語から成るボキャブラリーを抱えた」という響きです。で、そのいろんな言語から成るボキャブラリーというものを、この作品の流れの中で考えると、いろんな色合いの悲しさを伝えるものだと読むことは可能だと思うね。

で、内容的なことはともかくとして、この学生訳、読点を全然打たずに、しかも「大きな」からはじまって「小さく形のよい」まで全部が「浜辺」にかかるという形になっていますよね。普通はこういうのは無理だからやめた方がいい。文としてのバランスが悪いというか。ただ、この訳はいいんだよな。ひとつの可能性ではある。「大きな花崗岩の岩やすべての言葉を内包した大きな太平洋に囲まれている小さく形のよい」。「大きな」「大きな」「小さく」がだいたい等間隔に入っていて、それがリズムを作っていますね。この強度というかツッパリ具合ね、かなり突っ張った、尖り気味の訳し方なわけで。このトンガリ度合いをずっと保てば、これはこれでひとつのやり方です。けっこう冒険ではあるけど。

L　all its vocabularies を「太平洋とそれが語るすべて」と訳すのはどうでしょうか。

柴田　それはありえるね。たしかに「すべての言葉を内包した」というのは、たいていの訳文には似合わない。そういうときにもうちょっと柔らかくするために、「太平洋とそれが語るすべて」みたいにやるのは有効な手ですね。そこへさらに、いろんな言語があるんだという思いを加味して、こんな感じでどうだろう——

学生訳3　修正案

大きな花崗岩に囲まれ、太平洋とそれが語るすべてに囲まれた、形のよい小さな浜辺に私たちは座り込んだ。

> We were listening to rock and roll on his transistor radio and somberly drinking port. We were both in despair. I didn't know what he was going to do with the rest of his life either.

学生訳 4

私たちは彼のトランジスタラヂオでロックを聞きながら、陰気にポルトワインを飲んでいた。私たち二人とも絶望していた。私も彼が余生に何をしていくかがわからなかった。

柴田　in despair というのを「やけになっていた」というふうに訳していた人もいて、なるほどと思った。でもまず、単純に despair と desperate という言葉に関してわりと誤解が多いので、前にも言ったけど、一般的な知識として知ってほしいことをもう一度言っておきます。

despair と desperate はもちろん語源的には同じですけれども、かなりニュアンスは違う。in despair というと絶望してるわけだ。この二人みたいに、どうしたらいいか、もうわからないわけ。要するに行動につながらない。それに対して desperate っていうと、そういう行動しない段階をある意味では通り越している。要するにやけくそになってるわけ。誰かが猟銃持って立てこもったりしたときに、「あいつは desperate だから何でもやりかねない」とか。「やけくそ」とか「自暴自棄」とか訳すね。

それに対して in despair というのは何もしない、何をしたらいいのかわからないという感じがある。そういう意味で、ここは「絶望」の方がいいな。「やけになっていた」でもいいんだけど、でも「やけになる」という言い方はなんか、たとえば「やけになってる人間がやけ酒を呑む」程度の、大したことじゃないというか、とにかく心の力の抜け方としてちょっと違うかな、という気がします。

M　for the rest of my life という英語の表現がありますよね。

その for the rest of と——

柴田 with the rest of との違いということね？ それはいいポイントですね。for the rest of my life というのは単純に「これからの人生のあいだ」という期間を示す言い方だよね。with というのは、たとえば I don't know what to do with you. という言い方で、どうしようもない子どもとか学生とかに、「君のことはどうしたらいいかわからない」って言う、そういうときに with を使いますね。「〜に関して」という感じですかね。ここでも、これからの人生に関してどうしたらいいかわからない、という響きがある。

M with の方が重い感じがする。

柴田 そうだね。for だと単に期間、長さって感じだけど。do with the rest of life だと、「これからの人生〈を〉どうしたらいいのか」、そういう感じですね。

*

E 「絶望していた」というところなんですけど、「絶望」って微妙だなあと思って。無力感みたいなものを表わしたいので、「うちひしがれていた」と訳すとか。

柴田 「絶望」だと無力感というよりは、ある種哲学的な美しさみたいなのが出ちゃうのかな。

E いや、単に固い感じですけどね。

柴田 なるほどね。で、「うちひしがれていた」ね。それはこの文脈にはぴったりだ。「二人ともうちひしがれていた」「すっかりうちひしがれていた」、そんな感じですね。

E あと、the rest of my life を「余生」ってしちゃうと、語り手たちがおじいちゃんみたいになっちゃう感じがするんですけど。そこまで歳が行ってないと思う。

柴田　そのとおりだと思いますね。「余生」というと、定年後かよって感じだよな（笑）。なので、「これから先」「これからの人生」あたりがいいと思いますね。「何をしていくか」というのも、むしろ「何をしたらいいか」。I don't know what I am going to do. というのと同じですよね。もうどうしたらいいかわからない、という。

あと、文頭に「私も彼が」というふうにまず代名詞が二つ出ちゃうのは、どこに連れていかれるのかがわからなさすぎるので、「私も」はうしろに回す。「彼が……何をしたらいいか私にもわからなかった」。

N　「これからの人生」というと、なんか少し明るい感じがする。

柴田　そうか。何がいい？

N　「残りの」ってしたら？

柴田　「残りの」。そうするとまた「余生」と同じような問題が出ないかね。たとえば、この人たちが三十歳だとしよう。三十で残りの人生で何をしたらいいかとか言うと、すごく人生が終わっちゃったみたいな感じじゃない？　まさに終わっちゃった、みたいな感じがしてるということを強く出すんだったら、それもいいかもしれないけど、五十の人間として言わせてもらえばさ（笑）、三十くらいだったら――三十って勝手に決めつけてるけど――まだ人生これからだと思うしさ（笑）。

ただ、「これからの人生」というのが前向きすぎだ、というのはそのとおり。そうするとやっぱり、「これから先」あたりかな。「これから先」って言い方、わりと不安なときに使うよね。「これから先どうしたらいいかわからない」とかさ。そんなふうにしたらいいんじゃないですかね。

学生訳4　修正案

　私たちは彼のトランジスタラヂオでロックを聞きながら、陰気にポルトワインを飲んでいた。私たち二人ともうちひしがれていた。彼がこれから先の人生何をしたらいいのか、私にもわからなかった。

　I took another sip of port. The Beach Boys were singing a song about California girls on the radio. They liked them.

　His eyes were wet wounded rugs.

学生訳5

　私はもう一口ワインを飲んだ。ビーチ・ボーイズがラジオでカリフォルニア娘の歌を歌っていた。彼ら好みなのだ。

　彼の眼は濡れて穴の空いた敷物だった。

柴田　ここはビーチ・ボーイズの「カリフォルニア・ガールズ」を知ってるか知らないかで、ぴんとくる度合いはかなり違うだろうと思います。歌詞はウェブで簡単に見つかりますから興味のある方は見てください。他愛もない歌詞です。「東海岸の女の子も、中西部の農家の女の子も、ハワイの女の子もみんな素敵だけど、やっぱりカリフォルニアの女の子が最高」という歌。They liked them というのは「カリフォルニアの女の子は素敵だ、と歌っていた」というくらいに訳し込んじゃっていいだろうと思う。
むしろ翻訳で問題になるのはその次の、「彼の眼は濡れて穴の空いた敷物だった」というところですね。僕の結論から言うと、このやり方がいいと思う。つまり比喩というのは大きく分けてメタファー（metaphor）とシミリー（simile）があります。メタファーは「暗喩」、シミリーは「直喩」と訳すね。それって本質的には同じようなものじゃないかって気もするんだけど、英語ではけっこう区別したがります。シミリーはたとえば「彼の心はライオンのようだ」というふうに、likeとかasとかが入るってことですね。メタファーは、違うものを「AはBである」とイコールで結んでしまう。「彼の心はライオンである」と言いきってしまうわけです。原則としては、メタファーはメタファーとして訳すべきだし、シミリーはシミリーとして訳すべき、ということになるだろうね。
だから、ここでも「彼の眼はぼろの敷物であった」というふうに言っているわけで、「ぼろの敷物のようであった」にしてしまうとwoundedのインパクトが少し弱まるので、ここは学生訳のように「濡れて穴の空いた敷物だった」とか言った方がいいと思う。
それとは別の話として、形容詞が二つ並ぶ時の、すごく細かいテクニカルな日本語の問題がある。「濡れて穴の空いた」というと、濡れたせいで穴があいたというふうに、因果関係があるように読まれかねない。たとえば「顎が尖っていて友だちのいない男」とか、顎が尖ってるから友だちいないみたいだよね（笑）。wet wounded rugsというのも同じで、べつにwetになったからwoundしたわけじゃない。濡れていて、かつ、傷ついているということ。woundedを「穴の空いた」にしたのは一見ずれているようで、むしろ wound の比喩的な意味を真剣にとらえている証拠で、それはいいと思いますけども。こういうときはやっぱり「、」を打って二つを離した方がいい。「濡れた〜」のあとに「、」を打つ。それがまあ、一番無難なやり方かなと思いますね。形容詞が並んでいる時の訳し方として。

＊

O　あの、another sip を「一口」っていうと、飲みすぎじゃないかって思いません？
柴田　「もう一口ポートワインを飲み」……うーん。一口って何が問題なのかな。ががーっと一気に飲む感じに思える？
O　ごくって飲んだ感じ。なんかこう、ひねてる奴らじゃないですか。だから自分は「ちびりと」って書いたんですけど。
柴田　「ちびりと」だと少し渋さを感じさせて、余裕というか落ち着きみたいなものが逆に出ないですかね。飲み方に節度というか、美学がある気がする。この時代の文脈でいうとワインというのはそもそも安酒ってことなんですね。特にポートワインっていうとさらに安酒。要するにほんとに一升瓶なんだよね、日本酒で言えば安い二級酒。それをちびちび飲んでいる渋い男が二人いました、って雰囲気はあまり欲しくない。僕はこの sip は「一口」くらいの方がいい気がするんだけどなあ。
O　あと、「カリフォルニア娘」ってなんかアイドルみたいで嫌なんですけど。
柴田　それって「モーニング娘。」とかそういうこと？　そうか、現代ではそうなのか！　僕なんかむしろ、「娘」というと古めかしい感じがするんだけどね。そうか、「モーニング娘。」がすべてを変えたか……じゃあここも「カリフォルニア娘。」とマル書いたりして（笑）。僕は「娘」だとそれこそ50年代の感じがするので、「女の子」くらいがいいかなと思ったんだけど。ただまあ「女の子」にすると、「カリフォルニアの女の子の歌」というふうに「の」がいくつも続くんで、「娘」にしたと思うんですけどね。いっそそのまま「カリフォルニア・ガールズ」にするという手もあるな。

P　あのー、「敷物」というとなんか変な感じなんですけど。あと「穴の空いた」って漢字はこれじゃないと思う。

柴田　「開いた」か。いやここは「あいた」にするかな。「敷物」は「絨毯」でどうですか。そもそも「穴の開いた／空いた」という訳語に執着する必要はないか。そうするとさっきつけた「、」も要らなくなるかも。とにかく「彼」が傷ついて壊れているという感じが出ればいい。

学生訳5　修正案

私はもう一口ワインを飲んだ。ビーチ・ボーイズがラジオでカリフォルニアの女の子のことを歌っていた。彼女たちが好きだ、と歌っていた。

彼の眼は濡れたボロボロの絨毯だった。

Like some kind of strange vacuum cleaner I tried to console him. I recited the same old litanies that you say to people when you try to help their broken hearts, but words can't help at all.

学生訳6

　ある種変てこな掃除機みたいに僕は彼をなぐさめようとした。傷ついた心を救おうとする時人につぶやく同じ決まり文句をくり返したけど、言葉はてんでむなしかった。

柴田　ええと2行目の litany って言葉にみんな、イメージ持ちにくかったみたいですね。「連禱」とか、辞書どおりの意味をとりあえず書いた人が多かった。そういう、自分でも意味のわからない言葉を、辞書に載ってるからって引き写すのは避けたいね。で、litany というのは、要するに南無妙法蓮華経とか南無阿弥陀仏とか、なんでもいいですけど日本でもそういうお題目を唱えたりしますよね。意味なんか考えずに、人が並べるそういう言葉のこと。そういう比喩的な意味で、litany という言葉はよく使います。

　最後の「言葉はてんでむなしかった」という、この意訳はいいんじゃないかと思います。原文の but words can't help at all のところは、文字どおりにはその前の when がまだつながってるんだよね。つまり直訳すれば、「傷ついた心を助けようとするけれども、言葉が全然役に立たないとき」に「人に言うような決まり文句」を僕は言った、という意味ですよね。ただ、そうすると語順がすごく変わってしまう。で、語順を変えないようにすると、たとえばこの学生訳のようになる。これはひとつの変え方としていいと思いますね。

「傷ついた心を救おうとする時人につぶやく」というのが、なんかわかりにくいな。「傷ついた心を救おうと」のあとに「して」を入れた方がいい。「傷ついた心を救おうとして人につぶやく」。

「同じ決まり文句」の「同じ」は要らないね。the same old は「お決まりの」「ありきたりの」というまったく普通のクリーシェですから、「決まり文句」だけでいい。

学生訳6　修正案

ある種の変てこな掃除機みたいに、僕は彼をなぐさめようとした。傷ついた心を救おうとして人につぶやく、お決まりの文句をくり返したけど、言葉はてんでむなしかった。

> It's just the sound of another human voice that makes the only difference. There's nothing you're ever going to say that's going to make anybody happy when they're feeling shitty about losing somebody that they love.

学生訳7

ただ違うのはそれが誰か別の人の声の響きだということだけだ。愛する誰かを失ってクソみたいな気分でいる時に、そんな人達を気楽にさせてやれるような言葉なんて何もないのだ。

柴田　最初のセンテンスが難しいですね。その前のセンテンスでは、言葉なんか言ったってむなしいということが言われているわけ。言っていることがネガティブです。それに対してこのパラグラフでは、makes the only difference「唯一違いを産む」「唯一意味がある」ということを言っている。ポジティブなのね。唯一意味があるとすれば、他人の声——声というよりも音——が聞こえているってことなんだ、と。何を言ったって慰められはしないんだけど、でもそうやって音を聞かせることが慰めになるんだ、それだけが唯一ささやかな慰めなんだってことを言っているわけです。

微調整するとすれば、最初のセンテンスの「だけ」はない方がいい。「ただ違うのは、それが誰か別の人の声の響きだということだ」。「ただ」を受けてこうしてるんだと思うけど、「だけ」をとると、もうちょっとポジティブになる。このくらいの方がいい。

Q 誤訳の範疇なんでしょうが、「誰がやったって声が違うだけであとは同じだろう」って意訳したんですけど、どうでしょうか。

柴田 それは「声が違うだけであとは同じだ」というふうに否定的な方に思いが行ってるじゃない？　要するに、言葉の中身なんて何言ったって同じだ、とね。そうすると、前のパラグラフの繰り返しになるわけで。むしろ、何言ったって同じなんだけど、とにかく他人の声が聞こえてくる、そこに唯一意味があるんだという、肯定的な方に思いを持っていきたい。

それに、make a difference というのはだいたいいい意味で使うことが多い、と一般化していいでしょうね。

R ３行目の happy の訳は？

柴田 「気楽にさせる」というところね。そうだな、ちょっと違うかな。「気楽」の反対だと「緊張」しているような感じだからね。悲しみとはだいぶ違うなあ。「楽しませる」というのもちょっと違うな。「気持ちをほぐしてあげる」。それも緊張との反対になるか。何がいいかな。

R 自分は「明るく」って……。

柴田　「明るく」。あ、それいいね。「そんな人達を明るくする」か「人達の気持ちを明るくしてやれる」とかですね。「クソみたいな気分でいる人達を明るくしてやれるような言葉なんてありはしないのだ」でいいね。

学生訳７　修正案

ただ違うのは、それが誰か別の人の声の響きだということだ。愛する誰かを失ってクソみたいな気分でいる人達を明るくしてやれるような言葉なんてありはしないのだ。

> Finally he set fire to the radio. He piled some paper around it. He struck a match to the paper. We sat there watching it. I had never seen anybody set fire to a radio before.

学生訳８

最後には彼はラジオに火を点けた。紙を巻きつけ、マッチを擦って点火した。僕たちは座り込んだまま眺めていた。ラジオに火を点ける奴を見るのは初めてだった。

柴田　この学生訳も含めて、なぜかほとんどの人が誤訳していたのが He piled some paper ... のところね。これを、「紙をラジオに巻きつける」と書いていた人がすごく多かったんだけど、pile は単純に「山にする」だよね。だから巻きつけるということではない。

というわけで、「紙を巻きつけ」は「紙を周りに積んで」ですね。ここ、あとはどうでしょう？

L　Finallyなんですけど、「最後には」って訳してしまうと、なんかいろいろやってきたみたいじゃないですか。
柴田　そうだね。先週も出てきたけど、いつも迷うんだよね、finallyは。どう思います？
L　「やがて」でいいんじゃないですか。
柴田　うん。finallyは「最後に」というよりは「とうとう」とか「ついに」くらいの方がいいことも多い。でも、それでは強すぎることも多くて、場合によっては「やがて」くらいがいい。それでここも、そうしたいのは山々なんだけど、僕自身の訳について言うと、最後のセンテンスにあるThenに「やがて」を使いたかったのでそれを避けたんです。最後のThenに「やがて」を使うのでなければ、ここは「やがて」が一番いいと思う。
　finallyというのは、時間がある程度経ってから何かをした、そのあとには何か大きなことは起こらなかった、という感じ。それらすべてを表わしている言葉です。ここを「やがて」にして、最後をむしろ「それから」あるいは「そのあとは」にするというのも手だな。
S　「しばらくして」はまずいですか？
柴田　「しばらくして」でもいいですね。「少し経って」とかね。でもやっぱり「やがて」って言葉はけっこういいんだよな。なんかこう、ちょっと叙情的な……チープな叙情が漂ってるような全体の感じに合う。
T　この学生訳はひとつの段落に「点」という字が、「火を点けた」「点火」「火を点ける」と三回も出てきている。「火を点ける」って漢字ではあんまり書かないし、見づらいので「火をつけた」とひらがなにして、「マッチを擦って紙に放《はな》った」とかにした方がいい。

柴田　原文はなんだっけ？

T　He struck a match to the paper.

柴田　to the paper か。「マッチを擦って紙に持っていった」にするか。「放つ」と風で消えちゃいそうだから（笑）。そうすると、最後の「ラジオに火をつける」は訳自体はそのままでいいわけだね？

T　はい。

柴田　この訳でいいと思ったのは、次に We sat there watching it. というところがあるでしょ、みんなはどうしても there とか it を訳しちゃって、「僕たちはそこに座り込んだままそれを眺めていた」というような訳が多かった。でも、この訳を見てもらえればわかるように、どっちも要らないよね。こういうところでは there とか here とかいった言葉はなるべく省いちゃっていい。

学生訳 8　修正案

やがて彼はラジオに火をつけた。紙を周りに積んで、マッチを擦って紙に持っていった。僕たちは座り込んだまま眺めていた。ラジオに火をつける奴を見るのは初めてだった。

As the radio gently burned away, the flames began to affect the songs that we were listening to. A record that was #1 on the Top-40 suddenly dropped to #13 inside of itself. A song that was #9 became #27 in the middle of a chorus about loving somebody. They tumbled in popularity like broken birds. Then it was too late for all of them.

学生訳9

ラジオが徐々に燃えてゆくにつれて、炎はわれわれが聴く歌を左右し始めた。アメリカントップ40で一位のレコードが曲の途中で突然十三位に落ちた。コーラスの真ん中で愛することを歌っていた九位の歌が二十七位になった。傷を負った鳥のように人気が急降下していった。そのときそれらの歌はすべて時代遅れだった。

柴田　最後の Then it was too late for all of them、やっぱり then って言葉はみんなすごく苦手ですね。then というのは文頭に出てくると「それから」「そして」「やがて」とかそういう意味です。要するに最初のうちは一位の曲がこうなって、九位の曲がこうなって、とか言ってるわけじゃない？　どの曲もどんどん、傷ついた鳥みたいに人気が落下していく。で、やがてついには……という感じ。

then っていろんな意味があるよね。What do you want to do then ?「それなら君は何をしたいの？」、この場合の then は「それなら」という意味になりますよね。でも文頭に出てくる then は、ほとんどの場合「その次に」「それから」「やがて」ということ。and then の意味ですよね。学生訳は「やがてすべては手遅れになった」くらいに直しますかね。要するにラジオに火がついて、だんだん音が変になっていって、当然、最後には何も鳴らなくなるわけだよね。歌も何もなくなっちゃう。

3行目の inside of itself というのはよくわからないけど、だいたいこういう意味でしょう。inside of というのは要するに within ってことですね。口語ではよく使います。inside of a week で「一週間以内」とかね。それと同じようなことだと思う。

U　「コーラスの真ん中で愛することを歌っていた歌が二十七位になった」だと、コーラスの途中で二十七位になったという感じがわからない。

柴田　そのとおりだね。「九位の歌が、誰かを愛する云々というコーラスの真ん中で二十七位になった」かな。「九位だった」の方が語呂がいいか。「九位だった歌が、誰かを愛する云々というコーラスの真ん中で二十七位になった」にしよう。

V　1行目の gently の訳し方なんですけど……。

柴田　迷うところだよね。

V　学生訳の「徐々に」だと gradually を想像してしまうんですけど……問題は徐々に火が浸食していった過程ではなくて、炎の穏やかさだと思うんで。「静かに」とか「穏やかに」とかがこの文に合うと思う。

柴田　そうですね。「徐々に」だと単にスピードに言及している感じだけど、スピードだけじゃないだろうってことね。なるほど、「穏やかに」。

V　もう一点あって、2行目の affect なんですけど、「左右する」って言葉は、ちょっと仰々しすぎる。

柴田　うんうん。

V　これは流れてる歌がおかしくなってきたくらいの感覚じゃないですか。

柴田　そうだね。それを全部踏まえて直すと、「炎のせいで歌がおかしくなってきた」あたりかな。そこまで変えないとすれば、「左右」じゃなくて「作用」ならいいんじゃないかね。「聴く歌に作用し始めた」だと affect の語感に近いですね。

U　恋することを歌った曲のランクが落ちたあとに broken birds が出てくるって、broken hearts を思わせますよね。

柴田　うん、broken という言葉がこの文章全体の鍵言葉だね。特に broken hearts だけに結びつくというよりは、全体のトーンに合ってるってことは言える。それで？

U　言葉を合わせた方がいいんじゃないかと思ったので、「傷ついた心」「傷ついた鳥」と訳文を統一したんです。

柴田　なるほどね。僕が訳例で「壊れた鳥」にしたのは、broken hearts というのは普通の言い方なんだけど broken birds という言い方は聞いたことがない。ちょっと異様な感じがするわけです。それに「傷ついた鳥」というと、ちょっと優しすぎるというか、センチメンタルすぎるから。「壊れた鳥」で異様さを伝えたかったんですね。

broken hearts という言葉の普通さ加減と、broken birds という言葉のインパクトの強さ、普通じゃなさ加減、がかなり違うので、その違いを表わすためには、必ずしも言葉は同じでなくてもいいかなと思う。そっちの違いの方が大事だと思うんだよね。でも、いま言ってくれたのは非常にいいポイントだね。いっそ両方とも「壊れた心」「壊れた鳥」で行くか。

W　最後の too late は学生訳のように「時代遅れ」って限定していいんですか？

柴田　これはやっぱりラジオが燃え始めている途中で、すでに水をかけて消してももう駄目だ、すべて燃え尽きちゃって何もできない、という感じなんだと思います。順位がどんどん落ちて時代からはずれていったとか、べつにそういうようなことではなくて。もう完全に手のつけようがない、救いようがない、ということだと思います。だからやっぱり、「やがてすべては手遅れになった」とか。

W　はい。ただ、全体にもかかっている気がするんです。

柴田　というと？

W　この登場人物たちにとってすべてが過去になって、過ぎ去って自分たちだけが残されている。

柴田　まったくそのとおりなんだけど。ただ、すべてが終わったということよりは、too late「もう手の打ちようがない」というのがポイントなわけですね。手遅れというか、何をしても無駄という感じが欲しいんです。単に取り残されてる、ってだけじゃなくて。

学生訳9　修正案

ラジオが穏やかに燃えてゆくにつれて、炎はわれわれが聴く歌に作用し始めた。トップ40で一位のレコードが曲の途中で突然十三位に落ちた。九位だった歌が、誰かを愛する云々というコーラスの真ん中で二十七位になった。傷を負った鳥のように人気が急降下していった。やがてすべては手遅れになった。

藤本訳ブローティガン、すごくいいですから、みなさんも読んでみてください。じゃ今日はこれで。

太平洋のラジオ火事のこと　リチャード・ブローティガン

世界最大の海はカリフォルニアのモントレーに始まる、もしくは、そこで終る。それはきみの話す言語によってどちらかに決るのだ。わたしの友人の女房が彼をおいて出て行ってしまった。さようならさえいわずに、ただ出て行ってしまった。わたしたちは1／5ガロン瓶のポルトを二本買ってきて、太平洋に向った。

そう、アメリカのありとあらゆるジュークボックスで演奏されてきた、古い歌だ。その歌はもうあまりにも長いことすたれもせずにいるので、まさにアメリカの塵に録音され、あらゆるものの上にふり積もり、椅子や自動車やおもちゃやランプや窓などを無数の蓄音機に変身させてしまった。そして、恋に破れたわたしたちの心の耳にその歌をきかせるのだ。大きな花崗岩や、太平洋の巨大さとそのすべての語彙にとり囲まれている小さな隅っこのような浜に、わたしたちは腰を下した。

彼の持っていたラジオのロックン・ロールに耳を傾け、陰鬱にポルトを呑んでいた。ふたりとも絶望していた。だって、彼がその後の人生をどう送ればよいものやら、わたしにもわからなかったのだ。

わたしは、また一口呑んだ。ラジオの「ビーチ・ボーイズ」がカリフォルニアの女たちのことを歌っていた。カリフォルニアの女たちが気に入った、という歌だ。

彼の目はびしょぬれの傷ついた雑巾だった。奇妙な真空掃除機みたいに、わたしは彼を慰めようとした。悲しく傷ついた人をなんとか助けたいと思うときにも誰もが口にするようなきまり文句を並べてはみたものの、でも言葉じゃ全然どうにもならない。

人間の声が聞こえてくる、というだけがただひとつの取柄なのだ。愛している者を失ってまいっている人に、なにかいってみたところで慰めにはならない。

やがて、彼はラジオに火をつけた。ラジオのまわりに紙を重ねて、紙にマッチで火をつけた。わたしたちはそれをじっと見つめて坐っていた。ラジオに火を放つところを目撃するのは、わたしは初めてだった。

ラジオがゆっくりと燃えると、炎がわたしたちの耳にとどいていた歌たちに作用し始めた。『ベスト40』で一位だったレコードが、その番組でにわかに一三位になってしまった。九位の歌がコーラスの途中で誰かのことを愛してるとかいう二七位の歌になってしまった。傷を負った小鳥たちのように、歌たちは人気の世界で転落するのだった。そしてそのあとは、もう、どの歌にとってもすべてが遅すぎた。

——『芝生の復讐』(晶文社、1976年刊行)より、藤本和子訳

教師＜あと出し＞訳例

太平洋ラジオ火事　リチャード・ブローティガン

世界一大きな海はカリフォルニア州モンタレーではじまる。というか終わる。どちらと見るかは、あなたがどの言語を喋るかによる。私の友人は妻に去られたばかりだった。

妻はあっさり、さよならも言わずに出ていった。私と友人は出かけてポートワインを二本買い、太平洋に向かった。

それはアメリカ中のジュークボックスで演奏されてきた古い歌だ。もうずっと前からある歌で、アメリカの埃そのものに録音され、何もかにもに降り積もっていて、椅子や車やおもちゃやランプや窓等々を無数の蓄音機に変え、それらがあの歌をもう一度、私たちの傷ついた心の耳に向けて奏でるのだ。

小さな、隅っこみたいな感じの浜辺に私たちは腰を下ろした。周りには大きな花崗岩と、さまざまな言葉を携えた太平洋がはてしなく広がっている。

二人で友人のトランジスターラジオでロックンロールを聴き、陰気な顔でポートワインを飲んでいた。二人とも絶望していた。友人がこれから先どう生きていけばいいのか、私にもわからなかった。

私はもう一口ポートワインを飲んだ。ラジオではビーチ・ボーイズがカリフォルニアの女の子たちの歌を歌っていた。カリフォルニアの女の子は素敵だ、と歌っていた。

友人の目は、濡れた、傷ついた絨毯だった。

何か奇妙な種類の掃除機のように、私は彼を慰めようとした。誰かの傷ついた心を助けようとして、言葉が全然役に立たないときに口にするたぐいの、昔ながらの決まり文句を私は並べた。

誰か他人の声が音を立てている、足しになるのはそのことだけだ。何を言おうと、愛している人を失ってどん底にいる人を喜ばせられやしない。

とうとう、友人がラジオに火を点けた。彼はラジオの周りに紙を積んだ。マッチを擦って紙に火を持っていった。私たちはじっとそれを眺めた。誰かがラジオに火を点けるのを見るのは初めてだった。

ラジオが静かに燃えていくなか、私たちが聞いている歌に炎が変化を及ぼしはじめた。トップ40で1位だった曲が、いきなり13位まで落ちた。9位だった歌は誰かを愛してる云々のリフレインの最中に27位になった。それらの歌は壊れた鳥のように人気が転げ落ちていった。やがて、もうすべての歌にとって手遅れになった。

9

Rebecca Brown

Heaven

I've been thinking a lot about heaven lately. I've been trying to imagine it. In one version heaven is a garden, not Eden, but a great, big vegetable garden with patches of zucchini and crookneck and summer squash and lots of heavy tomato vines with beefsteak and cherry and yellow tomatoes getting perfectly, perfectly ripe, and zinnias and cosmos and lots of other flowers. There's an old lady in the garden. It's sunny out and she's wearing blue jeans and a T-shirt. She's healthy and tan and stooping down over one of these plants. Lying half asleep in the sun on the path behind her is a cat and they are happy.

In the other version, heaven is a big field near a lake. It's early in the day, before the sun has risen, and the air is brisk and cool and ducks are flying overhead. There's a guy in the field, a tall, strong guy with the healthy, clean-smelling sweat of someone walking. He's wearing his duck hunting gear, his waders and corduroy hat and pocketed vest. He's moving toward the water's edge where he'll shoot a couple of birds to bring home to his family.

The lady in the first heaven is my mother, brown-skinned and plump, with a full head of hair, the way she was before she turned into the bald, gray-skinned sack of bones she was the month she died. The guy in the second version is my father, clear-eyed and strong and confident, not the sad and volatile, cloudy-eyed drunk he was for his last forty years. I've been thinking about heaven because ever since my parents died I've wished I believed in some place I could imagine them. I wish I could see the way I did when I was young.

…………………………………………………………………

柴田　今回は僕がすでに翻訳を出した作品を選ばせてもらいました。レベッカ・ブラウンの *The End of Youth*（『若かった日々』マガジンハウス／新潮文庫）に入っている短篇です。ではさっそく最初の一節。

> I've been thinking a lot about heaven lately. I've been trying to imagine it. In one version heaven is a garden, not Eden, but a great, big vegetable garden with patches of zucchini and crookneck and summer squash and lots of heavy tomato vines with beefsteak and cherry and yellow tomatoes getting perfectly, perfectly ripe, and zinnias and cosmos and lots of other flowers.

学生訳1

最近、天国のことについていろいろ考えます。どんなところか想像してみるのです。ある想像では、天国は庭なのです。エデンの園ではありませんが、とても立派で大きな菜園で、ズッキーニや観賞用のカボチャやペポカボチャが植えられ、見事に育って申し分なく熟したビーフステークトマトやチェリートマト、イエロートマトがたわわになったおびただしいトマトのつるがあり、そしてヒャクニチソウやコスモスやたくさんの他の花が咲いくいます。

柴田　この訳、どうですか？　はい、どうぞ。

A　文を切らずに、原文どおりに訳した感じがいいんじゃないかと。原文も、ずらずらっと並べていく、独特の口調を感じました。

柴田　うん。具体的な野菜の名前、花の名前がずっと続くところね。with patches of zucchini から始まって cosmos までは、どれも普通名詞だけど、すごく具体的、個別的な感じがする。この中に and がいくつありますか……八つ。かなり多いよね。そうやって列挙している感じが再現されていますね。

B　ええと、2行目の version をどう訳すか悩んだんですけど……。先生はあえてそのまま「バージョン」と訳しておられるのはなぜですか？

柴田　十年前だったら僕も躊躇したでしょうね。でもいまは「バージョンアップ」とか普通に言うでしょ。僕は全然抵抗がないんですが、逆に皆さんの訳では「バージョン」はほとんどありませんでした。この学生訳もそうだけど、多かったのが、そのすぐ前を「想像してみる」と訳してから、ここで「ある想像では」ともう一度繰り返すという訳し方。これでもいいですが、この反復は原文にはありません。僕は「バージョン」でいい気がするんだけどね。

C　僕の語感だと「バージョン」は、パソコン機器などを想像しがちなんですが。

柴田　ここにはちょっと合わないということね。C君はなんて訳したの？

C　「一つ目の中の天国」というふうにしました。

柴田　うーん、それだと前のセンテンスとうまくつながらない。

D　私は「バージョン」ではなく「ヴァージョン」にしました。

柴田　いわゆる「ウ濁点」にするかどうかですね。これはまあ、好みの問題だね。僕の好みで言うと、日本語として定着している言葉には「ヴ」を避けたい。なじみのない人名などの場合、綴りをある程度想像してもらうための情報として「ヴ」を使いますが、たとえばベトナムを「ヴェトナム」と書くのはナンセンスだと思う。原音は「ヴィエトナム」に近いんだから。それから「ビタミン」を「ヴィタミン」とたまに書くけど、英語で発音すると「ヴァイタミン」だから、「ヴィタミン」という表記にも抵抗があります。まあ大したことじゃないけどね。「バージョン」「ヴァージョン」はどちらでもいいでしょう。

E　僕はそのあとの「エデンの園ではありませんが」というのが気になったんです。「〜ではない」じゃなくて、「〜というわけではない」の方がしっくり来ます。「garden というと普通はエデンの園を想像してしまうけど、そういう意味ではなく」という意味だと思ったので。

柴田　そのとおりだけど、「エデンの園ではありませんが」にも充分、そういうニュアンスはあるんじゃない？

E　いや、「エデンの園ほど大きいわけではないが、やはり大きい」という意味はないような気がします。

柴田　そうではなくて、「働かなくていいような楽園ではなく、働いていろんな物を作っている菜園なんです」ということだと思うよ。キリスト教の文化圏では、「楽園」「庭」と言えば、まっさきにエデンの園が思い浮かぶ。けれどもそうではない、と言ってるわけで。
F　それと5行目のheavyの訳語が学生訳では「おびただしい」になっていて、僕も同じように訳したんですけど……先生の訳では、heavyは「あちこちに見える」に対応しているんですか？
柴田　どことどこが一対一対応している、ということではないですね。with patches ofやlots ofといったいろんな言い方をまとめて、「あちこちに見える」に込めている。全体として、いろんなところにいろんなものがあるんだっていう響きがあればそれでいい。この学生訳も総じていいんですが、「たわわになったおびただしいトマトのつるがあり」というのはややトートロジカルに聞こえるね。「馬から落ちて落馬する」みたいにね。「おびただしいトマトの」は削って「つるがあり」を「つるがいっぱいあり」にするのも手だね。
　トートロジーという点でいえば、その前の「見事に育って申し分なく熟した」というのもそう。ここは「育って」を削るといい。もちろん「見事に」と「申し分なく」だってやっぱりトートロジカルなんだけど、こっちは原文もperfectly, perfectlyと、普通は繰り返さないようなかたちで繰り返しているので、ある程度トートロジカルな感じがあってもいい。

C　2行目のimagineなんですが……英文の一番最後にもう一度出てくるので、つながりをもたせた方がいいと思って。先生の訳文でも関連はさせていないですよね。最初のimagineは「想像してみる」、最後のは「〜いるのを思い描く」と訳されてます。
柴田　なるほど、そうだね。

C　僕は「あると思おうとしている」というニュアンスを入れようと思ったんですけど、ちょっと無理がある気がして……。

柴田　I've been trying to imagine it を、「そういうところがあるんだ」というふうに、その存在を思い描こうとしているという意味にとるってことだね。それは少しずれるかな。あるか、ないかをここで問題にしているわけではないから。でもそのとおりで、この imagine の反復はつなげたいですね。最初の文を「天国がどういうところか、思い描いてみる」にすればいいのかな。この本が増刷になったらそう直します(笑)。どうもありがとう。

細かいところだけど、学生訳の出だしの「天国のことについていろいろ考えます」は、「ことについて」っていうのはちょっと重いから、「天国のことをいろいろ……」か、あるいは「天国についていろいろ……」かな。

それと、この訳の一番の特徴は、ですます調だね。それについてはどうです？

G　僕は悩んだんですが、perfectly, perfectly なんかはいかにも喋っている感じなので、会話風にしました。

柴田　ふむふむ。会話風と、ですます調はどう違うの？

G　硬くないというか、人物の声が聞こえるような訳し方ですかね。

柴田　よくわからん(笑)。まあでもたしかに、I've been thinking や I've been trying といった短縮形を多用しているところ、それに perfectly, perfectly ripe というあたりが語り口調だね。書いているというよりは、語っている感じがします。一方で、こういう語り口はヘミングウェイに似ていると思った人もいるんじゃないかな。andを平気で並べてつなげるところなんかが。

ここはレベッカ・ブラウンとヘミングウェイが一見、文体的には似ているけど、何が違うのかということを考えるうえで、重要なポイントだと思います。ヘミングウェイは誰かに親密に語りかけているという感じはありませんね。一人の男が禁欲的にタイプライターに向かって書いている感じがします。それに対してレベッカ・ブラウンの文章は、もう少し読み手に向けて語りかけている感じがする。だからですます調に訳すのはいいアイデアだと思います。

A　perfectly, pefectly ripeっていうふうに繰り返されていたら、英語圏の人でも、これはちょっとおかしいなって感じなんですか?

柴田　普通はやらないですね。

A　だったらわざと変な具合に、「完璧に、完璧に」と訳すのはどうなんでしょうか?

柴田　うん、むしろそれが正攻法だよね。perfectlyが二度続くのは、英語の文章ではけっこう珍しい。そういう場合はそれを再現した方がいいという原則はあります。andがたとえば三つあっても、それは英語ではそんなに異様なことではないから、「と」や「や」を訳で三回反復しなくてもいい。でもこのperfectlyは、反復するのが妥当だろうと。僕もそう訳しているけれど——でも、それがわざとらしくなっちゃうとまずいんだよね。英語では目を引くけどそんなに不自然じゃないのが、日本語では目を引いてかつすごく不自然に思えてしまう場合がある。そういう場合、あまり原則にこだわらず、そこにすごく強調があるんだってことが伝えられればいい。この学生訳みたいに「見事に育って申し分なく」と、ほとんどトートロジカルに聞こえかねないくらい強調してみるというのも、ひとつの手です。

で、ついでに余計なことを言うと、ですます調について、いいと思うと言いながら僕がめったにやらないのは、やってるうちに飽きてくるんだよね。なんとなく照れくさくなってくるというか。自分で訳していて鼻についてくる。訳者の工夫がどうしても目立ちすぎる気がしてしまうんですね。

学生訳1　修正案

最近、天国のことをいろいろ考えます。どんなところか、想像してみるのです。ある想像では、天国は庭です。エデンの園ではありませんが、とても立派で大きな菜園で、ズッキーニや観賞用のカボチャやペポカボチャが植えられ、見事に、申し分なく熟したビーフステークトマトやチェリートマト、イエロートマトがたわわになったつるがいっぱいあり、そしてヒャクニチソウやコスモスやたくさんの他の花が咲いています。

では次。

There's an old lady in the garden. It's sunny out and she's wearing blue jeans and a T-shirt. She's healthy and tan and stooping down over one of these plants. Lying half asleep in the sun on the path behind her is a cat and they are happy.

学生訳２

庭には一人の年老いた女がいる。外は晴れており、老婦人は青いジーンズとＴシャツを着ている。彼女は健康そうで、日に焼けていて、そこにある植物の一つに屈みこんでいる。老婦人の背後の小道に、日なたでまどろみつつ横たわっているのは猫だ。老婦人も猫も満ち足りている。

柴田　最後の behind her is a cat and they are happy というあたりが、すごくレベッカ・ブラウンらしいですね。
H　学生訳は、はじめは「一人の年老いた女」で、次から「老婦人」になっていますけど、自分のお母さんのことを想像しているんだから、最初に「老婦人」と言って、あとは「彼女」とかで訳した方がスムーズだと思うんですけど。
柴田　つまり「年老いた女」という言い方にある種、冷たい響きがあるってこと？　それは僕もそう思う。たぶん女性の皆さんもそう思いますよね？　「老いた女性」だったらどうかな。そうでもない？
D　「年輩の」の方が柔らかいと思うんですけど。
柴田　うん、それがいいね。「老いた」より「年輩の」って言う方が柔らかい。
D　私も「老婦人」って書こうとしてやめたんです。というのは、青いジーンズにＴシャツのおばあさんを見て、「老婦人」と呼ぶのは言葉がちょっと上品すぎるかなぁって。
柴田　そうだね。「年輩の女性がいる」って一回言ったら、あとはもう「女性」でいい。あるいはＨさんが言ってくれたみたいに「彼女」とかね。

それに、「老婦人」なんて言葉、ほとんど翻訳でしか見ないよね。文脈によりますけどね。日本語と英語が両方できるアメリカ出身の女性と話していて、「マーク・トウェインなんかで出てくる old lady を『老婦人』と訳してるけど、あんなの全然違う」って彼女が言うんだよね。「何て訳すの？」って訊いたら、「おばさんでいいのよ、おばさんで」だって。

ところで会話で old man とか言えば──特に my old man とか言えば、「俺のおやじ」っていう意味です。お父さんです。このあたりの old には「老」という響きはない。覚えておいてくださいね。

C　... is a cat のあとの and they are happy は、完全に違うことを言ってるのに文章がつながってる感じだと思うんです。だから日本語は「。」じゃなくて「、」でつなげた方がいいと思う。

柴田　うーん、僕は「。」を打ってるんだな。いま、いくつかの重要なポイントが出ましたね。最初のところね、Lying half asleep in the sun on the path behind her is a cat ... なんというか、一見ほとんど、英語があまり上手じゃない日本人が書くような書き方だよね。「〜しているのは猫だ」っていう言い方。英語圏の人は普通、こうは言いません。普通だったらもちろん、A cat is lying half asleep ... からはじめますよね。情景の中心が示されて、あとから細部がだんだん出てくる、それが普通です。猫が日なたで居眠りしてるってことを言うんだったら、何はともあれまず「猫が居眠りしている」ということが言われる。それから、「背後に〜があって……」という語順になる。ところがこのセンテンス、Lying half asleep からはじめていて、そもそも何が横たわっているのかわかんない。次に「日なた」が出てきて、菜園の中に「道」

がある。そこにはその女性がいて、その先まで行って、ようやく「猫」が出てくるわけ。これは意図的に、「そこにあるのはなんだろう」と読者に思わせるような書き方ですね。
で、ようやくcatっていう言葉が出て来たと思ったら、すぐ次にはもう、and they are happyというふうに、猫とこの女性が一気に結びつくわけ。長い情景描写があって、それまで猫のねの字もなかったのに、「猫」って出てきたとたんに「猫も女性も幸福だ」となるわけです。この手続きなしのつなぎ方がすごく効果的。それでさっき、レベッカらしいと言ったわけです。
だから、このかなり強引なつなげ方を再現すべきだと考えるのは、ごく自然なことです。たとえばこの学生訳を見ると、「女性の背後の小道に、日なたにまどろみつつ横たわっているのは猫だ」。最後が「猫だ」で終わるのがとてもうまいわけだけど、C君の意見に従えば、ここで「。」を打たない方がいい。僕の訳も「。」を打っていますね——「彼女のうしろ、陽なたになった通路に、猫が寝そべってうとうとしている。彼女も猫も幸福だ」というふうに。前にも言ったけど、英語は日本語に較べて、センテンスの中で主語が替わってもそんなに不自然じゃないことが多くて、たとえばA did B, and C was D ... とかいくらでも言える。ところがこれを「AがBをやって、CはDだった」と、そのまま日本語に訳してしまうと、不自然になることが多い。例外はいくらでもありますが、日本語はセンテンスの中で主語が変わることに、英語ほど寛容ではない。たとえば僕の訳で、「彼女のうしろ、陽なたになった通路に、猫が寝そべってうとうとしていて、彼女も猫も幸福だ。」っていうふうにやると、なんかやっぱり据わりが悪い。原文の ... is a cat and they are happy っていう、この意外性を再現しようとしても、ギクシャクした日本語になってしまうと判断して、僕はセンテンスを分けてるんですね。でも、原文のスピリットを最大限に生かすとしたら、これはセンテンスを分けないで、つなげた方がいいことは事実です。

C　もう一つあるんですけど……学生訳も先生の訳も they are happy の they は「彼女も猫も」となってるじゃないですか。でも、この they って、匿名性があるんじゃないのかなあ……。

柴田　猫と母がほとんど一体化してるみたいな感じね。

C　「猫」って書いてはいけない気がする。でも下手にいじれない。だから僕は「一人と一匹」ってやったんですけど、それはちょっとやりすぎですかね？

柴田　「一人と一匹」だと「人間と猫」と言う以上に浮き上がっちゃって、匿名的じゃないんじゃないかね。いっそ「彼ら」にする手はあるんだけど、一人の女性と猫一匹を「彼ら」と言っていいかっていうと、ちょっと迷うところだしなぁ。

I　僕は「どちらも」にしました。

柴田　「どちらも」はアリだね。流れの中で「日なた」とか「小道」のことじゃなくて、「女性と猫」だってことがはっきりわかるなら、それでいい。

それからもう一つ，前回も出てきたけど、happy という言葉はめったに、「幸福」と訳すべきではありません。たいてい、一時的な happy は「嬉しい」、「喜んでいる」が正しい。He was very happy when he received the gift.「プレゼントをもらってすごく喜んでいた」とか、そっちの方がずっと多いです。ここはそのhappyを「幸福」だと訳してもいいと思える、けっこう珍しい例です。「満ち足りている」という訳し方でも構いませんけどね。

さらに言うと、このthey are happyという言い方はほとんど反則。それまでこのセンテンスの視点はどこにあるかというと、女性の外にあるわけです。女性を外から見ているし、もちろん猫の視点でもない。猫も外から見られている。ということは彼らがhappyかどうかなんて、本当はわからないわけですよ。ヘミングウェイはこういう書き方を嫌った。外から客観的に見て、わかることしか書かない。内面については読み手に想像させるという書き方をするわけです。

レベッカ・ブラウンもヘミングウェイのように、最初の部分は「〜トマトがあって、〜トマトがあって」と、カメラ的に書いてますよね。カメラみたいに書いていって、最後に ... is a cat and they are happyっていうふうに突然、彼らの中に入っちゃう。このルール違反が面白いんです。要するに、ヘミングウェイがかなり禁欲的なルールを打ち立てて、それが一種、正しい書き方であるかのように制度化されていく。外から見るんだったら、人物が心の中でどう考えているかを語ってはならない、と。で、ここはそのルールをあえて破っているところが面白いし、独特の暖かさみたいなものもそれによって生まれてくる。「この人たちがハッピーだってことが私にはわかるんだ」という確信のようなもの。

J Lying half asleep in the sun on the path ... というところで、「日なたで横たわっている」ことに力点があるというよりは、ぽかぽかしたところでまどろんでいる雰囲気みたいなものを伝えようとしてる感じがするんですが……。

柴田　つまり「日なたがあって／うとうとしてる」というふうに背景と主体が分かれているのではなく、「日なたの中でうとうとしてる」というひとつのまとまった風景だってことね。

J　学生訳は「日なたでまどろみつつ」になっているんですが。

柴田　そうですね。僕の訳の方は、「陽なた」と「寝そべって」が遠すぎる。「彼女のうしろの通路に、猫が陽なたで寝そべってうとうとしている。」にすればいいかな。そうすると今度は「通路」と「陽なた」が離れすぎるなあ。これは根本的な書き換えが必要になりますね。ここも増刷が決まったら考えます（笑）。ありがとう。

K　先生が「通路」って訳されてるのはなぜですか？

柴田　温室とか、あるいは菜園みたいなところの……ん？ ああいうの通路って言わないか。

K　「通路」っていうと硬い感じがして、この風景に合わない感じがする。何でしょう？　畝《うね》のあいだの溝とか。「畦《あぜ》」とかかなあ。

柴田　「畦」って言うと田んぼみたいじゃない。「通り道」あたりがよさそうですね。「通路」という漢語にするより、大和言葉の方がいいということで。

あと、「青いジーンズとTシャツを着ている」というところね。「青いジーンズ」は普通「ブルージーンズ」と言うかなと思う。それに、ジーンズはやっぱり「着る」じゃなく「はく」だよね。これ、いつも困るところですが、英語では

wearの一語で済むのに、「ジーンズをはいてTシャツを着ている」とか、日本語ではどうしてもくどくなってしまう。「ブルージーンズとTシャツを身につけている」とか、「〜という格好だ」にまとめるとか。

学生訳2　修正案

庭には一人の年輩の女性がいる。外は晴れており、彼女はブルージーンズとTシャツという格好だ。健康そうで、日に焼けていて、そこにある植物の一つに屈みこんでいる。彼女の背後の通り道に、日なたでまどろみつつ横たわっているのは猫だ。彼女も猫も満ち足りている。

では次。

In the other version, heaven is a big field near a lake. It's early in the day, before the sun has risen, and the air is brisk and cool and ducks are flying overhead. There's a guy in the field, a tall, strong guy with the healthy, clean-smelling sweat of someone walking. He's wearing his duck hunting gear, his waders and corduroy hat and pocketed vest. He's moving toward the water's edge where he'll shoot a couple of birds to bring home to his family.

学生訳3

もうひとつの想像は、天国は広大な湖のほとりの野原であるというものだ。ある日の朝早く、太陽が昇る前、空気はひんやりとすがすがしく、カモが頭上を飛んでいる。野原には一人の男がいる。背が高く、たくましそうで、健康的な清潔なにおいの汗をかいている。歩いている人の汗のにおいだ。彼は、防水ズボン、コールテンの帽子、ポケット付きのベストといったカモ狩りの服装をしている。湖のほとりへ行き、そこで二匹のカモを撃って家族のために家に持って帰るのだ。

柴田　翻訳を出す前にこの訳を見ていたらイタダいたかもと思ったのは、3行目の brisk and cool を「ひんやりとすがすがしく」って訳しているところ。うまい。英語と日本語がぴったり重なり合っていますね。僕は「爽やかに冷たく」というふうに書いたけど、この訳の方がずっと原文のニュアンスに近いです。

L　最初の a big field near a lake が、学生訳では「広大な湖のほとり」になってるのはいいんですか？

柴田　そうだね、「広大な湖のほとりの野原」というと、どう見ても「広大な」は「湖」にかかってしまう。「湖のほとりの広大な野原」かな。それから、「野原」には「広大な」よりも「広い」という日本語の方がなじむ気がしますね。「というものだ」っていうのがやや重いので、「もう一つの想像では、天国は湖のほとりの広い野原だ」、こんな感じでいいと思います。

真ん中にある「歩いている人の汗のにおいだ。」っていうところの切り方は、原文とは少し違いますが、すごく効果的だと思いますね。原文の healthy, clean-smelling sweat of someone walking を二つに分けるのはとてもいいんじゃないかな。「歩いている人の汗のにおいだ」っていうのを前に入れちゃうと、「健康的な清潔な歩いている人のにおいの汗」となってしまって、まとまりませんよね。

M　「コールテン」っていう言い方はどうなんですかね。ちょっとおしゃれな人が書いてるエッセイを読んだときに、「いまどきコールテンなんて呼び方はしないよ」みたいなことが書いてあったので。それ以来「あ、コールテンって呼ばないんだ」って思ってるんですけど。

柴田　ふうん。僕は普通に「コールテン」って言うけど、まあ僕はおしゃれじゃないからな（笑）。でもそう言えば僕も「コーデュロイ」と訳していますね。そういうどうでもいいことは、世の流れに合わせよう。ここはポジティブな、肯定的なイメージを打ち出したいから、あんまり野暮ったい響きのある言葉は避けた方がいいだろう。となると「コーデュロイ」か。翻訳というのは自分の哲学や趣味を主張する場じゃないからね。

　小津安二郎がこんなことを言っています。「なんでもないことは流行に従う。重大なことは道徳に従う。芸術のことは自分に従う」。翻訳という作業は、その意味では「芸術のこと」にはほとんど関係ない。まったく関係ないっていうと語弊がありますが、ほとんどのことは「流行に従う」でいい。長いものに巻かれるのが正しいという場合がすごく多いですね。

N　戻って、sweat of someone walking のところ、先生の訳を見ても学生訳を見ても、僕はちょっとどういうことを言っているのかよくわからない。なんで someone になるんですか？　あと、なぜ「歩いている」っていうのをわざわざここに入れないと駄目なのかっていうのがわからないんですけど。

柴田　こういう someone の使い方は英語ではまったく普通です。つまり、「道に迷ったように」と言わずに「道に迷った誰かのように」という言い方ね。たとえば as if he were lost と言えば「道に迷ったように」ですよね。そう書かずに like someone who was lost、「道に迷った誰かみたいに」といった言い方をする。英語では当たり前の言い方で、どちらの言い方もそんなに意味は違わない。ただ、like someone who と言った方が「こういう感じの人ってよくいるじゃない？」という一般化を感じさせる。of someone walking と言うことで、この人に限るわけじゃなくて、一般によく見る人というニュアンスが出ます。

もうひとつの質問は「歩いている人のにおい」ってどういう匂いだとか、そういう話？　つまり、「風呂に入ってない奴」とか言えば匂うだろうなって思うわけだけど（笑）、歩いてる人が匂うというのがぴんと来ない、ってことですよね。

N　はい。

柴田　sweat of someone walking という、ちょっと想像しにくい言葉を準備するために、healthy, clean-smelling sweat という文がある。単に sweat とだけ言うんじゃなくて、すごく健康的で清潔な感じのする匂い、という言葉を用意しています。だから最後に walking って出てきても違和感はない気がするんだけどな。汗臭いとかそういう感じではなくて、「健康」「元気」というニュアンスがすでに生じている。これが running になるとちょっと「体臭」まで感じさせてしまうけど、walk だから「爽やかな汗の匂い」という感じがするんじゃないか。

あとは細かいことですが、鴨の数え方は「二匹」でいいだろうか。数え方については、最近人気の『新明解国語辞典』に、ものはどう数えるかが書いてある。「鴨」を引けば、「数え方＝一羽、二羽」と書いてあります。まあ鳥だから当然だよね。

「家族のために家に持って帰る」という言い方は、ややトートロジカルな感じがするね。「家族のために会社に持って帰る」ってありえないものね（笑）。「家族のために家に」という、「に」の繰り返しが重複感を生んじゃってる。ちょっとセンチメンタルになるけど、「家族の待つ家に持って帰る」とする手もあるかもしれない。「〜の待つ家」っていうのは常套句なので、少し甘い響きになっちゃうかもしれないけど。

それから現代英語の一般則として、この a couple of はけっこう訳しにくい。「二羽」と限定しちゃっていいかっていうと、辞書を引いてもよくわからない。原則として a couple of は、現代英語ではかなり「2」です。ただ、「2」だっていうことがそんなに重要じゃないっていうか、何が何でも「2」でなきゃいけないという響きはない。two とそこが違うのね。だからこういうときは「二羽ばかり」とか訳すのが無難です。

それから真ん中の「背が高く、たくましそうで」は、さっきの they are happy を「彼らは幸せだ」と言い切ってしまっていい、っていうのと同じ。「背が高く、たくましくて」でいい。

学生訳3　修正案

もうひとつの想像では、天国は湖のほとりの広い野原だ。ある日の朝早く、太陽が昇る前、空気はひんやりとすがすがしく、カモが頭上を飛んでいる。野原には一人の男がいる。背が高く、たくましくて、健康的な清潔なにおいの汗をかいている。歩いている人の汗のにおいだ。防水ズボン、コーデュロイの帽子、ポケット付きのベストといったカモ狩りの服装をしている。湖のほとりへ行き、そこでカモを二羽ばかり撃って、家族の待つ家に持って帰るのだ。

さて次。

The lady in the first heaven is my mother, brown-skinned and plump, with a full head of hair, the way she was before she turned into the bald, gray-skinned sack of bones she was the month she died. The guy in the second version is my father, clear-eyed and strong and confident, not the sad and volatile, cloudy-eyed drunk he was for his last forty years. I've been thinking about heaven because ever since my parents died I've wished I believed in someplace I could imagine them. I wish I could see the way I did when I was young.

学生訳1

一つ目の天国にいる女性は私の母である。肌は褐色で、ぽっちゃりしていて、頭は髪でふさふさしている。髪が抜け、肌が灰色になり、骨を包んだ袋のようになった死のひと月間より前の姿だ。二つ目の方に出てきた男は私の父である。目が澄んでいて、力強く、自信に溢れている。人生後半の40年間そうだったような、みじめで、かんしゃくを起こしやすくて、濁った目をした酔っぱらいではない。私が天国について考えているのは私が両親が死んでからずっと、二人がいるのを思い描ける場所が本当にあると信じることができたら、と願っているからだ。自分が小さかった頃のように見られたら良いのに、と私は願う。

O　sack of bones っていうのはすごい言い方。

柴田　そのとおり、「骨の袋」だからね。

O　英語圏では一般的な言い方なんですか？　これが慣用句なんだったら、訳も「骸骨」とか「骨と皮ばかり」でいいと思うんですけど、sack of bones っていうのがこの人のオリジナルな表現なら、それはそれで考えなきゃいけないと思うんです。

柴田　一般的な言い方ではないですね。ただ、オリジナルでインパクトのある言い方だから、必ずしも直訳しなきゃいけないってことにはならない。「骨と皮」みたいな決まり文句に安易にはしない方がいいだろうとは思うけど、直訳すれば独創性やインパクトが伝わるというものでもないからね。

僕は「最後の一か月、母は禿げ頭の、灰色の、骨と皮ばかりの身になった」というふうに「禿げ頭の、灰色の」っていうところで最後は惨めな姿だったというのを強調したつもりなんですね。普通は形容句が並ぶとき、「禿げ頭の、灰色の」といったふうに同じ語尾が続くのはなるべく避けることが多い。でも、ここはそれを避けないで「、」を打って「の」を連発して、惨めな感じを出した。そこまで準備があれば、

「骨と皮ばかりの身」で十分悲惨だった感じが出るかなと。

O　もう一点あって、学生訳のこのあとは変じゃないですか。「死のひと月間より前の姿だ」。

柴田　「最期のひと月」にすればいいんじゃないかな。「髪が抜け、肌が灰色になり、骨を包んだ袋のようになった最期のひと月より前の姿だ」。

P　「最期のひと月」はやっぱり前に持ってきた方がいいでしょう。

柴田　そうか。「最期のひと月は髪も抜け、肌が灰色になり、骨を包んだ袋のようになってしまったが、それより前の姿だ」というふうに組み替えた方がいいかもしれないね。

Q　反論なんですけど。僕は英文を読んだとき、文の最後の she was the month she died にすごくどきっとしたんで、これは日本文でも最後にした方がいいと思う。

柴田　うんうん。

Q　次の he was for his last forty years もやっぱり最後にあるからどきっとするんじゃないかな？

柴田　それはそのとおりだな。そうすると、「最期のひと月」は最後に出てきた方がいいか。前はこういう元気な姿だったのが、その次はこういう姿になりましたという転換が英文ではすごくはっきりわかるわけだよね。ただ、「頭は髪でふさふさしている」のあとが「髪が抜け……」からはじまると、ふさふさしているって言ってるのに髪が抜けるってどういうことだよ、と思ってしまう。そうすると、やっぱりあいだに「最期のひと月は」を入れた方が、変化があったことがスムーズに伝わるかな。そういう意味では「最期のひと月」を先に出しちゃうのも手か。あるいは「亡くなる」を先に出すとかね。うーん……でも、the month she died が最後に出てくることでインパクトがあるってのもわかる。そういう意味ではうしろの方がいいんだろうな。困ったな。
Q どうしてもそれをやりたいのなら、「そののちに」って最初につけて、「〜なって、最期のひと月を過ごした」ってするしかないんじゃないでしょうか。
柴田 でも「そののちに」とか言っちゃうと、そこで直線的な物語を作っちゃうよ。「このときは〜で、そののちに〜なりました」っていう。このときの姿はあくまで途中経過で、要するに結末はこうだったんです、みたいにさ。ここでは、元気だった途中経過はしょせんウソでしたみたいな感じは持たせたくない。結局、語順のインパクトを生かすか、不自然にならないスムーズさを取るか、どっちの都合を優先させるか選ぶしかないと思うね。

R ちょっと違うことなんですけどいいですか。私は lady を「女性」と訳したんですが、guy の方は「男」と訳したくて、「男」と「女性」だとおかしいかなと思ったんですけど……。
柴田 なるほど。
R とりあえず、guy と lady は対になっていると考えていいんでしょうか？
柴田 それはいいポイントだな。昔だったら lady の反対は gentleman ですね。でもこういう場合、gentleman とはいまの英語ではまず言わない。man に対しては woman だけど、guy に対する女性の英語って、実はない気がするね。基本的には guy と lady はペアになる言葉じゃないから、片方が

「男」で片方が「女性」でもいいと思う。

一般的なことを言うと、lady という言葉は、日本語の「ご婦人」とか言うほどに敬意を込めた響きは必ずしもありません。ここではけっこう敬意を込めてますけど、時にはうんざりした響きがすることだってある。「奥さぁん、こっちは忙しいんですよ」みたいな感じで “Lady, I have lots of things to do.” とか言ったりします。

S　あの、last forty years の訳し方なんですが、四十年だなんて人生の半分以上だし、「後半」にした方がよくないですか？

柴田　英語で last forty years っていうのは形としては普通の言い方だけど、ここでは、四十年間っていうのがすごく無駄に生きられてしまって、時間として経つ意味がなかったという響きが付け加わった方がいいと思う。「後半」と訳すのに抵抗があるのは、「後半」と言うと「前半」と同じくらいの重みというか、意味のあるものっていう感じがする。ここでは明らかに、前半はいい人生だったけど、後半はろくでもない、生きていても仕方がない人生だった、って感じがあるんですね。だから人生の「半分」という感じはなくしたいですね。

O　ここのところの先生の訳文なんですけど、「自信に満ちて、」で変化のあとも「、」でつなげてるじゃないですか。これはわざとそうなさったんだろうなとは思うんですけど、読んでてひっかかるんです。

柴田　「澄んだ目をしていて、たくましく、自信に満ちて、」だと、次もポジティブな言葉が来るだろうと思うからかな。

O　英文には not って書いてあるじゃないですか、ここのつながり。

柴田　そうですね。not the sad ってとこね。さっきの途中経過と結末ってことで言えば、原文では not で「ここから結末なんだな」というのがなんとなくわかるわけだ。で、僕の訳ではそれがわからない。ただ、「母は元気だったのが、最期の一月は……」といったことがすぐ前に書いてあったわけで、父の方でも同じような変化が起きるんだろうな、というのは読者にも見当がつくと思う。ここまで母の庭、父の庭、とシンメトリカルに語りが進んできたしね。だから「自信に満ちて、」のあとに最後は悲惨だった、と来るのは読者もほとんど予期するだろうから、そんなに親切にガイドしなくてもいいと思う。

O　「満ちていて、」くらいの方が「、」でスムーズにつながる気がするんですが。

柴田　うん、そうだね。「澄んだ目をして、たくましく、自信に満ちていて、」というふうに「いて」を移せばいいんだね。増刷になったら直すところがいっぱいあるな（笑）。こうすると、ここである程度、次のところとの距離が生まれますよね。

T　えーと、ちょっと戻ります。さっきの lady と guy との違いっていうのは、語り手の母親と父親に対する距離感、距離の取り方の違いみたいなものを読むべきじゃないんですか。

柴田　たしかにレベッカ・ブラウンのほかの作品を読むと、お母さんの方にずっと親しみというか愛情を見せています。それはそうなのだが、ここだけでの判断は難しいなあ。guy という言葉も決して見下したり、敵意を持ったりする響きがあるわけではなくて、普通にそこに男がいるっていうニュートラルなものだから。逆に lady も、さっき言ったように、そんなに敬意を込めた言い方というわけでもないから。まったくのペアとは言えないが、女性の方により感情移入しているとか、愛情を示しているとか、あんまり強く読まない方がいい。少なくとも、この作品だけではね。

T　ただ、最後の「四十年」というところがあるじゃないですか。ちょっと「四十年」の方に父親へのうんざりした気持ちのようなものがあるのかなって。

柴田　それはまったくそのとおりだね。やっぱり the month she died、こっちは一か月で次は四十年、っていうこのバランスの違いはすごく目立ちますよね。そういう面もたしかにある。

学生訳 4　修正案

一つめの天国にいる女性は私の母である。肌は褐色で、ぽっちゃりしていて、頭髪はふさふさしている。最期の一月は、髪も抜け、肌が灰色になり、骨を包んだ袋のようになったけれど、これはそれより前の姿だ。二つ目の方に出てきた男は私の父である。目が澄んでいて、力強く、自信に溢れている。人生最後の40年間そうだったような、みじめで、かんしゃくを起こしやすい、濁った目をした酔っぱらいではない。私が天国について考えているのは、両親が死んでからずっと、二人がいるのを思い描ける場所が本当にあると信じることができたら、と願っているからだ。自分が小さかった頃のように見られたら良いのに、と私は願う。

はい、それじゃ一学期間ご苦労さまでした。毎回活発な議論で、教師としては大変ありがたいクラスでした。ではよい春休みを。

教師訳例

天国　レベッカ・ブラウン

最近、天国のことをよく考える。天国がどういうところか、想像してみる。あるバージョンでは、天国は庭だ。エデンの園などではなく、広くて大きな菜園。ズッキーニ、ヘチマカボチャ、ペポカボチャが植えてあって、トマトがたわわに生《な》った蔓《つる》もあちこちに見える。ビーフステークトマト、チェリートマト、イエロートマトが完璧に、完璧に熟している。ヒャクニチソウ、コスモス、そのほかいろんな花が咲いている。菜園には年輩の女性がいる。外は晴れていて、女性はブルージーンズにTシャツ。彼女は健康で日焼けしていて、背を丸めて、植物のどれかに顔を寄せている。彼女のうしろ、陽なたになった通路に、猫が寝そべってうとうとしている。彼女も猫も幸福だ。

もうひとつのバージョンでは、天国は湖畔の大きな野原だ。まだ一日のはじめ、太陽が出る前で、空気は爽やかに冷たく、鴨の群れが上空を飛んでいる。野原には男が一人いる。背の高い、たくましい男で、健康そうな、清潔な匂いの汗をかいている。それは歩いている人間の汗だ。男は鴨狩りの服装をしている。腰まである長靴、コーデュロイの帽子、ポケットのたくさんついたチョッキ。男は水際に向かって歩いている。水際まで行って、二羽ばかり仕留めて、家族の待つ家に持って帰る。

一番目の女性は、私の母親だ。小麦色の肌、ぽっちゃりした体、ふさふさの髪。最後の一か月、母は禿《は》げ頭の、灰色の、骨と皮ばかりの身になったが、これはそうなる前の母だ。二番目のバージョンの男は私の父親だ。澄んだ目をしていて、たくましく、自信に満ちて、最後の四十年そうだった、みじめな、怒りっぽい、目の曇った酒飲みとは違う。私がこのごろ天国のことを考えるのは、両親が死んで以来、私はずっと思ってきたからだ——二人がそこにいるのを思い描けるような場所がどこかにあるんだと信じられたらいいのに、と。私は思っている。いろんなものが、私がまだ若かったころのように見えたらいいのに、と。

課題文の著者紹介

スチュアート・ダイベック　Stuart Dybek (1942-)

ポーランド系移民の多いシカゴ下町に生まれ育ち、作品もそうした「しょぼい」街を舞台にしながら、不思議と叙情を感じさせる絶妙の短篇を書く作家。作品に *I Sailed with Magellan* (2003; Picador, 2004) など；邦訳に『シカゴ育ち』(柴田元幸訳、白水Uブックス) など。

バリー・ユアグロー　Barry Yourgrau (1949-)

奇想天外な着想と、選び抜かれた細部とで、超短篇小説における独自の世界を切り拓いた作家。作品に *NASTYbook* (Joanna Cotler, 2005) など；邦訳に『一人の男が飛行機から飛び降りる』(柴田元幸訳、新潮文庫) など。

レイモンド・カーヴァー　Raymond Carver (1938-1988)

社会の周縁に沈滞する人々の姿を、削ぎ落とした、不思議に奥行きと闇を感じさせる文章で描き、1980年代のアメリカ短篇小説界をリードした作家。作品に *Where I'm Calling From* (1988; Vintage Contemporaries, 1989) など；邦訳に『Carver's Dozen』(村上春樹訳、中公文庫) など。

村上春樹　Haruki Murakami (1949–)

組織にも家族にも基盤を持たない「僕」の心情と冒険を描いて、クリアな文章と上等なユーモアで読者を魅了し、いまや世界的に読まれている作家。翻訳者としても精力的に活動。作品に『ねじまき鳥クロニクル』全3部 (新潮文庫) など；編訳書に『バースデイ・ストーリーズ』(中央公論新社、村上春樹翻訳ライブラリー) など。

イタロ・カルヴィーノ　Italo Calvino (1923–1985)

現実の虚構性／虚構の現実性、言語、物語、記憶等々をめぐるさまざまな想念を、極上の文章で紡ぎ出した作品を数多く遺したイタリア人作家。作品に *Le città invisibili*（1972; Mondadori, 2003）など；邦訳に『見えない都市』（米川良夫訳、河出文庫）など。

アーネスト・ヘミングウェイ　Ernest Hemingway（1899–1961）

美文調を徹底して排し、極力簡単な言葉に徹して小説の文章術に革命的変化をもたらしつつ、第一次大戦後の人々を覆った幻滅感・疲弊を描いた作家。作品に *In Our Time*（1925; Scribner, 1996）など；邦訳に『in our time』（柴田元幸訳、ヴィレッジブックス）など。

ローレンス・ウェシュラー　Lawrence Weschler（1952–）

一風変わった着眼点と、ユーモラスな文章とで、知る人ぞ知るの漫画家に光を当てたり、妖しげな博物館を発掘したり、「小説よりも奇」な現実を見出しつづけてきたノンフィクション作家。作品に *Vermeer in Bosnia*（2004; Vintage, 2005）など；邦訳に『ウィルソン氏の驚異の陳列室』（大神田丈二訳、みすず書房）。

リチャード・ブローティガン　Richard Brautigan（1935–1984）

軽妙な言語と奇想天外な展開によって、アメリカをめぐるもろもろの神話をユーモラスに脱臼させ、「ポップなシュールさ」ともいうべき新しい味わいを作り出した作家。作品に *Trout Fishing in America*（1967; Mariner Books, 1989）など；邦訳に『アメリカの鱒釣り』（藤本和子訳、新潮文庫）など。

レベッカ・ブラウン　Rebecca Brown（1956–）

男女間・女女間の烈しい愛を幻想的に描いた作品にせよ、エイズ患者や自身の母の看護体験に根ざした作品にせよ、ほとんど呪文のようにシンプルな文章で読み手を魅了する作家。作品に *Annie Oakley's Girl*（City Lights, 1993）など；邦訳に『体の贈り物』（柴田元幸訳、新潮文庫）など。

解説

岸本佐知子

柴田さんの授業を受けていた時期がある。東大生でもなく、ましてや学生ですらなかったというのに。

何かの折りにお会いしたときに、ふと、授業を見にいってもいいですか、とたずねたのがきっかけだった。翻訳の仕事を始めて八年ちかくが経っていたが、自分があまりに文学のことを知らなすぎるのにほとほと呆れはて、一から勉強しなおしたいと思っていたのだ。

ああどうぞどうぞ、いつでもウェルカムです、と一瞬でOKが出た。それで私は本当に出かけていき、東大の大学院生に混じって週に一度、ゼミの授業を聴講するようになった。毎週ぶ厚いテキストのコピーをどさっと渡され、一作を一週で、長いものなら三週ぐらいかけて、いまいちばん面白い英米作家の小説をディスカッション方式で精読する、というものだった。

それがあまりに面白かったものだから、調子にのって、柴田さんと院生の有志でやっていた翻訳の勉強会にも顔を出すようになった。そしてこれがもう最高にスリリングで楽しかったのだ。

毎週、当番の一人が課題のテキストを自分で選んで訳文をこしらえ、それを叩き台に、みんなで決定稿に練りあげていく。その叩き台となる訳文のレベルが、まずもって驚くほど高かった。たいていの翻訳学習者がしそうな誤訳や悪訳は、ほぼ皆無だった。そこにみんなであれこれ意見を出しあうのだが、これがまたはっとするほど鋭いうえに容赦がない。学生どうしはもちろん、学生と教師のあいだでも遠慮というものがぜんぜんない。当然プロの翻訳者だからといって特別扱いしてもらえるはずもなく、私の持っていった訳文もぐうの音も出ないくらいに直された（「で、岸本さんはこの訳語に、自分でどの程度ハッピーなわけ？」と柴田さんには言われたものだ）。そんな自由で対等な雰囲気のなかで、提案や指摘や意見や反論や、さらにそれへの反論や意見や指摘や提案が打々発止と飛び交い、そのなかからときどき、自分たちでもびっくりするくらいいい訳が生まれる瞬間があった。

柴田さんはどちらかというと司会進行役のような立場に徹していたが、印象的だったのは、要所要所で、よりよい訳文を作りあげるための具体的なノウハウを、はっきりと明文化された形で示してくれることだった。たとえば「“玉ねぎ文（これについては本文参照）”は避けるべし」「同じ意味の言葉が二度出てくるときは、いいほうの訳語を先にもってくる」「情報が頭に入ってくる順序をなるべく原文と同じにする」「イメージのわく語は訳しつぶさずに残す」「原文と訳文で“息の長さ”を揃える」などなど。

おそらく柴田さんの頭のなかでは、多くの小説を実地に翻訳することで蓄積されてきた膨大な知恵が、教師としての長年のキャリアを通して明確に言語化され、いつでもぱっと取り出させるようにタグをつけられ整理され、引き出しにしまわれているのだ。なぜこの訳語を選ぶのか、なぜここで文章を切るのか、どこにどういうふうに読点を打つのか、ふだん自分のしている翻訳について人から訊ねられても「何となく」とか「気合で」としか答えられない私には、それはまったく目からウロコの落ちるような体験だった。

もう何年も前のあの教室のことを思い出すと、自然と“炉”という言葉が浮かんでくる。鉄を鍛えるようにして訳文を鍛えながら、自分たちも発熱してどろどろに溶けて一つになっていくような場所。そしてその中心には、すごい速度と集中力で回転する謎の高エネルギー体としての柴田さんがいた。炉で鍛えられたのは訳文だけではなかった、と思う。そこにいたメンバーの多くが――大久保譲さん、小澤英実さん、畔柳和代さん、小山太一さん、坂口緑さん、高吉一郎さん、都甲幸治さんなどなど――のちに翻訳者として第一線で活躍するようになったことでも、それはわかる。

『翻訳教室』は、そんな熱い“炉”の中身を、まるでそこに自分も居合わせているかのように追体験できる書物だ。字の形に凝固した授業と言ってもいいくらいに、その再現性は高い。

収録されている授業は私が行っていた時より何年もあとのものだし、ゼミではなく学部の授業だが、熱気も自由度も、むしろますます増しているように見える。生徒たちはためらわずに、どしどし（時にずけずけ）質問や意見や反論を投げる。教師はそれらにあやまたず的確な回答や解説や反論を加えていき、その過程で頭の中のいろいろな引き出しをスコンスコンと開いては、持てる知識を惜しみなく分け与え、話は小津安二郎やエマソンや安部公房や生まれ育った工場町にまで自在に広がっていく。そして時には生徒の炯眼《けいがん》にうなり、考えこみ、けっこうあっさり自分の訳文を修正したりもする。

そうやって訳文がじょじょにできあがっていくプロセスを追うのは、翻訳をしているときの翻訳者の脳内を覗きこんでいるようなスリルがある。言ってみれば、教室全体が一つの脳になって、原文と切り結んでいるのをライブで見ているような感じ。じっさい翻訳をしている最中というのは、頭の中でいくつもの声が、ああでもないこうでもないと議論しながら考えを一つにまとめていくような感覚があるものだ。

「まえがき」にもあるとおり、この本を読むのだったら、ぜひ一つか二つは各章冒頭の課題文を自分で訳してみてから本文に臨むことをお勧めする。そのほうが、ここで交わされている議論を何倍も楽しむことができるし、まちがいなく血肉になるからだ。今回、再読するにあたって私もやってみた。結果、学生訳のほうがはるかにうまくて打ちのめされたことは数知れず、まるきり意味を取り違えていてギャッと叫んだことも（どんな間違いだったかは自分の名誉のために言わずにおく）一度ならずあった。終わってみれば、ページがアンダーラインで真っ赤になり、背中は汗でぐっしょりだった。

だが、たとえ訳さなくとも、この本はじゅうぶんに勉強になる。なぜならこれは「いかに訳すか」を学ぶ本であると同時に、「いかに読むか」についての良き指南本でもあるからだ。たとえば the baby という単語を「赤ちゃん」と訳すのか「赤ん坊」と訳すのか。locusts は「セミ」なのか「イナゴ」なのか。翻訳とは一語一語そういう選択を迫られる作業だが、一つの単語に正しい訳語をあてるためには、前後の文脈や作品全体を貫く大きなデザインや、時にはその作品が書かれた時代背景や作家のバックグラウンドにまで踏みこんで読む必要がある。本書ではその道筋がいたるところで開示されている。それは翻訳をするうえでおおいに役に立つが、それだけではない。この本で実践されているようなやり方で日本語で書かれた本をじっくり読めば、きっとそれは今まで経験したことのない、深くて鮮やかな読書体験になるはずだ。なぜなら翻訳とは、テキストをもっともディープに読む行為に他ならないからだ。

大学の授業を覗かせてもらっていた頃のことで、今も忘れられないのは、帰り姿の柴田さんだ。当時の柴田さんは布袋《ほてい》様のように巨大なバックパックを背負っていたのだが、それがいつも何かでぱんぱんに膨らんでいて、重みでストラップが両肩にくいこんでいた。中はぜんぶ、学部の翻訳の授業で生徒が提出した、何百人ぶんかの課題の訳文なのだった。当時はまだこの本の中のように大学院生のTA（ティーチング・アシスタント）もついていなくて、柴田さんはそれをぜんぶ一人で添削していた。それも一つひとつ懇切丁寧に赤字を入れ、最後に数行にわたってコメントまでつけていた。猛烈にお忙しいはずなのに、どこにそんな時間があるのだろうと思って訊くと、いやあ時間ないよお、だから寝る時間を減らすしかないんだよね、とのことだった。そのやり方というのは、まず提出された紙の束の重さをはかる（「枚数よりこっちのほうが正確だからね」）。百グラムにつき一時間として、見積もった必要時間数を睡眠時間から差し引く。

た、大変ですね、と言うと、大変だよお、倒れそうだよもう、と困ったように言う柴田さんの顔は、でも何だかちょっと楽しそうだった。

（きしもと　さちこ／翻訳家）

In Our Time:
From IN OUR TIME by Ernest Hemingway, Copyright © All rights outside U. S., Hemingway Foreign Rights Trust.

Inhailing the Spore:
From MR. WILSON'S CABINET OF WONDER by Lawrence Weschler, copyright © 1995 by Lawrence Weschler. Used by permission of Pantheon Books, a division of Random House, Inc. Any third party use of this material, outside of this publication, is prohibited. Interested parties must apply directly to Random House, Inc. for permisson.

Pacific Radio Fire:
PACIFIC RADIO FIRE by Richard Brautigan
Copyright © 1971 by Richard Brautigan
Permissions from Richard Brautigan c/o Sarah Lazin Books arranged through The English Agency (Japan) Ltd.

Heaven:
From THE END OF YOUTH by Rebecca Brown, copyright © 2003 by Rebecca Brown.

翻訳教室《ほんやくきょうしつ》　朝日文庫

2013年4月30日　第1刷発行

著　者　柴田元幸《しばたもとゆき》

発行者　市川裕一
発行所　朝日新聞出版
〒104-8011　東京都中央区築地5-3-2
電話　03-5541-8832（編集）
03-5540-7793（販売）
印刷製本　大日本印刷株式会社

ISBN978-4-02-264664-4

上野 千鶴子

ミッドナイト・コール

軽快なフットワークで時代を挑発し続ける著者が《私》とその周辺を初めて語る真夜中の私信。〔解説・池澤夏樹〕

上野 千鶴子

老いる準備

介護すること されること

ベストセラー『おひとりさまの老後』の著者による、安心して「老い」を迎え、「老い」を楽しむための知恵と情報が満載の一冊。〔解説・森 清〕

大江 健三郎

大江健三郎往復書簡 **暴力に逆らって書く**

困難と狂気の時代に、いかに正気の想像力を恢復するか——ノーベル賞作家が世界の知識人たちと交わした往復エッセイ。

大江 健三郎著／大江 ゆかり画

「自分の木」の下で

なぜ子供は学校に行かなくてはいけない？ 子供たちの疑問に、やさしく深く答える。文庫への書き下ろし特別エッセイ付き。

大江 健三郎著／大江 ゆかり画

「新しい人」の方《ほう》へ

ノーベル賞作家が、子供にも大人にも作れる人生の習慣をアドバイス。「『子供のための大きい本』を思いながら」を新たに収録し、待望の文庫化。

大江 健三郎

「伝える言葉」プラス

人生の困難な折々に出合った二四の言葉について語る、感銘と励ましに満ちたエッセイ。深く優しい「言葉」が心に響く一冊。〔解説・小野正嗣〕